D1669719

Neues Europäisches Umwelthaftungsrecht und seine Auswirkungen auf die deutsche Wirtschaft

von

Professor Dr. Lothar Knopp (Hrsg.)

Cottbus

Symposium – 27. und 28. 2. 2003 in Cottbus
unter besonderer Berücksichtigung der Rechtslage in Polen
vor dem EU-Beitritt

Verlag Recht und Wirtschaft
Heidelberg

Die Deutsche Bibliothek – CIP-Einheitsaufnahme

Die Deutsche Bibliothek verzeichnet diese Publikation in der Deutschen National-
bibliografie; detaillierte bibliografische Daten sind im Internet über http://dnb.ddb.de
abrufbar.

ISBN 3-8005-1329-3

© 2003   Verlag Recht und Wirtschaft GmbH, Heidelberg

Lektorat: Maria Wolfer, Heidelberg

Koordination der Beiträge: Elviera Hofmann, BTU Cottbus

Satzkonvertierung: Lichtsatz Michael Glaese GmbH, 69502 Hemsbach

Druck und Verarbeitung: Wilhelm & Adam, Werbe- und Verlagsdruck GmbH,
63150 Heusenstamm

♾ Gedruckt auf säurefreiem, alterungsbeständigem Papier, hergestellt aus chlorfrei ge-
bleichtem Zellstoff (TCF-Norm)

Printed in Germany

Für meinen Vater
in memoriam

Danksagung

Das Symposium „Neues Europäisches Umwelthaftungsrecht und seine Auswirkungen auf die deutsche Wirtschaft" ist Teil eines von der Deutschen Bundestiftung Umwelt (DBU), Osnabrück, geförderten Forschungsprojekts „Europäisierung des Umweltrechts und ihre Auswirkung auf die Wirtschaft". Dieses – inzwischen abgeschlossene – Projekt wäre ohne die engagierte Förderung der DBU nicht möglich gewesen, den dortigen Verantwortlichen möchte ich hiermit meinen besonderen Dank aussprechen.

Mein Dank gilt auch den Herren RA Jan Hoffmann, LL.M. Eur., und Dr. Eike Albrecht, die mit großer Sorgfalt vor allem die polnischen Beiträge einer „druckreifen" deutschen Fassung zugeführt und wesentliche Teile der Diskussionsbeiträge bearbeitet haben.

Schließlich habe ich Frau Elviera Hofmann zu danken, die mit großer Umsicht die einzelnen „Bausteine" des vorliegenden Tagungsbandes koordiniert, geprüft und zusammengeführt hat.

Cottbus, im Juni 2003

Lothar Knopp

Vorwort

In zunehmendem Maße wird das Recht der Mitgliedstaaten der Europäischen Union von europäischem Recht geprägt. Der Einfluss europäischen Rechts auf das nationale Recht der Mitgliedstaaten wird auch vor dem Hintergrund der Erweiterung der Europäischen Union zunehmen. Damit verbunden sind zahlreiche Fragestellungen und Probleme, wenn es um die Implementierung europäischen Rechts in Form von Richtlinien in das nationale Recht der Mitgliedstaaten geht. Herausragendes Beispiel ist das europäische Umweltrecht, bei dessen Umsetzung in nationales Recht sich Deutschland häufig schwer tut. Die vielfältigen Ursachen bedürfen einer sorgfältigen Analyse, verbunden mit der Suche nach künftigen Lösungsmöglichkeiten, und zwar nicht nur auf deutscher, sondern auch auf europäischer Gesetzgebungsebene.

Jüngstes Beispiel für die europarechtliche Gestaltung zentraler Umweltfragen ist der Vorschlag der Europäischen Kommission zu einer einheitlichen Umwelthaftung. Mit der vorgeschlagenen Richtlinie des Europäischen Parlaments und des Rates über Umwelthaftung zur Vermeidung von Umweltschäden und zur Sanierung der Umwelt hat die anhaltende Diskussion um die Europäisierung des Umweltrechts neue Schubkraft erhalten. In Wissenschaft und Wirtschaft ist dieser Richtlinienvorschlag durchaus nicht unumstritten, insbesondere die deutsche Wirtschaft steht den von der EU vorgesehenen neuen Umwelthaftungsregelungen skeptisch bis ablehnend gegenüber. Das Europäische Parlament hat am 14. 5. 2003 in erster Lesung über den Richtlinienvorschlag beraten und zahlreiche Änderungen angenommen. Am 13. 6. 2003 haben sich dazu die Umweltminister der Mitgliedstaaten getroffen, um über die Vorschläge des Parlaments zu beraten, welches nun in einer zweiten Lesung den noch vom Rat auszuarbeitenden „Gemeinsamen Standpunkt" billigen muss, damit die Richtlinie dann endgültig erlassen werden kann.

Am 27. und 28. 2. 2003 fand zu dem Richtlinienvorschlag der Kommission über Umwelthaftung ein von der Deutschen Bundesstiftung Umwelt (DBU) gefördertes Symposium an der Brandenburgischen Technischen Universität Cottbus statt. Unter Leitung von Prof. Dr. Lothar Knopp, Lehrstuhl für Staatsrecht, Verwaltungsrecht und Umweltrecht erörterten namhafte Referenten aus Wissenschaft und Praxis die mit diesem Vorschlag verbundenen zahlreichen Fragen, Probleme und Lösungsvorschläge mit den Teilnehmern. In diesem Zusammenhang wurden auch grundlegende Fragestellungen zur fortschreitenden Europäisierung nationalen Umweltrechts in Deutschland und Polen behandelt. Polen, eines der wichtigsten Partnerländer Deutschlands in Mitteleuropa, wird im Mai 2004 Mitglied der EU. Im Rahmen des Symposiums wurde von polnischen Rechtswissenschaftlern nicht nur der aktuelle Stand der polnischen Umweltgesetzgebung im Hinblick auf europarechtliche Vorgaben referiert, sondern insbesondere auch die Frage nach dem prinzipiellen Vorliegen von Umwelthaftungsregelungen im polnischen Recht gestellt.

Mit dem vorliegenden Band „Neues Europäisches Umwelthaftungsrecht und seine Auswirkungen auf die deutsche Wirtschaft", der sämtliche Vorträge des gleichnamigen Symposiums sowie die wichtigsten Diskussionsbeiträge beinhaltet, wird nicht nur ein wichtiger Beitrag zur aktuellen Diskussion über die geplante EU-Umwelthaftungsrichtlinie, sondern auch zu aktuellen Fragen des Verhältnisses von europäischem Umweltrecht zu nationalem, respektive deutschem und polnischem Umweltrecht dargestellt.

Potsdam, im Juni 2003

Barbara Richstein
Ministerin der Justiz und für Europaangelegenheiten

Begrüßung durch den Präsidenten der BTU
Prof. Dr. Dr. h.c. Ernst Sigmund

Sehr geehrte Damen und Herren,

hiermit begrüße ich Sie zu dem Symposium „Neues Europäisches Umwelthaftungsrecht und seine Auswirkungen auf die deutsche Wirtschaft". Europarechtliche Fragestellungen, ihre Auswirkungen auf die nationalen Rechtssysteme stehen bekanntlich schon seit geraumer Zeit im Zentrum rechtswissenschaftlicher Diskussionen. Das Ringen um ein vereintes Europa mit einheitlichen Rechtsmaßstäben ist dabei noch lange nicht erfolgreich abgeschlossen. Wie schnell und tiefgreifend dieses Bemühen beeinträchtigt werden kann, zeigt auf politischer Ebene nicht zuletzt der gegenwärtige Irak-Konflikt, wo die europäische Haltung trotz zwischenzeitlicher gemeinsamer Erklärung alles andere als einheitlich ist. Die Probleme Europas im Hinblick auf ein Zusammenwachsen der Mitgliedstaaten mit ihren unterschiedlichen nationalen Identitäten und Rechtssystemen werden sicherlich nicht kleiner, allein wenn ich an die Ausweitung der EU durch den Beitritt weiterer Staaten aus Mittel- und Osteuropa im Jahr 2004 denke. Diese Staaten müssen behutsam an die bisher erworbenen EU-Standards herangeführt werden. Einige dieser Staaten sind, gerade was die nationale Umweltpolitik und die hieraus resultierenden Rechtssysteme anbelangt, allerdings derzeit noch weit davon entfernt. Daher sind bis zum Beitrittsdatum entsprechende forcierte Anstrengungen aller Beteiligten erforderlich, wobei die Mitgliedstaaten der EU insbesondere auch zur fachlichen Unterstützung der Beitrittsländer aufgerufen sind.

Europäisches Umwelthaftungsrecht und Emissionszertifikatehandel sind die zwei großen Komplexe auf europäischer Ebene, die in den aktuellen umweltpolitischen wie umweltrechtlichen Diskussionen im Zusammenhang mit Fragen der Europäisierung der geltenden nationalen Rechtssysteme die dominierende Rolle spielen. Das Thema „Europäisches Umwelthaftungsrecht", nationale Umsetzungsfragen und Auswirkungen auf die deutsche Wirtschaft ist heute und morgen Gegenstand ausführlicher Erörterungen im Rahmen dieses Symposiums, wobei ich an dieser Stelle vor allem auch unsere polnischen Referenten und Gäste begrüßen möchte, denen der morgige Tag gewidmet ist. Polen als eines der wichtigsten Partnerländer Deutschlands aus dem mittel- und osteuropäischen Raum wird ebenfalls im Jahr 2004 als neues Mitglied der EU beitreten. Wir werden hier erfahren, wie weit die polnischen Bemühungen bezogen auf Fragen der Umwelthaftung inzwischen gediehen sind bzw. mit welchen rechtspolitischen Instrumenten unser Nachbarland Polen Fragen der Umwelthaftung derzeit bewältigt.

Ich wünsche Ihnen allen, und dem Leiter des Symposiums, Herrn Prof. Dr. Lothar Knopp, einen erfolgreichen und angenehmen Tagungsverlauf.

Begrüßung durch den Tagungsleiter
Prof. Dr. Lothar Knopp

Vielen Dank, Herr Präsident, Sie haben die wesentlichen Schwerpunkte dieses Symposiums bereits hervorgehoben. Auch ich möchte hiermit die Tagungsteilnehmer und Referenten des Symposiums noch einmal herzlich begrüßen. Das Thema „Europäisches Umwelthaftungsrecht", ausgehend von dem europäischen Richtlinienvorschlag vom Januar 2002, bewegt seither die Gemüter in Rechtspolitik, Rechtswissenschaft und Wirtschaft in unterschiedlichem Maße. Viele Fragen bedürfen noch einer Klärung, bevor mit der Verabschiedung der Richtlinie zu rechnen ist. Nach deren Verabschiedung ist diese Thematik aber nicht erledigt, sondern dann werden sich weitergehende Fragen im Hinblick auf die Umsetzung der Richtlinie in nationales Recht anschließen, wo es um die konzeptionelle Einpassung des europäischen Umwelthaftungsrahmens in die geltenden deutschen Rechtssysteme des Zivilrechts einerseits und des Umweltverwaltungsrechts andererseits geht. Diese Fragestellungen mit ihren Auswirkungen auf die deutsche Wirtschaft, insbesondere auch auf die Versicherungswirtschaft, sollte die Versicherbarkeit der Umwelthaftungsrisiken obligatorisch werden, werden im Rahmen dieses Symposiums von namhaften Referenten aus Wissenschaft und Praxis behandelt, die gleichzeitig den Versuch unternehmen werden, Lösungen für die einzelnen Problembereiche zu entwickeln.

Beispielhaft für den Entwicklungsstand bei Umwelthaftungsfragen in den Beitrittsländern werden am morgigen Tagungstag bekannte und kompetente polnische Referenten die vorliegende Thematik aus der Sicht Polens beleuchten, das hinsichtlich der EU-Osterweiterung im Jahr 2004 zu den zentralen Partnerländern Deutschlands gehört. Polen ist dabei nicht nur geographisch gesehen dem heutigen Tagungsort Cottbus sehr verbunden, sondern die BTU pflegt zu polnischen Institutionen und Universitäten schon seit längerem intensive Kontakte insbesondere in Form von Kooperationen. So gehört dem Direktorium des vergangenen Jahres an der BTU gegründeten Zentrums für Rechts- und Verwaltungswissenschaften auch ein renommierter polnischer Rechtswissenschaftler, Herr Prof. Dr. Konrad Nowacki von der Universität Wrocław, an, der am morgigen Tag den einführenden Vortrag halten wird.

An dieser Stelle möchte ich der Deutschen Bundesstiftung Umwelt (DBU), Osnabrück, ausdrücklich meinen Dank aussprechen, durch deren

Förderung dieses Symposium erst ermöglicht wurde. Das Symposium ist im Übrigen Teil eines von der DBU insgesamt geförderten Forschungsprojekts „Europäisierung des Umweltrechts und ihre Auswirkungen auf die deutsche Wirtschaft", in dem neben Fragen des Umwelthaftungsrechts vor allem auch das Thema „Emissionszertifikatehandel", auf das der Präsident der BTU bereits hingewiesen hat, ausführliche Erörterung findet.

Begleitet wird das Symposium sowie das gesamte Forschungsprojekt durch den renommierten Verlag Recht und Wirtschaft aus Heidelberg, der unter anderem für die Veröffentlichung der Publikationen zu der Thematik zuständig ist und dessen Chefredakteur und Geschäftsführer, Herr Dr. Thomas Wegerich, sich bislang stets geduldig der in diesem Zusammenhang auftretenden Probleme und Fragestellungen angenommen hat. Für die vorbildliche und zeitintensive organisatorische Vorbereitung des Symposiums möchte ich schließlich meinen wissenschaftlichen Mitarbeitern, Nicole Rütz und Sascha Bier, danken, die mit großem Engagement die anstehenden Aufgaben erledigt und die bisher wesentlich zum Gelingen dieses Vorhabens beigetragen haben.

Begrüßung durch Dr. Thomas Wegerich, Geschäftsführer und Chefredakteur des Verlags Recht und Wirtschaft, Heidelberg

Sehr geehrter Herr Präsident, sehr geehrte Frau Kanzlerin, sehr geehrte Damen und Herren, lieber Herr Knopp,

zunächst danke ich Ihnen für die freundlichen Worte, die Sie, lieber Herr Knopp, zu unserem Verlag gefunden haben und zu dessen Beitrag zu dem heute beginnenden Symposium und dem erwähnten – größer angelegten – Forschungsprojekt „Europäisierung des Umweltrechts und ihre Auswirkungen auf die deutsche Wirtschaft".

Der Verlag Recht und Wirtschaft engagiert sich gern hier in Cottbus, denn schon der Titel der heutigen Veranstaltung enthält Kernaussagen, die auch eine Grundausrichtung unseres Hauses umschreiben: „Deutsche Wirtschaft" zum einen, „Europäisierung" zum anderen sind insoweit die Stichworte.

Ich muss hier in diesem Kreis nicht betonen, dass diese beiden schlagwortartig genannten Begriffe gleichsam zwei Pole umschreiben, die sich aufeinander zu bewegen. Die Dynamik geht dabei aus von Europa, und mein Eindruck ist, dass es in weiten Kreisen insbesondere im EU-Mitgliedstaat Deutschland noch eines gewissen Lernprozesses bedarf, um zu erkennen – oder auch nur: zu akzeptieren –, dass der europäische Einigungsprozess auch aus nationaler Sicht erfolgreicher verläuft, wenn er von den beteiligten Kreisen aktiver mitgestaltet wird.

Insoweit, meine sehr geehrten Damen und Herren, zeigt der Europäische Gerichtshof der deutschen Politik und dem Gesetzgeber zwar ein um das andere Mal, dass ein Beharrungsvermögen an der falschen Stelle zu mitunter schmerzhaften juristischen Folgen führen kann. Bewusstseinsändernd indes kann das nur wirken, wenn auch ein Umdenken auf nationaler Ebene vollzogen wird.

Dazu versucht der Verlag Recht und Wirtschaft einen Beitrag zu leisten: Wir haben uns mit all unseren Publikationen – ich möchte insbesondere die Zeitschriften Betriebs-Berater (BB), Europäisches Wirtschafts- und Steuerrecht (EWS) und Recht der Internationalen Wirtschaft (RIW) nennen – verpflichtet, den angesprochenen Europäisierungsgedanken in der deutschen Wirtschaft und in den rechts-, steuer- und wirtschaftsberatenden sowie wirtschaftsprüfenden Berufen voranzubringen.

XV

Auch das Umwelthaftungsrecht spielt dabei eine wichtige Rolle, denn schon ein Blick auf die Themenliste dieses Symposiums zeigt deutlich, wie sehr die damit verbundenen Fragestellungen schon heute in die Unternehmenspraxis hineinreichen.

So werden wir aus erster Hand erfahren, welcher aktuelle Stand der Europäisierung des Umweltrechts erreicht ist – im Übrigen: wer einen knappen Überblick dazu haben möchte, der ziehe das Editorial von Herrn Professor Knopp in Betriebs-Berater Heft 8/2003 zu Rate –; wir werden aber auch hören, welche schwierigen Probleme das deutsche Umwelthaftungsrecht in der Praxis bereitet.

Die Sicht der insoweit betroffenen Unternehmen schließlich könnte uns nicht besser näher gebracht werden als durch die nachfolgenden Referate von Frau Dr. Sasserath, Herrn Dr. Kretschmer und Herrn Vogel. Insbesondere die mit der Versicherbarkeit von Umweltrisiken verbundenen Fragen sind insoweit spannend, denn umsetzbare und an den Leitlinien der jüngsten EU-Richtlinienvorschläge zur Umwelthaftung, zum Umweltstrafrecht und zum Emissionszertifikatehandel orientierte Konzepte sind derzeit noch nicht vorhanden.

Mit Ihnen, meine sehr geehrten Damen und Herren, freue ich mich daher auf das vor uns liegende zweitägige BTU-Symposium, das aus der Sicht des Verlags Recht und Wirtschaft den Beginn einer – wie ich hoffe – fruchtbaren Zusammenarbeit mit dem Lehrstuhl von Professor Knopp, dem von ihm maßgeblich initiierten Zentrum für Rechts- und Verwaltungswissenschaften, aber auch der Brandenburgischen Technischen Universität in Cottbus insgesamt markiert.

Inhaltsverzeichnis

Aktueller Stand der Europäisierung des Umweltrechts und deutsche Umsetzungsprobleme*

Franz-Joseph Peine

I. Das Europäische Umweltrecht – Allgemeine Aussagen

Die Entwicklung der Europäischen Wirtschaftsgemeinschaft (i. f. kurz: EWG) von ihrem Anfang 1960[1] über das Stadium Europäische Gemeinschaft (i. f. kurz: EG) zu einem Teil der Europäischen Union[2] (i. f. kurz: EU) 2003 ist in einer Weise verlaufen, wie sie wohl niemand vorhergesehen hat: Es ist mit der EU eine Staatenverbindung sui generis[3] entstanden.

Heute strahlt die Aktivität der EG auf alle Gebiete der Rechtsetzung ihrer Mitgliedstaaten aus und nicht nur auf wenige Bereiche, wie es der Gründungsvertrag der EWG vorsah. Selbstverständlich ist deshalb die Aussage, dass sich umweltschützende Maßnahmen der EG auch auf das nationale Umweltschutzrecht auswirken – anderes kann nicht sein angesichts der Tatsache, dass die EG heute in Gestalt der Art. 174–176 EG[4] ein Recht zur Setzung von Umweltrecht besitzt (Titel XIX: Umwelt)[5].

---

* Für ihre Mitwirkung an der Vorbereitung und Abfassung des Beitrags danke ich meiner wiss. Mitarbeiterin Frau *Anna Samsel* herzlich.
1 Vertrag zur Gründung der Europäischen Wirtschaftgemeinschaft vom 25. 3. 1957, BGBl. II, 766 f.
2 Vertrag zur Gründung der Europäischen Gemeinschaft in der Fassung des Vertrags über die Europäische Union vom 7. 2. 1992, BGBl. II, 1253 f., jetzt in der konsolidierten Fassung des Vertrags von Amsterdam.
3 Zur Rechtsnatur der Europäischen Union s. *Koenig*, Europarecht, 3. Aufl. 2000, S. 24 f.; *Beutler/Bieber/Pipkorn/Streil*, Die Europäische Union, Rechtsordnung und Politik, 5. Aufl. 2001, S. 58 f.; *Borchardt*, Die rechtlichen Grundlagen der Europäischen Union, 2. Aufl. 2002, Rn. 94.
4 Der Vertrag zur Gründung der Europäischen Gemeinschaft in der konsolidierten Fassung des Vertrags von Amsterdam werde im Folgenden mit EG zitiert.
5 Die ursprünglichen Art. 130 r–130 t EGV sind in den Vertrag gelangt durch die Einheitliche Europäische Akte vom 28. 2. 1996, BGBl. II, 1102; ABl. 1987 Nr. L 169, 1 f.

1. Umweltpolitik – Begriffsbestimmung

Erwähnung fand bereits der Begriff „Umweltpolitik". Dieser Begriff ist mit Blick auf seinen Inhalt, politische Handlungsebenen, Fachgebiete und zielführende Instrumente näher zu bestimmen.

Umweltpolitik ist die Gesamtheit der Maßnahmen, die notwendig sind, um (1.) dem Menschen eine Umwelt zu sichern, wie er sie für seine Gesundheit und für ein menschenwürdiges Dasein braucht, (2.) Boden, Luft und Wasser, Pflanzen und Tiere vor nachteiligen Wirkungen menschlicher Eingriffe zu schützen und (3.) Schäden oder Nachteile aus menschlichen Eingriffen zu beseitigen[6]. Sie verfolgt bestimmte Schutzziele. Oberstes Ziel ist es, Leben und Gesundheit der Menschen jetzt und in Zukunft vor Schäden zu bewahren. Dieses „Oberziel" bedingt als „Unterziele" eine Sicherung der Umweltgüter, den Schutz der natürlichen Lebensgrundlagen vor schädlichen Wirkungen menschlicher Aktivitäten sowie eine Beseitigung bereits vorhandener Schäden. Diese „Unterziele" ausdifferenziert, ergeben als Ziele den Schutz von Ökosystemen in ihrer Gesamtheit, den Schutz und die Erhaltung einzelner Arten von Tieren und Pflanzen, den Schutz der natürlichen Ressourcen Luft, Wasser und Boden, die Vermeidung nachteiliger Veränderungen des Klimas und den Erhalt des kulturellen Erbes.

Umweltpolitik kann auf allen politischen Handlungsebenen stattfinden. Zu unterscheiden ist zwischen einer internationalen, einer nationalen, landesweiten[7], regionalen und kommunalen Umweltpolitik.

Fachlich kann sich Umweltpolitik auf sämtliche Gebiete des Umweltschutzes erstrecken; mit Blick auf die einzelnen Fachgebiete ist zwischen dem medialen[8] und dem kausalen Umweltschutz[9] zu unterscheiden; Umweltpolitik gibt es deshalb in den Bereichen Natur- und Landschaftsschutz, Gewässerschutz, Bodenschutz, Luftreinhaltung, Strahlenschutz, Schutz vor Chemikalien sowie Abfallvermeidung und Abfallentsorgung.

---

6 *Hoppe/Beckmann,* Umweltrecht, 2. Aufl. 2000, Rn. 42.

7 Landesweit meint auf Bundesländer bezogen, damit ist ein spezifisch deutsches Problem angesprochen, die Bundesrepublik ist unterteilt in 16 Bundesländer; in Staaten, die eine solche Unterteilung nicht kennen, fällt eine landesweite Umweltpolitik im zuvor genannten Sinne natürlich weg.

8 Mediale Umweltpolitik meint eine solche, die auf den Schutz der Umweltmedien, also auf den Schutz von Luft, Wasser und Boden bezogen ist.

9 Kausaler Umweltschutz meint den Schutz vor gefährlichen Stoffen, also z. B. vor ionisierenden Strahlen, Chemikalien und Abfällen.

Umweltpolitik kann sich zur Erreichung ihrer Ziele bestimmter Instrumente bedienen. Man differenziert zwischen „harten" und „weichen" Instrumenten. Zu den harten Instrumenten zählen die ordnungsrechtlichen Gebote und Verbote und demnächst die Haftung für Umweltschäden[10]. Den weichen Instrumenten werden zugerechnet die Umweltberichterstattung, Umwelt-Audit[11], Umweltverträglichkeitsprüfungen[12], raumbezogene Planungen, ökonomische Instrumente und sie flankierende Maßnahmen, Selbstverpflichtungen und Zusagen, Beratungs- und Informationsleistungen sowie umwelterzieherische Aktivitäten. Diese Instrumente sind in rechtlichen Regeln niedergelegt.

2. Umweltpolitik – Bestandsaufnahme

In den Gründungsverträgen von 1957 fehlte eine Zuständigkeit der EWG für Umweltpolitik. Dementsprechend gab es sie in den Anfängen der EWG nicht. Auf die zunehmende Umweltverschmutzung reagierte nicht die EWG, sondern ihre Mitgliedstaaten antworteten mit nationalen Maßnahmen. Diese stießen zunehmend an die Grenze ihrer Wirksamkeit, weil die Umweltverschmutzung als ein die Staatsgrenzen überschreitendes Problem nicht allein durch nationale Politik bekämpft werden kann. Ferner erwiesen sich nationale umweltpolitische Maßnahmen als Handelshemmnis und widersprachen dem Ziel der EWG, den freien Warenverkehr (Art. 28 ff. EG) zu gewährleisten. Deshalb erschallte der Ruf nach umweltpolitischen Maßnahmen der EWG. Daneben wuchs spätestens ab Beginn der 70er-Jahre auch auf der Unionsebene das Bewusstsein für umweltpolitische Maßnahmen, so dass sich die Kommission entschloss, in den besonders relevanten Bereichen tätig zu werden. Ausgangspunkt hierzu war eine Erklärung der Staats- und Regierungschefs anlässlich der Pariser Gipfelkonferenz vom 1972. Sie forderten die Kom-

---

10 Vorschlag des Europäischen Parlaments und des Rates über Umwelthaftung zur Vermeidung von Umweltschäden und zur Sanierung der Umwelt, ABl. EG Nr. C 151 E vom 25. 6. 2002, 132 f.

11 Verordnung (EWG) Nr. 1836/93 des Rates vom 29. 6. 1993 über die freiwillige Beteiligung von Organisationen an einem Gemeinschaftssystem für das Umweltmanagement und die Umweltbetriebsprüfung (EMAS I), ABl. EG Nr. L 168, 1 f.; geändert durch Verordnung Nr. 761/2001 des Europäischen Parlaments und des Rates vom 19. 3. 2001 (EMAS II), ABl. EG Nr. L 114, 1 f., in Kraft getreten am 27. 4. 2001.

12 Richtlinie 85/337/EWG des Rates vom 27. 6. 1985 über die Umweltverträglichkeitsprüfung bei bestimmten öffentlichen und privaten Projekten, ABl. EG L Nr. 175, 40 f.; zuletzt geändert durch die Richtlinie 97/11/EG vom 3. 3. 1997, ABl. EG 1997 Nr. L 73, 5 f.

mission in der Pariser Schlusserklärung vom 20. 10. 1972 zur Ausarbeitung eines umweltpolitischen Aktionsprogramms einschließlich eines Zeitplans auf[13]. Gleichzeitig rückten die Umweltprobleme ins Blickfeld der internationalen Politik. 1972 trafen sich zahlreiche Regierungschefs und Umweltminister in Stockholm zu einer ersten Konferenz über die Umwelt des Menschen; Veranstalter war die UNO. Die Konferenz von Stockholm bildete den Beginn einer internationalen Zusammenarbeit auf dem Gebiete des Umweltschutzes. Auf institutioneller Ebene wurde durch die internationale Staatengemeinschaft das Umweltprogramm der Vereinten Nationen – United Nations Environmental Programme (UNEP)[14] – geschaffen; dieses Unterorgan der UN-Generalversammlung ist mit der Koordinierung internationaler Aktivitäten im Bereich des Umweltschutzes betraut und hatte einen wichtigen Anteil an der weiteren Entwicklung des Umweltvölkerrechts.

Die angesprochenen Hintergründe der Entstehung einer gemeinschaftlichen Umweltpolitik und eines gemeinschaftlichen Umweltrechts sind allerdings für ihre konkrete Ausgestaltung auch heute von großer Bedeutung. Der Schwerpunkt des sekundären Umweltrechts liegt auf solchen Gebieten, deren Erfassung für die Verwirklichung des Binnenmarktes notwendig ist. Rein umweltpolitisch motivierte Rechtsakte der Gemeinschaft bleiben in der Minderheit.

a) Rechtsgrundlagen

Nach dem Prinzip der beschränkten Einzelermächtigung kann die EG Rechtsakte erlassen, wenn ihr entsprechende Handlungsbefugnisse eingeräumt worden sind. Seit der Einheitlichen Europäischen Akte[15] und der Einführung des Kapitels über die gemeinschaftliche Umweltpolitik (Art. 174 ff. EG) ist der Umweltschutz auf der Gemeinschaftsebene primärrechtlich explizit verankert. Der EG wird eine weitgehende Verantwortung und Zuständigkeit für den Umweltschutz zugesprochen. Von ihr

---

13 Vgl. Kommission, 6. Gesamtbericht, 1972, 8 f.; *Bungarten*, Umweltpolitik in Westeuropa, in: Schriften des Forschungsinstituts der Deutschen Gesellschaft für auswärtige Politik, 1978, S. 150 f., 222 f.

14 Geschaffen durch die Resolution 2997 (XXVII) vom 15. 12. 1972 durch die Generalversammlung der Vereinten Nationen. Vgl. zu den Ergebnissen dieser Konferenz: *Beyerlin*, ZaöRV 1994, 124, 127 f.; zu Struktur, Aufgaben und Arbeitsweise der UNEP: *Beyerlin/Marauhn*, Rechtsetzung und Rechtsdurchsetzung im Umweltvölkerrecht nach Rio-Konferenz 1992, 1997, S. 55 f.

15 Die Einheitliche Europäische Akte von 28. 2. 1986, BGBl. II, 1102 f.; ABl. EG 1987 Nr. L 169, 1 f., in Kraft am 1. 7. 1987.

erwartet man nicht nur die Erhaltung, sondern auch die Verbesserung der Umweltqualität. Der Umweltschutz versteht sich als eine verbindliche Leitschnur für alle Politiken der EG. Allgemeine Gültigkeit besitzen somit das Vorsorge-, das Verursacher- und das Kooperationsprinzip.

Der EG wurde ausdrücklich die Zuständigkeit für die Förderung von Maßnahmen auf internationaler Ebene zur Bewältigung regionaler oder globaler Umweltprobleme zuerkannt. Von dieser Kompetenz hat sie in den letzten Jahren mehrmals Gebrauch gemacht und mit Berufung auf Art. 175 Abs. 1 EG i.V.m. Art. 300 Abs. 2 UAbs. 1 S. 1 und Abs. 3 UAbs. 1 EG[16] mehrere umweltvölkerrechtliche Übereinkommen abgeschlossen. Genannt seien nur die wichtigsten internationalen Vertragswerke mit Umweltschutzcharakter, denen die EG beigetreten ist: Das UN-Rahmenübereinkommen über Klimaänderungen[17], das Kyoto-Protokoll[18], das UN-Übereinkommen über die biologische Vielfalt[19], das Protokoll von Cartagena über die biologische Sicherheit[20], das Wiener Übereinkommen zum Schutz der Ozonschicht[21] und das Montrealer Protokoll über Stoffe, die zum Abbau der Ozonschicht führen[22].

---

16 Im Übrigen gilt die sog. AETR-Rechtsprechung (EuGH, 31. 3. 1971 – Rs. 22/70, Kommisssion/Rat, Slg. 1971, 263, 274 – AETR) für die Reichweite der gemeinschaftlichen Außenkompetenz in den Gebieten, in denen der Gemeinschaft Rechtsetzungsbefugnisse im Innenbereich zustehen.

17 Beschluss 94/69/EG des Rates vom 15. 12. 1993 über den Abschluss des Rahmenübereinkommens der Vereinten Nationen über Klimaänderungen, ABl. EG 1994 Nr. L 33, 11 f.

18 Entscheidung 2002/358/EG des Rates vom 25. 4. 2002 über die Genehmigung des Protokolls von Kyoto zum Rahmenübereinkommen der Vereinten Nationen über Klimaänderungen im Namen der EG sowie die gemeinsame Erfüllung der daraus erwachsenden Verpflichtungen, Entscheidung, ABl. EG 2002 Nr. L 130, 1 f.

19 Beschluss 93/626/EWG des Rates vom 25. 10. 1993 über den Abschluss des Übereinkommens über die biologische Vielfalt, ABl. EG 1993 Nr. L 309, 1 f.

20 Beschluss 2002/628/EG des Rates vom 25. 6. 2002 über den Abschluss des Protokolls von Cartagena über die biologische Sicherheit im Namen der Europäischen Gemeinschaft, ABl. EG 2002 Nr. L 201, 48 f.

21 Entscheidung 88/540/EWG des Rates vom 18. 10. 1988 über den Abschluss des Wiener Übereinkommens zum Schutz der Ozonschicht und des Montrealer Protokolls über Stoffe, die zu einem Abbau der Ozonschicht führen, ABl. EG 1988 Nr. L 297, 8 f.

22 Die erste Änderung des Montrealer Protokolls wurde genehmigt mit der Entscheidung 91/690/EWG, ABl. EG 1991 Nr. L 377, 28 f.; die zweite Änderung wurde genehmigt mit der Entscheidung 94/68/EG, ABl. EG 1994 Nr. L 33, 1 f.; die dritte Änderung wurde genehmigt mit dem Beschluss 2000/646/EG, ABl. EG 2000 Nr. L 272, 26 f.; die vierte Änderung wurde genehmigt mit dem Beschluss 2002/215/EG, ABl. EG 2002 Nr. L 72, 18 f.

Der um die Umweltschutzbestimmungen ergänzte EG-Vertrag verpflichtet die EG, ein umweltverträgliches Wachstum zu erzielen. Damit bricht er zum ersten Mal mit dem Primat der Ökonomie auf europäischer Ebene. Die Ökologie wird gleichrangig. Es geht freilich nicht nur um die Ökologie als solche, sondern um ein hohes Schutzniveau im Umweltschutz. Hoch ist das Niveau, das die am weitesten fortgeschrittenen Staaten bereits durchgesetzt haben oder für durchsetzbar halten. Als Anhaltspunkt für ein hohes Schutzniveau bietet sich der Begriff „Stand der Technik" an; zurückgreifen könnte man auch auf den Begriff „beste verfügbare Technologie". Das hohe Schutzniveau i. S. d. Art. 174 Abs. 2 UAbs. 1 S. 1 EG ist aber nicht mit dem in technischer Hinsicht höchstmöglichen Schutzniveau gleich zu setzen[23]. Dem Begriff des „hohen Schutzniveaus" kommt kein absoluter, sondern ein relativer Charakter zu. Je nach der Situation in der betroffenen Region kann daher im Vergleich zu dem durchschnittlichen hohen Standard eine Abweichung nach oben in Richtung strengerer Standards oder nach unten erfolgen.

Der Maastrichter Vertrag[24] hat den Umweltschutz als eine Zielbestimmung der EG in Art. 3 EG formuliert. Ferner hat er einige Änderungen prozessualer Art eingeführt, die sich auf den gemeinschaftlichen Umweltschutz nicht unerheblich auswirken[25]. Über Rechtsakte im Bereich des Umweltschutzes wird im Verfahren nach Art. 251 EG beschlossen (Art. 175 Abs. 1 EG). Art. 251 EG regelt das Verfahren der Mitentscheidung des Europäischen Parlaments, das in den EG-Vertrag durch den Vertrag von Maastricht eingefügt wurde. Nur in diesem Verfahren wird

---

23 *Epiney*, Umweltrecht in der Europäischen Union, 1997, S. 97 f.; *Scheuing*, Das Europäische Umweltverfassungsrecht als Maßstab gerichtlicher Kontrolle, EuR 2002, 619, 625.

24 ABl. EG 1992 Nr. C 191, 1 f.; in Kraft am 1. 11. 1993.

25 S. *Beutler/Bieber/Pipkorn/Streil* (Fn. 3), S. 515: „Die gemeinschaftliche Umweltpolitik ist durch die Schwierigkeit gekennzeichnet, die unterschiedlichen Schutzniveaus in den Mitgliedstaaten auf einem gemeinschaftlichen Nenner miteinander abzustimmen, das hat schon in der Vergangenheit dazu geführt, überhaupt gemeinschaftliche Schutzmaßnahmen zu erlassen. Das jetzt in Art. 130r Abs. 2 (jetzt Art. 174) durch den EGV formulierte Ziel der Umweltpolitik der Gemeinschaft, Maßnahmen unter Berücksichtigung der unterschiedlichen Gegebenheit in den einzelnen Regionen der Gemeinschaft auf hohem Schutzniveau zu erlassen, spiegelt diese Schwierigkeiten wider, integriert die Auslegung und Umsetzung aber in das System des Gemeinschaftsrechts. Verfahrensmäßig wird das Erreichen eines gemeinsamen Nenners dabei erleichtert, dass durch Art. 130s (jetzt Art. 175) nunmehr grundsätzlich Mehrheitsentscheidungen im Rat ermöglicht werden."; *Scheuing*, Das europäische Umweltverfassungsrecht als Maßstab gerichtlicher Kontrolle, EuR 2002, 619, 633.

der Grundsatz durchbrochen, dass der Rat nur einstimmig von einem Vorschlag der Kommission abweichen kann (Art. 250 Abs. 1 EG).

Im Amsterdamer Vertrag wurde die umweltrechtliche „Querschnittsklausel" in den Ersten Teil des Vertrages (Art. 6 EG) eingeführt und damit aufgewertet. Darüber hinaus wurden die Voraussetzungen des Art. 95 EG, der sich auf die Rechtsangleichung im Binnenmarkt bezieht, für die „Alleingänge" der Mitgliedstaaten präzisiert.

b) Aktionsprogramme

Nicht nur die UNO nach der Stockholmer Konferenz, sondern auch die EWG reagiert auf die Umweltprobleme; sie antwortet mit Aktionsprogrammen. Das sog. Aktionsprogramm ist das Instrument der EWG/EG für die Lösung des Problems Umweltschutz; bislang sind sechs Umweltaktionsprogramme beschlossen worden. Aktionsprogramme legen lang- und kurzfristig die Rahmenbedingungen für Aktivitäten in einzelnen politischen Bereichen fest. Die Kommission arbeitet sie aus, das Europäische Parlament berät und der Europäische Rat beschließt sie (heute) nach Art. 251 EG[26]. Aktionsprogramme bedürfen der Umsetzung durch Rechtsvorschriften und weitere Bemühungen etwa in finanzieller Hinsicht; ein Aktionsprogramm ohne diese weiteren Bemühungen bedeutet in der Sache nichts.

Sinn der Aktionsprogramme ist es, den Rahmen und die grundsätzliche Zielrichtung der gesondert zu erlassenden eigentlichen Rechtsakte abzustecken. Diese allgemeine Aussage gilt auch für die (bislang) sechs[27] Umweltaktionsprogramme, die 1973, 1977, 1983, 1987, 1992 und 2002 verabschiedet wurden. Zur Unterstützung wurde die Europäische Umweltagentur mit Sitz in Kopenhagen geschaffen[28], die ihre Tätigkeit 1993 aufgenommen hat. Zusammengefasst lassen sich für den Aufbau einer

---

26 Zu den Aktionsprogrammen s. *Hoffert*, Europarecht und nationale Umweltpolitik, 1993, S. 17 f.

27 Beschluss Nr. 1600/2002/EG des Europäischen Parlaments und des Rates vom 22. 7. 2002 über das sechste Umweltaktionsprogramm der Europäischen Gemeinschaft, ABl. EG 2002 Nr. L 242, 1 f.; Entschließung zum fünften Umweltaktionsprogramm, ABl. EG 1993 Nr. C 150, 292 f.; Erklärung des Rates der Europäischen Gemeinschaften und der im Rat Vereinigten Vertreter der Regierungen der Mitgliedstaaten vom 22. 11. 1973 über ein Aktionsprogramm der Europäischen Gemeinschaften für den Umweltschutz, ABl. EG 1973 Nr. C 112, 1 f.

28 Verordnung (EWG) Nr. 1210/90 des Rates vom 7. 5. 1990 zur Errichtung einer Europäischen Umweltagentur und eines Europäischen Umweltinformations- und Umweltbeobachtungsnetzes, ABl. EG 1990 Nr. L 120, 1.

EWG-Umweltpolitik bis einschließlich des vierten Umweltaktionspro-
gramms drei Aspekte als ausschlaggebend hervorheben: 1. die Suche
nach grenzüberschreitenden Problemlösungen, insbesondere bei der Bekämpfung des „sauren Regens" und für die Lösung des Artenschutzpro-
blems; 2. die Vereinheitlichung von Umweltstandards im Europäischen
Binnenmarkt, um Risiken bei gefährlichen Anlagen oder beim Transport
auszuschließen und zugleich Wettbewerbsverzerrungen oder Handels-
hemmnisse zu vermeiden; 3. die Schaffung einheitlicher Rahmenbedingungen für die EWG-Wirtschaftsstandorte, um die Abwanderung von In-
dustriebetrieben in Regionen mit weniger strengen Standards zu verhindern[29].

Auf der Grundlage, die der EG-Vertrag durch Maastricht erhalten hat,
wurde das fünfte Aktionsprogramm im Februar 1993 verabschiedet[30]. Es
enthielt die Ziele der europäischen Umweltpolitik bis zum Ende des
Jahrhunderts.

Das fünfte Aktionsprogramm stand unter dem Leitmotiv einer „dauer-
haften und umweltgerechten Entwicklung", einem Motiv, welches die
Brundtland-Kommission[31] Mitte der 80er Jahre den Vereinten Nationen
empfahl und das auf der UNO-Konferenz 1992 in Rio de Janeiro zum
Leitgedanken avancierte. Im Mittelpunkt des Leitmotivs stand das Interesse an einer langfristigen Umweltvorsorge. Positive Anreize und die
Einbeziehung aller Beteiligten sollten weitere Fortschritte in Richtung
eines vorbeugenden Umweltschutzes bewirken.

Die Realisierung des Leitmotivs erforderte einen nachhaltigen Umbau
der Industriegesellschaft. Daher skizzierte das fünfte Umweltaktionsprogramm im Unterschied zu den früheren Programmen vorrangig Vorhaben für die Wirtschaftssektoren Industrie, Energie, Verkehr, Landwirtschaft und Tourismus, weil diese Wirtschaftssektoren besonders umwelt-
relevant sind. Ferner betonte es besonders das Verursacherprinzip.
Schließlich führte es neuartige Instrumente ein. Zum einen verlangt um-

---

29 *Hillenbrand*, Europa ökologisch? Wirkungs- und Störfaktoren der europäischen Umweltpolitik, Mainzer Beiträge zur europäischen Einigung, Bd. 17, 1994, S. 185.
30 Entschließung zum fünften Umweltaktionsprogramm, ABl. EG 1993 Nr. C 150, 292 f.;
Beschluss 2179/98 des Europäischen Parlaments und des Rates vom 24. 9. 1998 über
die Überprüfung des Programms der Europäischen Gemeinschaft für Umweltpolitik
und Maßnahmen im Hinblick auf eine dauerhafte und umweltgerechte Entwicklung
„Für eine dauerhafte und umweltgerechte Entwicklung", ABl. EG 1998, Nr. L 275, 1.
31 Der Bericht der World Commission on Environment and Development „Our Common
Future" (Brundtland-Bericht) wurde durch die Resolution 42/187 der Generalversammlung der UNO angenommen, IPE (2) I/C/19-12-83-a.

weltverträgliches Wachstum einen wirtschaftlichen und politischen Strukturwandel: Dieser makroökonomische Ansatz gelangte zur Ausführung. Zum anderen mussten neue Instrumente zur Vorsorge beitragen und es ermöglichen, die Verursacher von Umweltschäden konsequenter zu belangen; deshalb wurden Umweltabgaben, Haftungsregelungen und Strafen einerseits, staatliche Anreize, Aufklärung und gezielte Hilfen andererseits betont. Außerdem wurde hervorgehoben, dass der Umweltschutz schon frühzeitig bei der Planung, z. B. mit Hilfe des Instruments Umweltverträglichkeitsprüfung, Anwendung finden muss. Endlich verfolgte das Programm einen globalen Ansatz. Europas Umweltschutz kann nicht länger als eine rein kontinentale Aufgabe betrachtet werden, da die Umweltprobleme häufig mit Fragen des globalen Umweltschutzes verknüpft sind. Diese neuen Ansätze wurden abgerundet durch ein Festschreiben der gemeinsamen Verantwortung vieler Akteure sowie durch Forderungen an die Politik der europäischen Organe: Sie muss sich dem gesellschaftlichen Dialog öffnen, transparenter und in der Verwirklichung konsequenter werden.

Konkret forderte das Programm folgende Maßnahmen: eine umweltgerechtere Bewirtschaftung der Ressourcen; den Einstieg in den integrierten, medienübergreifenden Umweltschutz zur Vermeidung und Verminderung von Umweltschäden in der Industrie; Maßnahmen zur Verringerung des Energieverbrauchs und zur verstärkten Nutzung erneuerbarer Energien; eine Umstellung auf effiziente und umweltverträgliche Verkehrs- und Transportsysteme; neue Modelle für eine umweltverträgliche Stadtentwicklung sowie konkrete Maßnahmen zur Verbesserung der Qualität der städtischen Umwelt sowie Einzelmaßnahmen wie die Sanierung bestimmter Objekte zur Verbesserung der menschlichen Gesundheit und Sicherheit.

Das sechste Umweltaktionsprogramm[32] hat eine Laufzeit von zehn Jahren mit Beginn am 22. 7. 2002 und stellt eine Reihe von „prioritären Aktionsbereichen" heraus. Dazu gehören die Bekämpfung der Klimaänderungen, der Schutz der Natur und der biologischen Vielfalt, der Bereich Umwelt, Gesundheit und Lebensqualität, schließlich die Abfallwirtschaft und bessere Ressourceneffizienz. Der Klimaschutz und die Stabilisierung der Konzentration von Treibhausgasen in der Atmosphäre auf einem Niveau, das gefährliche anthropogene Störungen des Klimasys-

---

32 Beschluss Nr. 1600/2002/EG des Europäischen Parlaments und des Rates vom 22. 7. 2002 über das sechste Umweltaktionsprogramm der Europäischen Gemeinschaft, ABl. EG 2002 Nr. L 242, 1 f.

tems ausschließt, werden als eine zentrale Herausforderung des nächsten Jahrzehnts hervorgehoben. Die Ziele des Programms sollen mit folgenden Aktionen verwirklicht werden: die Erfüllung der internationalen Klimaverpflichtungen einschließlich des Kyoto-Protokolls und die Reduzierung der Treibhausgasemissionen in dem Energie- und Verkehrssektor sowie in der industriellen Produktion. Der Schutz von Natur und biologischer Vielfalt soll unter anderem durch das Stoppen der Verarmung der biologischen Vielfalt sowie die Erhaltung und geeignete Wiederherstellung der biologischen Vielfalt, der Meeresumwelt, der Küsten und der Feuchtgebiete sowie der Gebiete mit bedeutendem Landschaftswert erfolgen. Dabei fällt auf, dass die gemeinschaftliche Umweltpolitik weitgehend durch die internationale Umweltpolitik bestimmt wird und die EG als Mitglied multilateraler Umweltabkommen vorrangig die eingegangenen Verpflichtungen erfüllt.

Alles in allem lässt sich als Befund für die europäische Umweltpolitik auf der Grundlage von sechs Aktionsprogrammen festhalten: Die Umweltpolitik begann 1967 mit einer Regelung von Sicherheitsanforderungen für das Transportgewerbe. Heute sind mehr als 200 Verordnungen und Richtlinien im Umweltbereich in Geltung[33]. Diese hohe Zahl ist Folge der unterschiedlich entwickelten Rechtsordnungen der Mitgliedstaaten. Um ihnen die Anpassung zu erleichtern, hat die EWG/EG ihr Umweltrecht schrittweise und jeweils auf einzelne Probleme konzentriert erweitert. Demzufolge müssen die Verordnungen und Richtlinien in einer Gesamtschau betrachtet werden, um ein Gesamtbild der europäischen Umweltpolitik zu erhalten. Dieses Bild sei ganz grob skizziert: Folgende Regelungsbereiche lassen sich unterscheiden: Naturschutz, Gewässerschutz, Luftreinhaltung, Abfallwirtschaft, Schutz vor Chemikalien und vor radioaktiven Strahlen, Lärmschutz sowie die städtische Umwelt. Zu den am häufigsten gebrauchten Instrumenten zählen immissionsschutzrechtliche Normen, Emissionsnormen, Stoffregelungen und Aussagen zum Risikomanagement. Neben diese „alten" Instrumente treten „neue": die Umweltverträglichkeitsprüfung, der freie Zugang zu Umweltdaten sowie Anreize für umweltfreundliches Produzieren. Außerdem finden sich als Elemente europäischer Umweltpolitik die Unterstützung von Forschung, die Information, die Aus- und Weiterbildung.

---

33 Die wichtigsten Vorschriften sind abgedruckt bei *Krämer* (Hrsg.) Umweltrecht der EG, Textsammlung, 3. Aufl. 1998.

3. Umweltpolitik – Rechtsinstrumente für ihre Umsetzung

Die EG schafft Umweltrecht mit Hilfe der ihr zur Verfügung stehenden Mittel: Das sind die Verordnung und die Richtlinie. Zu fragen ist deshalb nach den Rechtswirkungen dieser Instrumente. Die Beschreibung der Rechtswirkungen legt zugleich den Einfluss des europäischen Umweltrechts auf das deutsche Umweltrecht fest.

a) Die Rechtswirkungen der Verordnung

Nach Art. 249 Abs. 2 EG sind die Verordnungen (i. F. auch: VO)[34] des Rates und der Kommission diejenigen Rechtsakte, welche allgemeine Geltung besitzen, in allen ihren Teilen verbindlich sind und unmittelbar in jedem Mitgliedstaat Wirksamkeit entfalten. In der Verordnung verkörpert sich wie in keinem anderen Rechtsinstrument die „wahre europäische Befugnis". Mit ihr vermag die Gemeinschaft unmittelbar für die Mitgliedstaaten und ihre Bürger verbindliches Recht zu schaffen, welches keiner Umsetzung durch nationale Instanzen bedarf. Es werden auf europäischer Ebene durch die Verordnung die gleichen Bedürfnisse nach generell/abstrakter Rechtsetzung gegenüber einem unbestimmten Personenkreis erfüllt wie auf nationaler Ebene durch das einfache Gesetz; in diesem Sinne ist die EG-VO das „Europäische Gesetz"[35].

Für die Gemeinschaftspraxis kann die Bedeutung der Verordnung in ihrer Doppelfunktion als grundlegendes europäisches Gesetz, aber auch als kurzlebige „DurchführungsVO", nicht überschätzt werden. Nur mit Hilfe dieses Rechtsinstruments konnte die EG in der Praxis als „Rechtsgemeinschaft" im Verhältnis zu den Mitgliedstaaten einen real respektierten, politischen Status erringen[36].

Verordnunggeber sind nach Art. 249 EG der Rat und die Kommission; seit Maastricht ist auch das Europäische Parlament in den Erlass der Verordnung eingeschaltet. Das Verfahren unter Einbeziehung des europäischen Parlaments ist extrem kompliziert[37]. Im Einzelnen ist im EG-Ver-

---

34 Zur Verordnung s. z. B. *Oppermann*, Europarecht, 2. Aufl. 1999, S. 174 f. sowie die dort nachgewiesene Rechtsprechung.

35 EuGH, 16. 7. 1956 – Rs. 8/55, Fédération Charbonnière de Belgique/Hohe Behörde, Slg. 1955/56, 227, seitdem ständige Rechtsprechung.

36 *Oppermann* (Fn. 34), S. 175.

37 Das Verordnunggebungsverfahren ist dargestellt bei *Koenig/Harratsch* (Fn. 3), S. 87 ff.; weitere Literatur bei von *Burchardt*, Vertrag über die Europäische Union: Auswirkungen auf die Rechtsetzungsverfahren nach dem EWGV, DÖV 1992, 1035 ff.; *Boest*, Die Rolle des Europäischen Parlaments in der Rechtsetzung nach dem Vertrag

trag jeweils konkret bestimmt, wer für den Erlass zuständig ist. Typischerweise ist der auf Vorschlag der Kommission entscheidende Rat der eigentliche Gesetzgeber der EG, während die Kommission eher Durchführungsverordnungen erlässt.

Die Verordnung hat allgemeine Gültigkeit und ist in allen ihren Teilen verbindlich. Damit wird gesagt, dass die Verordnung ihre Rechtsverbindlichkeit für eine unbestimmte Zahl objektiv bestimmter Fälle im Gesamtgebiet der Gemeinschaft entfaltet[38]. Die generell-abstrakte, gemeinschaftsweit geltende Regelung gegenüber einem unbestimmten Personenkreis ist das wesentliche Charakteristikum der Verordnung. Sie gilt unmittelbar in jedem Mitgliedstaat. Mittels dieser „Durchgriffswirkung" wird klargestellt, dass sie mit ihrer Veröffentlichung im Amtsblatt automatisch, also ohne irgendein Dazwischentreten nationaler Rechtsetzung, ihre Rechtswirkungen entfaltet, d. h. den Mitgliedstaaten einschließlich ihrer Behörden, Gerichte sowie den Einzelpersonen Rechte gewährt und Pflichten auferlegt. Der EuGH betont immer wieder diesen von den Mitgliedstaaten unabdingbaren Rechtscharakter der Verordnung und stellt fest, dass nationale Nachformungen des Verordnungs-Inhalts angesichts der Durchgriffswirkung grundsätzlich überflüssig und wegen der Doppelung des Rechts schädlich sind[39].

Entgegenstehendes nationales Recht wird von der Verordnung in dem Sinne verdrängt, dass es keinerlei Anwendung finden kann, solange die Verordnung gilt. Ob das die endgültige Nichtigkeit des nationalen Rechts bedeutet, ist in dessen Rahmen zu entscheiden; für die Bundesrepublik also nach nationalem Verfassungsrecht. Im praktischen Regelfall ist als Ergebnis zu erkennen, dass das nationale Recht nichtig ist. Die unmittelbare Geltung der Verordnung schließt auch ein, dass die Anwendung später erlassenen nationalen Rechts ausgeschlossen ist, welches mit dem Inhalt der Verordnung unvereinbar ist. Mit anderen Worten: Es gilt insofern der absolute Vorrang des Europarechts.

Adressaten der Verordnung sind infolge ihrer eben geschilderten umfassenden Geltungskraft grundsätzlich gleichermaßen die Gemeinschaft und ihre Institutionen, die Mitgliedstaaten einschließlich ihrer behörd-

---

über die Europäische Union, in: *Rengeling* u. a. (Hrsg.), Aktuelle Entwicklungen in der Europäischen Gemeinschaft, 1992, S. 133 ff.

38 EuGH, 5. 5. 1977 – Rs. 101/76, Koninklijke Scholten Honig NV/Rat und Kommission, Slg. 1977, 797 ff., RIW 1977, 778, ständige Rechtsprechung.

39 EuGH, 14. 12. 1971 – Rs. 43/71, Politi/Italien, Slg. 1971, 1039, 1049, RIW 1972, 193; EuGH, 7. 2. 1973 – Rs. 39/72, Kommission/Italien, Slg. 1973, 114 ff.

lichen Ausprägung in allen drei Gewalten und schließlich die natürlichen und juristischen Einzelpersonen innerhalb der EG. Dabei ist es möglich, dass sich im Einzelfall eine Verordnung kraft Natur der Sache nur an einen Teil der grundsätzlich denkbaren Adressaten richtet, z. B. wirkt das in Verordnungsform ergangene Beamtenstatut der EG nur im engeren Sinne gemeinschaftsintern.

Mit Blick auf die Wirkung der Verordnung ist nach alledem hervorzuheben: Die Verordnung gilt direkt und unmittelbar; sie setzt nationales Recht außer Kraft; nationales Recht ist nur insoweit möglich, als in der Verordnung Lücken vorhanden sind; bevor das nationale Recht außer Kraft tritt, ist zu prüfen, ob es europarechtskonform interpretiert werden kann – die Möglichkeit der europarechtskonformen Interpretation lässt das nationale Recht weiter bestehen.

Nach alledem ist festzuhalten: Soweit die Verordnung Wirkungen entfaltet, ist der nationale Gesetzgeber „ausgeschaltet". Nationales Recht ist nicht mehr möglich. Bedient sich die EG des Rechtsinstruments der Verordnung, so ist ihr Einfluss auf das nationale Recht allumfassend.

b) Die Rechtswirkungen der Richtlinie

Art. 249 Abs. 3 EG charakterisiert die Richtlinie (i. F. auch: RL)[40] als denjenigen Rechtsakt der Gemeinschaft, der für jeden Mitgliedstaat, an den er gerichtet ist, hinsichtlich des zu erreichenden Ziels verbindlich ist, den innerstaatlichen Stellen jedoch die Wahl der Form und der Mittel überlässt. Die Richtlinie ist ein eigentümlicher Rechtsakt des Gemeinschaftsrechts, mit einer entfernten Ähnlichkeit zur Rahmengesetzgebung im deutschen Bundesstaat. Sie trägt der Tatsache Rechnung, dass die EG als noch verhältnismäßig lockerer Staatenverbund nicht nur Instrumente zur direkt vereinheitlichenden Rechtsetzung bedarf, sondern auch eines geschmeidigeren Rechtsakts. Die Richtlinie begnügt sich damit, den angesprochenen Mitgliedstaaten verbindliche Zielsetzungen im Sinne der Verpflichtung zu deren vollständiger Umsetzung in das nationale Recht aufzuerlegen, ihnen bei der Art und Weise dieser Umsetzung aber freie Hand zu lassen. In der Gemeinschaftspraxis ist die Richtlinie freilich über eine perfektionistische Anordnung der Ausformung der Ziele in die Nähe der Verordnung gerückt worden.

---

40 Zur Richtlinie s. *Koenig/Harratsch* (Fn. 3), S. 77 f.; *Jarass*, Folgen der innerstaatlichen Wirkung von EG-Richtlinien, NJW 1991, 2665 f.; *Klein*, Objektive Wirkung von Richtlinien, in: Bue/Luther/Schwarze (Hg.), Festschrift für Ulrich Everling, 1995, S. 641 f.

RLgeber sind, wie bei der Verordnung, entweder der Rat oder die Kommission, je nach Regelung der Einzelkompetenz. Seit Maastricht ist das Europäische Parlament in die Richtliniengebung eingebunden.

Die Richtlinie hat Rechtsverbindlichkeit für ihre Adressaten in dem doppelten Sinne, dass das mit ihnen jeweils verfolgte Ziel maßgeblich ist und dass die Mitgliedstaaten als die typischen Adressaten einer Richtlinie eine Umsetzungspflicht hinsichtlich ihres Inhalts in das nationale Recht trifft. Rechtswirksam werden die Richtlinien mit der Bekanntgabe an die Adressaten. Die Veröffentlichung im Amtsblatt erfolgt nur zur Information. Ebenso ergibt sich der räumliche Geltungsbereich der Richtlinien vom Adressaten her. Da eine Richtlinie nicht notwendig an alle Mitgliedstaaten gerichtet werden muss, kann sie einen begrenzten Geltungsbereich haben; dieser begrenzte Geltungsbereich ist in der Praxis jedoch selten.

Die Richtlinie ist vollständig in nationales Recht umzusetzen. Bei einer „perfekten", d. h. regelungsintensiven Richtlinie reduziert sich diese Pflicht mehr oder weniger auf ein Abschreiben des Richtlinieninhalts. Soweit Umsetzungsspielraum gegeben ist, ergibt sich aus dem nationalen Recht, ob die Umsetzung am besten durch Gesetz, Verordnung oder u. U. auch durch Verwaltungsvorschriften vorzunehmen ist; da nach deutschem Recht Verwaltungsvorschriften nicht publiziert werden müssen, verneint der EuGH für die Bundesrepublik die Möglichkeit, Richtlinien mit Hilfe von Verwaltungsvorschriften umzusetzen; dieses ist mit Blick auf das Wasserrecht der Bundesrepublik Deutschland außerordentlich bedeutungsvoll geworden[41]. Leitlinie der Umsetzung muss stets das Bemühen bleiben, den Richtlinien-Inhalt so wirksam wie möglich in das mitgliedstaatliche Recht überzuleiten. Die Umsetzungsnorm muss daher der vorher geltenden nationalen Rechtsform mindestens ranggleich sein[42].

Das Umsetzungsverfahren wird im Interesse zügiger und effektiver Erreichung der Richtlinienziele regelmäßig formalisiert. In der Richtlinie wird den Mitgliedstaaten eine angemessene Frist eingeräumt, innerhalb derer die Umsetzung vorgenommen sein muss. Die Kommission überwacht die Richtliniendurchführung und kann im Falle von Verstößen ein

---

41 S. EuGH, NVwZ 1992, 459 f.; Die Rechtsprechung des Europäischen Gerichtshofs hat die 6. Novelle zur Änderung des Wasserhaushaltsgesetzes vom 11. 11. 1996, BGBl. S. 1690 ausgelöst und in das Wasserhaushaltsgesetz den neuen § 6 a eingefügt.

42 S. ausführlich *Oppermann* (Fn. 34), S. 178.

Vertragsverletzungsverfahren nach Art. 226 EG einleiten. Die Liste der Vertragsverletzungsverfahren ist extrem lang.

Ist die Richtlinie gemeinschaftlich erlassen und national umgesetzt, entfaltet sie eine Sperrwirkung in dem Sinne, dass es für den nationalen Gesetzgeber auch für die Zukunft, solange die Richtlinie gilt, gemeinschaftsrechtlich unzulässig ist, mitgliedstaatliches Recht zu erlassen, welches dem Richtlinieninhalt widerspricht. Es wäre eine Vertragsverletzung, wenn der Mitgliedstaat Recht erließe, welches einer Richtlinie widerspräche; die Kommission könnte gegen einen solchen nationalen Rechtsakt nach Art. 226 EG vorgehen.

Nach dem aus Art. 249 Abs. 3 EG eindeutig ablesbaren Willen ist die Richtlinie (anders als die Verordnung) grundsätzlich als ein zweistufiger Rechtsakt konzipiert. Er bindet die Mitgliedstaaten als Regeladressaten zunächst einmal direkt, erzeugt innerhalb der nationalen Rechtsbereiche aber nur über die Aktion des mitgliedstaatlichen Gesetzgebers indirekte gemeinschaftsrechtliche Wirkungen. An dieser unzweideutigen Entscheidung der Verträge ist prinzipiell festzuhalten.

In begrenzten Ausnahmefällen ist allerdings eine unmittelbare Wirkung *nicht oder nicht rechtzeitig umgesetzter Richtlinien*, ähnlich wie bei Verordnungen, gemeinschaftsrechtlich legitim und über die Rechtsprechung des EuGH seit Anfang der 70er Jahre anerkannt worden[43]. Es handelt sich um solche Fälle, in denen erstens eine Richtlinie oder einzelne Bestimmungen von jeher so perfekt und regelungsintensiv ausgestaltet sind, dass die Umsetzung der Richtlinie in nationales Recht sich mehr oder weniger in einem Abschreiben des Richtlinieninhalts erschöpfen müsste. Zweitens ist Voraussetzung, dass der zur Umsetzung verpflichtete Mitgliedstaat die Anpassung seines nationalen Rechts frist- und damit rechtswidrig nicht vorgenommen hat. In solchen krassen Fällen erscheint es bei einer Abwägung zwischen Formentreue und evident gegebenen, ohne weiteres vollziehbaren und verletzten materiellen Gemeinschaftsverpflichtungen gerechtfertigt, ausnahmsweise direkte Wirkungen solcher Richtlinienbestimmungen zuzulassen[44]. In einer solchen Situation kann sich der einzelne EG-Bürger vor den innerstaatlichen Behörden und Gerichten auf die Richtlinienbestimmungen berufen, die so ihre volle, vom Vertrag gewollte Wirkung entfalten[45]. Pflichten vermag eine

---

43 EuGH, 6. 10. 1970 – Rs. 9/70, Grad/Finanzamt Traunstein, Slg. 1970, 825, 838 f., AWD 1970, 474, 521, Leberpfennig.
44 Ausführlich *Oppermann* (Fn. 34), S. 179; hier auch weitere Nachweise aus der Literatur.

Richtlinie jedoch dem Einzelnen nicht aufzuerlegen, da sie sich nur an die Mitgliedstaaten richtet; das gilt auch in den Fällen unmittelbarer Wirksamkeit.

Zusammengefasst lässt sich mit Blick auf die Wirkung der Richtlinie festhalten: Bürger können sich in Ermangelung von fristgemäß erlassenen Durchführungsmaßnahmen auf Bestimmungen einer Richtlinie, die inhaltlich als unbedingt und hinreichend genau erscheinen, gegenüber allen innerstaatlichen, nicht richtlinienkonformen Vorschriften berufen. Der Rechtsgrund für die Befugnis des Bürgers zur Geltendmachung von Rechten aus Richtlinien ist in einer spezifischen Ausprägung des Treu- und Glauben-Grundsatzes zu suchen. Der Mitgliedstaat soll sich auf die fehlende Umsetzung der Richtlinie in nationales Recht nicht berufen können, wenn dies unredlich wäre, weil er selbst die Verletzung der Umsetzungsfrist zu vertreten hat. – Von der unmittelbaren Wirkung einer nicht umgesetzten Richtlinie ist eine innerstaatliche Wirkung zweiten Grades zu unterscheiden, nämlich die Verpflichtung der Mitgliedstaaten und namentlich der innerstaatlichen Gerichte, das innerstaatliche Recht, wann immer das möglich ist, im Sinne der Richtlinie auszulegen. Sie ist Ausfluss der Verpflichtung der Mitgliedstaaten zur gemeinschafts-freundlichen Auslegung und Anwendung des Gemeinschaftsrechts.

Wie hervorgehoben, ist Adressat der Richtlinie gemäß der eindeutigen Regelung des Art. 249 Abs. 3 EG jeder Mitgliedstaat, an den sie gerichtet ist. An Einzelpersonen richtet sich die Richtlinie nicht.

Zusammengefasst lässt sich für die Richtlinie festhalten: Sie bindet den Mitgliedstaat, an den sie adressiert ist, hinsichtlich des Ziels, nicht aber hinsichtlich des Mittels zur Zielerreichung. Gebunden ist der Mitgliedstaat insoweit, als er die Richtlinie umsetzen muss. Der ihm verbleibende Handlungsspielraum ist deshalb kein inhaltlicher, sondern ein formaler. Ein materielles Gestaltungsrecht fehlt dem Mitgliedstaat.

---

45 EuGH, 19. 11. 1991 – verb. Rs. C-6/90 und C-9/90, Frankovich u. a./Italien, Slg. 1991, I-5357, 5415 f.; s. zu dieser Entscheidung z. B.: *Hailbronner*, Staatshaftung bei säumiger Umsetzung von EG-Richtlinien, JZ 1992, 284 f.; *Pieper*, Mitgliedstaatliche Haftung für die Nichtbeachtung von Gemeinschaftsrecht, NJW 992, 2454 f.; *Ukrow*, Unmittelbare Wirkung von Richtlinien und gemeinschaftsrechtliche Staatshaftung nach Maastricht, NJW 1994, 2469 f.; *Zuleeg*, Die Rolle der rechtsprechenden Gewalt in der Europäischen Integration, JZ 1994, 1 f.; *von Dannwitz*, Zur Entwicklung der gemeinschaftsrechtlichen Staatshaftung, JZ 1994, 335 f.; *Furrer/Epiney*, Staatliche Haftung für quantifizierbare Wettbewerbsnachteile aus nicht umgesetzten Richtlinien, JZ 1995, 1025 f.; *Detterbeck*, Staatshaftung für die Missachtung von EG-Recht, VerwArchiv 1994, 159 f.

Als Resümee dieser Ausführungen darf festgestellt werden: Wenn sich die EG der Verordnung bedient, ist der nationale Gesetzgeber vollständig ausgeschaltet; wenn die EG die Richtlinie einsetzt, sind nur noch formale, nicht aber materielle Entscheidungen des nationalen Gesetzgebers möglich. Da mehr als 200 Verordnungen und Richtlinien der EG auf dem Gebiete des Umweltrechts existieren, ist der Einfluss des Umweltrechts der Europäischen Union auf das deutsche Umweltrecht enorm. Die nationalen Regelungen haben häufig nur noch sekundäre Bedeutung.

c) Die „Schutzverstärkungsklausel"

Die Aussagen zur Bindungswirkung von Verordnung und Richtlinie gelten für jede Verordnung und jede Richtlinie – unabhängig von dem Gegenstand, den sie regeln. Nicht nur im Bereich des Umweltschutzes ist der nationale Gesetzgeber deshalb im dargelegten Umfang gebunden. Im Bereich des Umweltschutzes gibt es freilich eine Besonderheit in Gestalt des Art. 176 EG. Diese Norm stellt fest, dass die Schutzmaßnahmen, die gemeinsam aufgrund des Art. 175 EG getroffen werden, die einzelnen Mitgliedstaaten nicht daran hindern, verstärkte Schutzmaßnahmen beizubehalten oder zu ergreifen, die mit dem EG-Vertrag vereinbar sind.

Art. 176 EG gestattet also ein Abweichen vom EG-Recht im Einzelfall, wenn es der Verstärkung des Umweltschutzes dient[46]. Die Funktion von Art. 176 EG liegt darin, den Mitgliedstaaten Handlungsbefugnisse trotz entgegenstehenden Gemeinschaftsrechts zu gewähren. Art. 176 EG lässt erkennen, dass Art. 175 EG der Gemeinschaft keine ausschließliche Umweltkompetenz gewährt, die Vorschrift durchbricht die grundsätzlich alternativ-konkurrierende Befugnis der Gemeinschaft in einem eingeschränkten Teilbereich. Die auf Art. 175 EG gestützten Maßnahmen entwickeln deshalb nur begrenzte Sperrwirkung für ein Tätigwerden der Mitgliedstaaten.

Art. 175 EG findet nur dann Anwendung, wenn ein Mitgliedstaat eine Rechtsvorschrift des Umweltrechts erlassen will, die mit entgegenstehendem sekundären Gemeinschaftsrecht kollidiert. Dieses sekundäre Gemeinschaftsrecht muss auf Art. 175 EG gestützt sein; eine Ausnahme gilt für Rechtsakte, die vor Erlass der EEA auf Artt. 100, 235 EWGV ge-

---

46 *Jarass*, Verstärkter Umweltschutz der Mitgliedstaaten nach Art. 176 EGV, NVwZ 2000, 529 f.

stützt worden waren, nunmehr aber auf der Grundlage von Art. 175 EG ergehen müssten.

Wegen des Tatbestandsmerkmals „Schutzmaßnahme" können die Mitgliedstaaten immer nur dann mit Blick auf Art. 176 EG tätig werden, wenn die Gemeinschaft zum Schutz der Umwelt im Sinne des Art. 174 EG Maßnahmen auf der Grundlage des Art. 175 EG erlassen hat.

Art. 176 EG gibt den Mitgliedstaaten die Befugnis zum Erlass oder zur Beibehaltung verstärkter Schutzmaßnahmen; soweit eine Gemeinschaftsvorschrift z. B. Grenzwerte setzt, können die Mitgliedstaaten diese verschärfen. Wenn Gemeinschaftsrecht für ein Produkt lediglich Verwendungsbeschränkungen qualitativer oder quantitativer Art vorsieht, können die Mitgliedstaaten dieses Produkt gänzlich verbieten.

Die mitgliedstaatlichen Schutzvorschriften müssen mit den übrigen Vorschriften des Vertrags vereinbar sein. Die Vereinbarkeit muss lediglich mit dem Primärrecht (also dem Vertragsrecht) gegeben sein, nicht aber mit dem sekundären Gemeinschaftsrecht.

Eine mittelbare Kompetenznorm für den Erlass von Umweltschutzbestimmungen bildet Art. 95 EG. Danach kann die Gemeinschaft Harmonisierungsmaßnahmen zur Verwirklichung des Binnenmarktes nach Art. 14 EG vornehmen. Die Abgrenzung zwischen den beiden Kompetenznormen des Art. 174 EG und des Art. 95 EG ist umstritten[47]. Jedenfalls ist auch im Bereich der Rechtsangleichung ein „Alleingang" eines Mitgliedstaates möglich. Weitergehende nationale Schutzbestimmungen können nach Art. 95 Abs. 4 und 5 EG beibehalten oder erlassen werden, wenn sie durch wichtige Erfordernisse des Umweltschutzes gerechtfertigt sind. Erforderlich ist deren Mitteilung an und die Zustimmung durch die Kommission.

---

47 Vgl. zu Streitdarstellung: *Koch* (Hg.) Umweltrecht 2002, Rn. 32 f.; *Scheuing*, Das Europäische Umweltverfassungsrecht als Maßstab gerichtlicher Kontrolle, EuR 2002, 619, 635 f., 647 f.

II. Das Europäische Umweltrecht –
Der Stand der Rechtsetzung

1. An Sachfragen orientierter Überblick

a) Die IVU- und die UVP-Richtlinie

(1) Die sog. Umweltverträglichkeitsprüfung-Richtlinie (i. F.: UVP-RL[48]) änderte die 1985 erlassene Richtlinie[49], die Grundlage für die Einführung der UVP war. Die alte Richtlinie wurde 1990 u. a. durch das UVP-Gesetz in das deutsche Recht umgesetzt[50]. Die UVP-ÄnderungsRL vom 3. 3. 1997 wurde deutsches Recht durch das sog. Artikelgesetz[51]. Das Gesetzgebungsverfahren stand unter großem Zeitdruck wegen der seit dem 14. 3. 1999 abgelaufenen Umsetzungsfrist (*damit ist ein erster Problembereich mit Blick auf die Umsetzung identifiziert: Überschreiten der Fristen wegen des langen deutschen Gesetzgebungsverfahrens*) und des von der Kommission eingeleiteten Zwangsgeldverfahrens[52] vor dem EuGH. Gegenstand des Artikelgesetzes sind Änderungen des Gesetzes über die UVP, des Bundes-Immissionsschutzgesetzes, des Wasserhaushaltsgesetzes, des Kreislaufwirtschafts- und Abfallgesetzes, des Atomgesetzes, des Bundesnaturschutzgesetzes, des Baugesetzbuchs, verschiedener Verkehrsgesetze, des Energiewirtschaftsgesetzes sowie des Umweltinformationsgesetzes. Darüber hinaus enthält das Gesetz auch die zur Umsetzung der EG-Richtlinien erforderlichen Änderungen der betroffenen Rechtsverordnungen (Erste, Vierte, Neunte und Siebzehnte Verordnung zur Durchführung des Bundes-Immissionsschutzgesetzes, Atomrechtliche Verfahrensverordnung sowie Umweltinformationsgebührenverordnung). Das UVP-Gesetz vom 1990 wurde geändert und am 5. 9. 2001 neu verkündet[53]. Weiterer Anpassungsbedarf wird aufgrund

---

48 RL 97/11/EG des Rates vom 3. 3. 1997 zur Änderung der RL 85/337/EWG über die Umweltverträglichkeitsprüfung bei bestimmten öffentlichen und privaten Projekten, ABl. EG 1997 Nr. L 73, 5.

49 RL 85/337/EWG des Rates vom 27. 6. 1985 über die Umweltverträglichkeitsprüfung bei bestimmten öffentlichen und privaten Projekten, ABl. EG L Nr. 175, 40 f.

50 Gesetz zur Umsetzung der RL 85/337/EWG des Rates vom 27. 6. 1985 über die Umweltverträglichkeitsprüfung bei bestimmten öffentlichen und privaten Projekten, BGBl. I 1990, 205, es handelt sich um ein Artikelgesetz, dessen Art. 1 das UVPG enthält.

51 Gesetz zur Umsetzung der UVP-ÄnderungsRL, der IVU-RL und weiterer EG-RLen zum Umweltschutz vom 27. 7. 2001, BGBl. I, 1950 f.

52 Klage der Kommission vom 8. 11. 2000, Rs. C-408/00, ABl. EG 2001 Nr. C 28, 13; das Verfahren wurde mittlerweile eingestellt.

53 BGBl. I 2001, 2350.

der RL über die Prüfung der Umweltauswirkungen bestimmter Pläne und Programme[54] entstehen[55].

Es handelt sich um eine besonders umfangreiche Änderung des deutschen Umweltrechts. Was die UVP selbst angeht, so wurde sie durch die bereits vollzogene Rechtsänderung verschärft und ihr Anwendungsbereich auf zahlreiche weitere Vorhaben erstreckt. Die UVP ist ein unselbstständiger Teil bestehender Zulassungsverfahren[56]. Kernpunkte der UVP sind die Ermittlung, Beschreibung und Bewertung der unmittelbaren und mittelbaren Auswirkungen eines Projekts auf Menschen, Fauna und Flora sowie die Umweltmedien und deren Wechselwirkungen. Zweck der UVP ist es, der Verwaltung bei umweltbedeutsamen Vorhaben bereits frühzeitig und umfassend Informationen über die umweltbezogenen Auswirkungen eines Vorhabens zu verschaffen.

Mit Blick auf die Umsetzung der UVP-RL werden Defizite konstatiert; es wird prognostiziert eine Fortsetzung der „fast unendlichen Geschichte" vor dem EuGH[57].

(2) Die Richtlinie über die integrierte Vermeidung und Verminderung der Umweltverschmutzung (i. f. kurz: IVU-Richtlinie[58]) wurde ebenfalls mit Verspätung[59] durch das oben genannte Artikelgesetz in das deutsche Recht umgesetzt. Die Umsetzung der IVU-RL hat auf bundesgesetzlicher Ebene Änderungen des Bundes-Immissionsschutzgesetzes, des Wasserhaushaltsgesetzes sowie des Kreislaufwirtschafts- und Abfallgesetzes zur Folge. Darüber hinaus werden zur Umsetzung der IVU-RL und der UVP-Änderungsrichtlinie Änderungen der 4. BImSchV (Verordnung über genehmigungsbedürftige Anlagen; Anpassung des Katalogs der genehmigungspflichtigen Anlagen insbesondere im Hinblick auf die Pflicht zur Öffentlichkeitsbeteiligung) und der 9. BImSchV (Genehmigungsverfahrensverordnung; vor allem Anpassung der Antragsun-

---

54 RL 2001/42/EG des Europäischen Parlaments und des Rates vom 27. 6. 2001 über die Prüfung der Umweltauswirkungen bestimmter Pläne und Programme, ABl. EG 2001 Nr. L 197, 30.

55 Dazu *Hendler*, NuR 2003, 2 ff.

56 Vgl. zu Einzelheiten einer Umweltverträglichkeitsprüfung: *Koch* (Hg.), Umweltrecht, S. 101 f.; *Günter*, Das neue Recht der UVP nach dem Artikelgesetz, NuR 2002, 318 f.

57 *Günter*, NuR 2002, 324.

58 Die RL 96/61/EG des Rates vom 24. 9. 1996 über die integrierte Vermeidung und Verminderung der Umweltverschmutzung, ABl. EG 1996 Nr. L 257, 26 f.

59 Die Umsetzungsfrist ist am 30. 10. 1999 abgelaufen. Vgl. zu unmittelbarer Anwendbarkeit der nicht umgesetzten IVU-Richtlinie: *Schwartmann/Maus*, Die Richtlinie 96/61/ EG des Rates vom 24. 9. 1996 (IVU-Richtlinie) und Konsequenzen ihrer fehlenden Umsetzung in das innerstaatliche Recht, EuZW 2000, 74 f.

terlagen sowie der grenzüberschreitenden Behörden- und Öffentlichkeitsbeteiligung) vorgenommen.

Die IVU-RL enthält Genehmigungsanforderungen für neue Anlagen und für die wesentliche Änderung bestehender Anlagen. Darüber hinaus enthält sie Anforderungen an den Fortbetrieb existierender Anlagen. Die Hauptgenehmigungsanforderungen sind in den Betreiberpflichten nach Art. 3 und in dem Maßstab der „besten verfügbaren Techniken" nach Art. 10 festgelegt.

Die IVU-RL verfolgt das Konzept des sog. integrierten Umweltschutzes – im Gegensatz zum sog. medienspezifischen Ansatz (*zweiter Problembereich: ein anderer Ansatz als der deutsche verändert das deutsche Rechtssystem vollständig und bereitet deshalb Probleme*). Dem liegt die Erkenntnis zugrunde, dass getrennte Konzepte, die lediglich der isolierten Vermeidung von Emissionen in Luft, Wasser und Boden dienen, dazu führen können, dass die Verschmutzung von einem Umweltmedium auf ein anderes verlagert wird.

Die Umsetzung der IVU-RL in nationales Recht wird für europarechtskonform gehalten. Beklagt wird, dass die Chance zu einer systematischen Neuordnung des deutschen Umweltrechts verpasst und stattdessen an den sektoralen Fachgesetzen und überkommenen Strukturen festgehalten wurde[60].

b) Die Aarhus-Verpflichtungen

Seit Jahren werden Unzulänglichkeiten beim Vollzug des Umweltrechts auf lokaler, nationaler und internationaler Ebene aufgezeigt[61]. Ferner wird die Bedeutung der Beteiligung der Öffentlichkeit bei der Durchsetzung des Umweltrechts auf der EU-Ebene immer wieder bekräftigt[62].

Der mangelhafte Vollzug des Umweltrechts ist unter anderem häufig auf fehlende Privatinteressen zurückzuführen, die in anderen Bereichen des

---

60 *Günther*, NuR 2002, 399.
61 Mitteilung der Europäischen Kommission an den Rat und das Europäische Parlament über die Durchführung des Umweltrechts der Gemeinschaft, KOM (96) 500 endg.; Erster Jahresbericht vom 27. 4. 1999 über die Durchführung und Durchsetzung des Umweltrechts der Gemeinschaft SEK (1999), S. 592; Zweiter Jahresbericht vom 13. 7. 2000 über die Durchführung und Durchsetzung des Umweltrechts der Gemeinschaft SEK (2000), S. 1219; Lübbe-Wolff (Hg.), Der Vollzug des europäischen Umweltrechts, 1996; *Calliess*, Die neue Querschnittsklausel des Art. 6 ex 3c EGV, DVBl. 1998, 559, 560.
62 Europäisch Regieren – Ein Weißbuch, ABl. EG 2001 Nr. C 287, 1 f.

Gemeinschaftsrechts, wie etwa bei den Grundfreiheiten und dem Wettbewerb, eine treibende Kraft für die Durchsetzung der Rechtsvorschriften sind. Die Durchsetzung des Umweltrechts ist hauptsächlich Aufgabe staatlicher Stellen und hängt von deren Befugnissen, Mitteln und gutem Willen ab. Zur Gewährleistung eines effektiven Vollzugs des Umweltrechts müssen weitere Personen als die interessiert werden, die unmittelbar bei dem Vollzug des Umweltrechts mitwirken. Notwendig ist eine größere Beteiligung der Öffentlichkeit.

In diesem Kontext ist die Erfüllung der Aarhus-Verpflichtungen zu sehen. Am 25. 6. 1998 unterzeichnete die EG das Übereinkommen über den Zugang zu Informationen, die Öffentlichkeitsbeteiligung an Entscheidungsverfahren und den Zugang zu Gerichten in Umweltangelegenheiten (Übereinkommen von Aarhus). Dieses Übereinkommen umfasst drei Pfeiler, die der Öffentlichkeit jeweils unterschiedliche Rechte einräumen: Der erste Pfeiler räumt der Öffentlichkeit das Recht auf Zugang zu Umweltinformationen ein, der zweite Pfeiler spricht der Öffentlichkeit das Recht auf Beteiligung an Entscheidungsverfahren zu, der dritte Pfeiler gewährleistet den Zugang der Öffentlichkeit zu Gerichten.

Als Beitrag zur Umsetzung des Übereinkommens von Aarhus und im Hinblick auf die Ratifizierung dieses Übereinkommens durch die EG legte die Kommission bereits zwei Richtlinienvorschläge vor. Der Vorschlag für eine RL über den Zugang der Öffentlichkeit zu Umweltinformationen[63] gewährleistet, dass das Recht auf Informationszugang vor einem Gericht oder einer anderen auf rechtlicher Grundlage bestehenden Stelle, mit dem die Handlungen oder Unterlassungen der betreffenden Behörde angefochten werden können, geltend gemacht werden kann. Im Zusammenhang mit dem Recht der Öffentlichkeit auf Beteiligung an Entscheidungsverfahren sieht der Vorschlag für eine RL über die Beteiligung der Öffentlichkeit bei der Ausarbeitung bestimmter Pläne und Programme und zur Änderung der RL 85/337/EWG und 96/61/EG des Rates[64] im Rahmen der innerstaatlichen Rechtsvorschriften vor, dass die betroffene Öffentlichkeit Zugang zu einem Überprüfungsverfahren vor einem Gericht oder einer anderen Stelle hat, um die materielle und formelle Rechtmäßigkeit von Entscheidungen, Handlungen und Unterlassungen anzufechten, für die die Bestimmungen dieser Richtlinie über die Öffentlichkeitsbeteiligung gelten. Die Richtlinie wird bei In-Kraft-Tre-

---

63 KOM (2000) 402 endgültig; ABl. EG 2000 Nr. C 337 E, 156 f.
64 KOM (2000) 839 endgültig, ABl. EG 2001 Nr. C 154 E, 123 f.

ten insgesamt acht Richtlinien, insbesondere aber die UVP- und die IVU-RL ändern. Das nationale Recht wird angepasst werden müssen.

c) Der Klimaschutz

Der Klimaschutz und die Luftreinhaltung nehmen einen besonderen Platz im gemeinschaftlichen Umweltrecht ein. Durch das sechste Umweltaktionsprogramm wurden sie zu Prioritätsaufgaben für die nächste Dekade erklärt. Es handelt sich um einen Bereich, in dem der grenzüberschreitende Charakter des Umweltschutzes besonders zum Ausdruck kommt. Die EG und ihre Mitgliedstaaten sind sowohl dem UN-Rahmenübereinkommen über Klimaänderungen[65] als auch dem Kyoto-Protokoll[66] beigetreten. Das Kyoto-Protokoll sieht die Einführung des internationalen Handels mit Treibhausgasemissionsberechtigungen vor, die das Ziel verfolgt, das Weltklima zu schützen und die globalen Treibhausgasemissionen zu stabilisieren. Die EG hat sich durch den Beitritt zum Kyoto-Protokoll verpflichtet, insbesondere die Treibhausgasemissionen im Zeitraum von 2008 bis 2012 um 8% gegenüber dem Niveau von 1990 zu reduzieren. Als Maßnahme zur Umsetzung dieser Verpflichtungen liegt bereits ein Richtlinienvorschlag (i. F. kurz: RL-E)[67] vor, der die Grundlagen für ein System für den Handel mit Treibhausgasemissionen[68] enthält.

Emissionsrechte (Umweltzertifikate) erlauben dem Inhaber, die Umwelt (nur) in einem bestimmten Umfang zu verschmutzen. Verschmutzt der

---

65 Beschluss 94/69/EG des Rates vom 15. 12. 1993 über den Abschluss des Rahmenübereinkommens der Vereinten Nationen über Klimaänderungen, ABl. EG 1994 Nr. L 33, 11 f.

66 Entscheidung 2002/358/EG des Rates vom 25. 4. 2002 über die Genehmigung des Protokolls von Kyoto zum Rahmenübereinkommen der Vereinten Nationen über Klimaänderungen im Namen der EG sowie die gemeinsame Erfüllung der daraus erwachsenden Verpflichtungen, Entscheidung, ABl. EG 2001 Nr. L 130, 1 f.

67 Vorschlag für eine RL des Europäischen Parlaments und des Rates über ein System für den Handel mit Treibhausgasemissionsberechtigungen in der Gemeinschaft und zur Änderung der RL 96/61/EG des Rates, ABl. EG 2002 Nr. C 75 E, 33 f.

68 Vgl. zu diesem Thema: *Hohenstein*, Rechtliche Aspekte des Emissionsrechtehandels, EWS 2002, 511 f.; *Corino*, Der Handel mit Treibhausgas-Emissionsrechten, EuZW 2002, 165 f.; *Rehbinder*, Handel mit Emissionsrechten für Treibhausgase in der Europäischen Union, UPR 2002, 1 f.; *Epiney*, Emissionshandel in der EU, DVBl. 2002, 579 f.; *Koch/Wieneke*, Klimaschutz durch Emissionshandel, DVBl. 2001, 1085 f.; *Rengeling*, Handel mit Treibhausgasemissionen, DVBl. 2000, 1725 f., *Rengeling*, Energieanlagen und Handel mit Emissionsrechten, in: Büdenbender/Kühne (Hg.), Das neue Energierecht in der Bewährung, Festschrift für Baur, S. 633 f.

Inhaber die Umwelt weniger als ihm gestattet, so kann er die nicht ausgenutzten Verschmutzungsrechte an andere Verschmutzer verkaufen. Die Unternehmen sind frei, die Energieeffizienz ihrer Anlagen zu optimieren oder Emissionsrechte von anderen Unternehmen zuzukaufen, bei denen die Reduktion sich preiswerter verwirklichen lässt. Der RL-E verfolgt einen neuen Ansatz im europäischen Umweltschutz. Er verzichtet zwar auf starre Energieeffizienzstandards, versucht aber einen Spagat. Nach Art. 2 Abs. 2 RL-E soll das Gebot der Energieeffizienz der IVU-RL unberührt bleiben, nach Art. 25 RL-E jedoch werden Anlagen unter dem Emissionsrechtehandel von den Festsetzungen von Emissionsgrenzwerten nach der IVU-RL ausgenommen.

Die Verringerung der verunreinigenden Emissionen und die Energieeffizienz spielen auch im europäischen Energierecht eine erhebliche Rolle, ergänzt durch das Ziel der Versorgungssicherheit. Die Kommission hatte schon in ihrem Weißbuch[69] und in ihrem Grünbuch[70] die Gemeinschaftsstrategie und den Aktionsplan für erneuerbare Energien fortentwickelt. Ein Vorschlag für ein Aktionsprogramm „Intelligente Energie für Europa"[71] sieht insbesondere die Verbesserung der Energieeffizienz und die Förderung neuer und erneuerbarer Energien vor. Schließlich sei auf die Richtlinie[72] zur Förderung der Stromerzeugung aus erneuerbaren Energiequellen im Elektrizitätsbinnenmarkt hingewiesen.

In Ansehung des Abbaus der Ozon-Schicht ist die EG der Wiener Konvention zum Schutz der Ozonschicht und dem Montrealer Protokoll über Stoffe, die zum Abbau der Ozonschicht führen, beigetreten. Die EG bekämpft die Versauerung der Luft und des Bodens sowie der Gewässer mit der Großfeuerungsanlagen-RL[73], der Luftqualitätsrahmen-RL[74] und

---

69 Mitteilung der Kommission „Energie für die Zukunft: erneuerbare Energieträger – Weißbuch für eine Gemeinschaftsstrategie und Aktionsplan", KOM (97) 599 endgültig.
70 Grünbuch „Hin zu einer europäischen Strategie für Energieversorgungssicherheit", KOM(2000)247 endgültig.
71 Vorschlag für eine Entschließung des Europäischen Parlaments und des Rates zur Festlegung eines mehrjährigen Programms für Maßnahmen im Energiebereich: Programm „Intelligente Energie für Europa" (2003–2006), ABl. EG 2002 Nr. C 203 E, 47 f.
72 RL 2001/77/EG des Europäischen Parlaments und des Rates vom 27. 9. 2001 zur Förderung der Stromerzeugung aus erneuerbaren Energiequellen im Elektrizitätsbinnenmarkt, ABl. EG 2001 Nr. L 283, 33 f.
73 RL 2001/80/EG des Europäischen Parlaments und des Rates vom 23. 10. 2001 zur Begrenzung von Schadstoffemissionen von Großfeuerungsanlagen in die Luft, ABl. EG 2001, Nr. L 309, 1 f.
74 RL 96/62/EG des Rates vom 27. 9. 1996 über die Beurteilung und die Kontrolle der Luftqualität, ABl. EG 1996 Nr. L 296, 55 f.

ihrer Tochterrichtlinien[75]. Beide Tochterrichtlinien enthalten sehr anspruchsvolle Immissionsgrenzwerte. Sie waren jeweils bis zum 19. 7. 2001 und 13. 12. 2002 in das nationale Recht umzusetzen. Die deutschen Versuche, das EG-Luftqualitätsrecht zu implementieren, waren bis vor kurzem erkennbar unzureichend. Die kürzlich erfolgte Umsetzung der oben genannten Richtlinien durch das 7. Gesetz zur Änderung des BImSchG[76] vom 11. 9. 2002 und die 22. Verordnung[77] zur Durchführung des BImSchG vom 11. 9. 2002 stellen einen erheblichen Fortschritt dar. Die Ursache für die deutschen Umsetzungsprobleme, die es in dem Bereich auch in Zukunft immer wieder geben wird, liegt in den unterschiedlichen Ansätzen des europäischen und des deutschen Umweltschutzrechts. In Deutschland herrscht das traditionelle quellenbezogene Konzept vor. Die EG verfolgt einen qualitätsbezogenen Ansatz, der übergreifende Probleme besser bewältigt sowie Lücken erfasst und füllt. Die Immissionswerte für bestimmte Luftschadstoffe, die bereits in das deutsche Recht umgesetzt werden, umfassen *Immissionsgrenzwerte* und *Alarmschwellen*. Die Immissionsgrenzwerte zeichnen sich zwar durch eine strikte Verbindlichkeit aus; ihre Verbindlichkeit beginnt jedoch überwiegend erst am 1. 1. 2005 oder am 1. 1. 2010. Eine Alarmschwelle ist ein Immissionswert, dessen Überschreitung bereits bei kurzfristiger Exposition eine Gefahr für die menschliche Gesundheit hervorruft und daher umgehend Notmaßnahmen erfordert. Immissionswerte und Beurteilungsverfahren werden durch das neue Recht vollständig umgesetzt. Deutlich ungünstiger ist der Befund im Durchsetzungsbereich, insbesondere was die Zulassung von Anlagen oder Verkehrswegen angeht.

Im Bereich der Luftreinhaltung existieren auf EG-Ebene zahlreiche weitere Rechtsakte.

d) Hinweise auf das Recht weiterer Sachgebiete

Für den Schutz der Binnengewässer ist festzuhalten, dass mehrere Richtlinien betreffend städtische Abwässer und Nitrateinträge existieren. Ferner gibt es die Wasserrahmenrichtlinie. Für den Schutz der Küstengebiete und Meere ist die EG mehreren Konventionen beigetreten. – Ein Bodenschutzrecht der EG existiert praktisch nicht. – Das Abfallrecht ist

---

75 RL 1999/30/EG über Grenzwerte für Schwefeldioxid, Stickstoffdioxid und Stickstoffoxide sowie Partikel und Blei in der Luft, ABl. EG 1999 Nr. L 163, 41 f.; RL 2000/68/EG über Grenzwerte für Benzol und Kohlenmonoxid in der Luft, ABl. EG 2000 Nr. L 313, 12 f.
76 BGBl. I 2002, S. 3622.
77 BGBl. I 2002, 3626.

durch die RL betreffend die Verbrennung gefährlicher Abfälle und durch die Deponie-RL geregelt; ferner existiert die AbfallverbringungsVO. – Die EG verfügt über ein gut entwickeltes Instrumentarium betreffend die Risikobewertung von Chemikalien; es gibt ferner die Altstoffverordnung. In der Zukunft soll es eine effizientere Chemikalienpolitik geben. – Im Bereich des Naturschutzes gibt es die Vogelschutz-RL und die FFH-RL.

2. Einzelne Normen

a) Verordnungen

Im Bereich des Umweltrechts gibt es eine Vielzahl von Verordnungen. Genannt seien beispielsweise: die Verordnung zur Errichtung einer europäischen Umweltagentur[78]; die Verordnung betreffend ein gemeinschaftliches System zur Vergabe eines Umweltzeichens[79]; die Öko-Audit-Verordnung, mittlerweile in ihrem Anwendungsbereich erweitert[80]; die Verordnung zur Schaffung eines Finanzierungsinstruments für die Umwelt, mittlerweile in ihrer Geltungsdauer verlängert[81]; die Verordnung zur Errichtung eines Kohäsionsfonds[82]; die Verordnung über den ökologischen Landbau und die entsprechende Kennzeichnung der landwirtschaftli-

78 VO 1210/90/EWG des Rates vom 7. 5. 1990 zur Errichtung einer Europäischen Umweltagentur und eines Europäischen Umweltinformations- und Umweltbeobachtungsnetzes, ABl. EG 1990 Nr. L 120, 1.

79 VO 880/92/EWG des Rates vom 23. 3. 1992 betreffend ein gemeinschaftliches System zur Vergabe eines Umweltzeichens, ABl. EG 1992 Nr. L 99, 1; VO 1980/2000/EG des Europäischen Parlaments und des Rates vom 17. 7. 2000 zur Revision des gemeinschaftlichen Systems zur Vergabe des Umweltzeichens, ABl. EG 2000, Nr. L 237, 1 revidiert das gemeinschaftliche Ökozeichen; neben dem Symbol der stilisierten Blume werden nunmehr auch stichwortartige Informationen über die Umweltauswirkungen gegeben.

80 ABl. EG 1993 Nr. L 168, 1; das EMAS-Verfahren ist neu gefasst und erweitert auf andere Organisationen als Industriebetriebe durch die Verordnung 761/2001 des Europäischen Parlaments und des Rates über die freiwillige Beteiligung von Organisationen an einem Gemeinschaftssystem für das Umweltmanagement und die Umweltbetriebsprüfung (EMAS) ABl. EG 2001 Nr. L 114, 1.

81 ABl. EG 1992 Nr. L 206, 1; die VO 1655/2000 des Europäischen Parlaments und des Rates vom 17. 7. 2000, ABl. EG 2000, Nr. L 192, 1 erstreckt das Finanzierungsinstrument LIFE der Gemeinschaft auf die Jahre 2000 bis 2004; es erfasst ein Volumen von 640 Millionen € und finanziert Maßnahmen im Bereich des Naturschutzes, neuer Technologien und Maßnahmen in den Ländern des Mittelmeer- und Ostseeraums.

82 VO 1164/94/EG des Rates vom 16. 5. 1994 zur Errichtung des Kohäsionsfonds, ABl. EG 1994 Nr. L 130, 1.

chen Erzeugnisse und Lebensmittel[83]; die Verordnung für umweltgerechte und den natürlichen Lebensraum schützende landwirtschaftliche Produktionsverfahren[84]; die Verordnung zur Überwachung und Kontrolle der Verbringung von Abfällen in die und aus der Europäischen Gemeinschaft[85]; die Verordnung betreffend die Ausfuhr und Einfuhr bestimmter gefährlicher Chemikalien[86]; die Verordnung zur Bewertung und Kontrolle der Umweltrisiken chemischer Altstoffe[87].

Die Wirkung einer Verordnung greift freilich nur insoweit, als die Verordnung Regelungen enthält. Dass Konflikte entstehen können, sei an einem Beispiel demonstriert: Am 29. 6. 1993 erließ der Rat die Verordnung (EWG) Nr. 1836/93 über die freiwillige Beteiligung gewerblicher Unternehmen an einem Gemeinschaftssystem für das Umweltmanagement und die Umweltbetriebsprüfung (Öko-Audit-Verordnung). Diese Verordnung gilt direkt und unmittelbar in der Bundesrepublik, soweit sie Sachaussagen enthält. Freilich ist der Regelungsgegenstand durch die Verordnung nicht vollständig erfasst: Es fehlen z.B. Aussagen darüber, wer die Öko-Audit-Verordnung vollzieht – dieses soll im nationalen Recht geregelt werden. Über die Ausgestaltung der Behördenzuständigkeit hat es in der Bundesrepublik einen sehr heftig geführten Streit gegeben: Eine Gruppe präferierte die sog. „Behördenlösung", eine andere Gruppe die sog. „Wirtschaftslösung". Die letztgenannte Lösung ist Gesetz geworden[88]. Die Öko-Audit-Verordnung ist – soweit es notwendig war – in nationales Recht umgesetzt worden durch das Gesetz zur Ausführung der Verordnung (EWG) Nr. 1836/93 des Rates vom 29. 6. 1993 über die freiwillige Beteiligung gewerblicher Unternehmen an einem Gemeinschaftssystem für das Umweltmanagement und die Umweltbetriebsprüfung (Umwelt-Audit-Gesetz-UAG)[89]. Auf der Grundlage des

---

83 VO 2092/91/EWG des Rates vom 24. 6. 1991 über den ökologischen Landbau und die entsprechende Kennzeichnung der landwirtschaftlichen Produkte und Lebensmittel, ABl. EG 1991 Nr. L 198, 1.

84 VO 2078/92/EWG des Rates vom 30. 6. 1992 über umweltgerechte und den natürlichen Lebensraum schützende landwirtschaftliche Produktionsverfahren, ABl. EG 1992 Nr. L 215, 85.

85 VO 259/93/EWG des Rates vom 1. 2. 1993 zur Überwachung und Kontrolle der Verbringung von Abfällen in der, in die und aus der Europäischen Gemeinschaft ABl. EG 1993 Nr. L 30, 1.

86 VO 2455/92/EWG des Rates vom 23. 7. 1992 betreffend die Ausfuhr und Einfuhr bestimmter gefährlicher Chemikalien, ABl. EG 1992 Nr. L 251, 13.

87 VO 793/93/EWG des Rates vom 23. 3. 1993 zur Bewertung und Kontrolle der Umweltrisiken chemischer Altstoffe, ABl. EG 1993 Nr. L 84, 1.

88 Die Konfliktsituation ist dargelegt bei *Rhein*, Das Gemeinschaftssystem für das Umweltmanagement und die Umweltbetriebsprüfung, 1996.

Gesetzes sind drei Rechtsverordnungen ergangen: die UAG-Zulassungs-VO[90], die UAG-BeleihungsVO[91] und die UAG-GebührenVO[92].

Die obige Aufzählung ist nicht abschließend. Hingewiesen sei noch auf eine außerordentlich wichtige Verordnung, die sich mit der Akteneinsicht befasst. Die Verordnung 1049/2001 regelt den Zugang zu Dokumenten, einschließlich solcher der Umwelt, die sich bei der Kommission, dem Europäischen Parlament und dem Rat befinden[93]. Ferner gestattet eine Verordnung, für Produkte aus dem ökologischen Landbau ein besonderes Kennzeichen zu verwenden[94]. Schließlich existiert die Verordnung über Stoffe, die zum Abbau der Ozonschicht führen[95].

Die VOen bereiten dem Gesetzgeber keine Probleme, weil sie, wie dargelegt, unmittelbar in Deutschland gelten und einer legislatorischen Umsetzung in deutsches Recht nicht bedürfen. Die Verwaltung muss sie anwenden.

b) Richtlinien

(aa) Im Bereich des Umweltrechts ist die Richtlinie das Mittel, dessen sich die EG im Wesentlichen bedient. Es gibt ca. 200 Richtlinien auf dem Gebiete des Umweltrechts. Diese prägen das nationale Recht in umfassender Weise. Es gibt praktisch kein nationales Umweltrecht mehr, welches nicht europarechtlich determiniert ist. Eine Ausnahme bildet das Bodenschutzrecht. Allerdings hat die Kommission mit ihrer Mitteilung vom April 2002[96] die Grundlage für eine gemeinschaftliche Bodenschutzstrategie gelegt. Der Entscheidungsspielraum der nationalen Ge-

---

89 BGBl. I 1995, 1591.
90 Vom 18. 12. 1995, BGBl. I, 1841.
91 Vom 18. 12. 1995, BGBl. I, 2013.
92 Vom 18. 12. 1995, BGBl. I, 2014.
93 VO Nr. 1049/2001/EG des Europäischen Parlaments und des Rates vom 30. 5. 2001 über den Zugang der Öffentlichkeit zu Dokumenten des Europäischen Parlaments, des Rates und der Kommission, ABl. EG 2001 Nr. L 145, 43.
94 VO (EG) Nr. 331/2000 der Kommission vom 17. 12. 1999 zur Änderung von Anhang V der VO (EWG) Nr. 2092/91 des Rates über den ökologischen Landbau und die entsprechende Kennzeichnung der landwirtschaftlichen Erzeugnisse und Lebensmittel, ABl. EG 2000 Nr. L 48, 1.
95 VO Nr. 2037/2000/EG des Europäischen Parlaments und des Rates vom 29. 6. 2000 über Stoffe, die zum Abbau der Ozonschicht führen, ABl. EG 2000 Nr. L 244, 1.
96 Mitteilung der Kommission an den Rat, das Europäische Parlament, den Wirtschafts- und Sozialausschuss sowie an den Ausschuss der Regionen, Hin zu einer spezifischen Bodenschutzstrategie, KOM (2002) 179 endgültig vom 16. 4. 2002.

setzgeber ist klein geworden. Je länger die EG Umweltrecht erlässt, desto geringer wird der Entscheidungsspielraum werden. Es seien im Wesentlichen Richtlinien erwähnt, die ab 1998 erlassen wurden.

(1) Luftreinhaltung

Im Bereich der *Luftreinhaltung* gelten folgende Richtlinien: „Rahmenrichtlinie" über die Beurteilung und die Kontrolle der Luftqualität[97]; „Tochterrichtlinien": RL über Grenzwerte für Schwefeldioxid, Stickstoffdioxide, Partikel und Blei in der Luft[98]; RL über Benzol und Kohlenmonoxid in der Luft[99]; RL über die Luftverschmutzung durch Ozon[100]. Diese Richtlinien werden ergänzt bzw. geändert durch folgende Richtlinien: RL über die Begrenzung von Emissionen flüchtiger organischer Verbindung, die bei bestimmten Tätigkeiten und in bestimmten Anlagen bei Verwendung organischer Lösemittel entstehen[101]; RL über Emissionen von Großfeuerungsanlagen[102]; RL über nationale Emissionshöchstmengen für bestimmte Luftschadstoffe[103].

---

97 RL 96/62/EG des Rates vom 27. 9. 1996 über die Beurteilung und die Kontrolle der Luftqualität, ABl. EG 1996 Nr. L 296, 55.

98 RL 1999/30/EG des Rates vom 22. 4. 1999 über Grenzwerte für Schwefeldioxid, Stickstoffdioxid und Stickstoffoxide, Partikel und Blei in der Luft, ABl. EG 1999 Nr. L 163, 41; diese RL ersetzt schrittweise die älteren Richtlinien: RL 80/779/ EWG (ABl. EG Nr. L 229, 30), RL 82/884/EWG (ABl. EG Nr. L 378, 15) und RL 85/203/EG/EWG über Luftqualitätsnormen für Schwefeldioxid, Schwebstaub, Blei und NOx (ABl. EG Nr. L 87, 1).

99 69/69/EG des Europäischen Parlaments und des Rates vom 16. 11. 2000 über Grenzwerte für Benzol und Kohlenmonoxid in der Luft, ABl. EG 2000 Nr. L 313, 12.

100 RL 92/72/EWG des Rates vom 21. 9. 1992 über die Luftverschmutzung durch Ozon, ABl. EG 1992 Nr. L 297, 1.

101 RL 1999/13/EG des Rates vom 11. 3. 1999 über die Begrenzung von Emissionen flüchtiger organischer Verbindungen, die bei bestimmten Tätigkeiten und in bestimmten Anlagen bei der Verwendung organischer Lösungsmittel entstehen, ABl. EG 1999 Nr. L 85, 1.

102 RL 2001/80/EG des Europäischen Parlaments und des Rates vom 23. 10. 2001 zur Begrenzung von Schadstoffemissionen von Großfeuerungsanlagen in die Luft, ABl. EG 2001, Nr. L 309,1.

103 RL 2001/81/EG des Europäischen Parlaments und des Rates vom 23. 10. 2001 über nationale Emissionshöchstmengen für bestimmte Luftschadstoffe, ABl. EG 2001, Nr. L 309, 22.

(2) Betrieb von Kraftfahrzeugen

Spezielle Richtlinien betreffen den *Betrieb von Kraftfahrzeugen*: RL über Maßnahmen gegen die Verunreinigung der Luft durch Emissionen von Kraftfahrzeugen und zur Änderung der RL 70/220[104]; RL über die Qualität von Otto- und Dieselkraftstoffen und zur Änderung der RL 93/12[105]; RL über eine Verringerung des Schwefelgehalts bestimmter flüssiger Kraft- und Brennstoffe und zur Änderung der RL 93/12[106]; RL über die Bereitstellung von Verbraucherinformationen über den Kraftstoffverbrauch und CO_2-Emissionen beim Marketing für neue Personenkraftwagen[107]. – Sachlich schreiben die Richtlinien vor, dass eine Kennzeichnung der Kraftfahrzeuge – neuer und gebrauchter – am Verkaufsort erfolgt, die Auskunft über den durchschnittlichen Verbrauch von Treibstoff und die CO_2-Emissionen des Fahrzeugs erteilt; die 1999 verabschiedete Richtlinie ersetzt schrittweise die älteren RL 80/779, 82/884 und 85/203 über Luftqualitätsnormen für SO_2, Blei, Schwebestaub und NO_X.

Neue Normen für den von *Kraftfahrzeugen ausgehenden Lärm* legt die RL 2001/43[108] fest. Sie behandelt den Lärm, der von Reifen von Kraftfahrzeugen und Kfz-Anhängern ausgeht, sowie die Montage von Reifen. Ferner gibt es seit neuestem eine RL über die Bewertung und Bekämpfung von Umgebungslärm[109].

---

104 RL 98/69/EG des Europäischen Parlaments und des Rates vom 13. 10. 1998 über Maßnahmen gegen die Verunreinigung der Luft durch Emissionen von Kraftfahrzeugen und zur Änderung der RL 70/220/EWG des Rates, ABl. EG 1998 Nr. L 350, 1.

105 RL 98/70/EG des Europäischen Parlaments und des Rates vom 13. 10. 1998 über die Qualität von Otto- und Dieselkraftstoffen und zur Änderung der RL 93/12/EWG des Rates, ABl. EG 1998 Nr. L 350, 58.

106 RL 1999/32/EG des Rates vom 26. 4. 1999 über eine Verringerung des Schwefelgehalts bestimmter flüssiger Kraft- oder Brennstoffe und zur Änderung der RL 93/12/EWG, ABl. EG 1999 Nr. L 121, 13.

107 RL 1999/94/EG des Europäischen Parlaments und des Rates vom 13. 12. 1999 über die Bereitstellung von Verbraucherinformationen über den Kraftstoffverbrauch und CO_2-Emissionen beim Marketing für neue Personenkraftwagen, ABl. EG 2000 Nr. L 12, 16.

108 RL 2001/43/EG des Europäischen Parlaments und des Rates vom 27. 6. 2001 zur Änderung der RL 92/23/EWG des Rates über Reifen von Kraftfahrzeugen und Kraftfahrzeuganhängern und über ihre Montage, ABl. EG 2001 Nr. L 211, 25.

109 RL 2002/49/EG des Europäischen Parlaments und des Rates vom 25. 6. 2002 über die Bewertung und Bekämpfung von Umgebungslärm – Erklärung der Kommission im Vermittlungsausschuss zur RL über die Bewertung und Bekämpfung von Umgebungslärm, ABl. EG 2002 Nr. L 189, 12.

(3) Gewässerschutz

Für den Bereich des *Gewässerschutzes* sind folgende Richtlinien bedeutungsvoll: RL über die Qualität von Wasser für den menschlichen Gebrauch[110] – die RL verändert die bisher gültigen Vorschriften für den Schutz des Trinkwassers nur geringfügig; zu begrüßen sind die Verschärfung der Werte für den Bleigehalt des Wassers und die Beibehaltung der bisher recht strengen Werte für Pestizide; RL zur Schaffung eines Ordnungsrahmens für Maßnahmen der Gemeinschaft im Bereich der Wasserpolitik[111] – diese Rahmenrichtlinie wird nach und nach eine Anzahl früherer Richtlinien ersetzen und aller Voraussicht nach die Entwicklung des Wasserrechts in ganz Europa in den nächsten 20 Jahren erheblich beeinflussen.

(4) Naturschutz

Im Bereich des *Naturschutzes* hat nach langen Jahren gemeinschaftlicher Bemühungen der Rat die RL über die Haltung von Wildtieren in Zoos angenommen[112].

(5) Chemikalien

Für das Recht der *Chemikalien* ist hervorzuheben, dass der Rat die Änderung der RL 88/379 über die Einstufung, Kennzeichnung und Verpackung chemischer Zubereitungen durch die neue RL 1999/45[113] annahm, die schrittweise in Kraft treten wird. Er nahm auch eine RL über das Inverkehrbringen von Biozid-Produkten – also außerhalb der Landwirtschaft verwendeter Pestizide – an[114], außerdem änderte er die RL über

110 RL 98/83/EG des Rates vom 3. 11. 1998 über die Qualität von Wasser für den menschlichen Gebrauch, ABl. EG 1998 Nr. L 330, 32.
111 RL 2000/60/EG des Europäischen Parlaments und des Rates vom 23. 10. 2000 zur Schaffung eines Ordnungsrahmens für Maßnahmen der Gemeinschaft im Bereich der Wasserpolitik, ABl. EG 2000 Nr. L 327, 1.
112 RL 1999/22/EG des Rates vom 29. 3. 1999 über die Haltung von Wildtieren in Zoos, ABl. EG 1999 Nr. L 94, 24.
113 RL 1999/45/EG des Europäischen Parlaments und des Rates vom 31. 5. 1999 zur Angleichung der Rechts- und Verwaltungsvorschriften der Mitgliedstaaten für die Einstufung, Verpackung und Kennzeichnung gefährlicher Zubereitungen, ABl. EG 1999 Nr. L 200, 1.
114 Berichtigung der RL 98/8/EG des Europäischen Parlaments und des Rates vom 16. 2. 1998 über das Inverkehrbringen von Biozid-Produkten, ABl. EG 1998 Nr. L 123, 1.

die Verwendung genetisch veränderter Mikroorganismen in geschlossenen Systemen[115]. Ferner beschloss er, das Inverkehrbringen von Asbest vollständig zu verbieten[116]. Schließlich soll eine neue RL über das Inverkehrbringen genetisch veränderter Organismen[117] ab Herbst 2002 die bisherige RL ersetzen.

(6) Abfallrecht

Das gemeinschaftsrechtliche *Abfallrecht* hat folgende Änderungen erfahren: Die Gemeinschaft nahm die RL über Abfalldeponien[118] an, die im Jahr 2001 wirksam wird und schrittweise auch auf bestehende Deponien Anwendung finden wird. Sie verbot das Inverkehrbringen quecksilberhaltiger Batterien ab 2001[119]. Ferner nahm sie eine RL über Altfahrzeuge[120] an und fasste die bisherigen Vorschriften über das Verbrennen von Abfällen in einer neuen RL[121] zusammen. Schließlich erging eine RL über Hafenauffangeinrichtungen für Schiffsabfälle und Ladungsrückstände[122].

---

115 RL 98/81/EG des Rates vom 26. 10. 1998 zur Änderung der Richtlinie 90/219/EWG über die Anwendung genetisch veränderter Mikroorganismen in geschlossenen Systemen, ABl. EG Nr. L 330, 13.

116 RL 1999/77/EG der Kommission vom 26. 7. 1999 zur sechsten Anpassung von Anhang I der RL 76/769/EWG des Rates zur Angleichung der Rechts- und Verwaltungsvorschriften für Beschränkungen des Inverkehrbringens und der Verwendung gewisser gefährlicher Stoffe und Zubereitungen (Asbest), ABl. EG 1999 Nr. L 207, 18.

117 RL 2001/18 des Europäischen Parlaments und des Rates vom 12. 3. 2001 über die absichtliche Freisetzung genetisch veränderter Organismen in die Umwelt, ABl. EG 2001 Nr. L 106, 1.

118 RL 1999/31/EG des Rates vom 26. 4. 1999 über Abfalldeponien, ABl. EG 1999, Nr. L 182, 1.

119 RL 1998/101/EG der Kommission vom 22. 12. 1998 zur Anpassung der Richtlinie 91/157/EWG des Rates über gefährliche Stoffe enthaltende Batterien und Akkumulatoren an den technischen Fortschritt, ABl. EG 1999, Nr. L 1, 1.

120 RL 2000/53/EG des Europäischen Parlaments und des Rates vom 18. 9. 2000 über Altfahrzeuge, ABl. EG 2000 Nr. L 269, 34.

121 Berichtigung der RL 2000/76/EG des Europäischen Parlaments und des Rates vom 4. 12. 2000 über die Verbrennung von Abfällen (ABl. EG 2000 Nr. L 332, 91), ABl. EG 2001 Nr. L 145, 52.

122 RL 2000/59/EG des Europäischen Parlaments und des Rates vom 27. 11. 2000 über Hafenauffangeinrichtungen für Schiffsabfälle und Ladungsrückstände – Erklärung der Kommission, ABl. EG 2000 Nr. L 332, 81.

Diese Richtlinien jüngeren Datums bedürfen im Wesentlichen noch der *Umsetzung*. Man kann es so formulieren: Der europäische Normenproduzent hält den deutschen Gesetzgeber auf Trab.

(2) Es sind aber mit Blick auf die Richtlinien auch Umsetzungserfolge aus jüngerer Zeit zu vermelden: Im Bereich des Naturschutzes sind die vorhandenen Richtlinien in nationales Recht umgesetzt worden; das *Bundesnaturschutzgesetz* hat in der Folge ein neues Gesicht[123]. Es fanden sich in der Literatur Stimmen, die eine Änderung von § 19 f. BNatSchG a.F. forderten[124]. Das Gesetz folgt dem nicht, § 37: Die Prüfung der Verträglichkeit von Projekten und die Unzulässigkeit von Projekten sowie Ausnahmen regelt jetzt § 34; diese Norm gilt nicht für Vorhaben i.S.d. § 29 BauGB in Gebieten mit Bebauungsplänen nach § 30 BauGB und während der Planaufstellung nach § 33 BauGB; für andere Vorhaben bleibt die Geltung von § 34 unberührt.

Die *EU-Kommission* geht von einer unzureichenden Umsetzung der FFH-RL durch die 2. Novelle zum BNatSchG und das BauGB aus; so das Ersuchen der *EU-Kommission* um eine Stellungnahme der Bundesregierung[125]. Die *Kommission* spricht die gerade erwähnten Ausnahmen nach § 30 und § 33 BauGB an. Für § 30 BauGB meint sie, dass nicht nur der Bebauungsplan, sondern auch das zu bauende Objekt einer Verträglichkeitsprüfung unterzogen werden müsste, weil es vorstellbar erscheine, dass seine Verträglichkeit mit i.S.d. Richtlinie erheblichen Naturschutzbelangen in Frage steht; § 33 BauGB erlaube es, ein Vorhaben durchzuführen, wenn noch gar keine Verträglichkeitsprüfung des Bebauungsplans stattgefunden habe. Alles in allem ermögliche es § 37 BNatSchG, bei bestimmten Vorhaben von der Durchführung einer Verträglichkeitsprüfung entgegen den Vorgaben von Art. 6 Abs. 3 FFH-RL abzusehen.

Das Vorbringen der *EU-Kommission* erscheint problemlos nachvollziehbar. Man könnte gegen diese Zustimmung einwenden, der qualifizierte Bebauungsplan nach § 30 Abs. 1 BauGB lege Art und Maß der Bebauung fest, deshalb könne jedes denkbare zu realisierende Objekt abstrakt geprüft werden; diese Argumentation erfasst freilich den Fall des § 31

---

123 Notwendig ist noch eine Änderung der Landesnaturschutzgesetze, dazu *Schrader*, Das Naturschutzrecht der Länder in der Anpassung an das neue Bundesnaturschutzgesetz, NuR 2003, 80 ff.

124 Z.B. *Louis/Engelke*, Bundesnaturschutzgesetz, Kommentar, 2. Aufl. 2000, § 19 f. Rn. 2. Es werden die Probleme angesprochen, die in der sogleich zitierten Stellungnahme erwähnt werden.

125 NuR 2000, 625 ff., 626.

Abs. 2 BauGB – Befreiung von den Festsetzungen des Bebauungsplans – nicht. Ferner erfasst die Argumentation nicht den Fall des einfachen Bebauungsplans nach § 30 Abs. 3 BauGB. Mit Blick auf § 33 BauGB könnte vorgetragen werden, die Erteilung einer Baugenehmigung sei erst bei Planreife gestattet; diese liege vor, wenn der zu beschließende Inhalt des Plans feststehe[126]; deshalb könne jedes Vorhaben daraufhin überprüft werden, ob es mit dem Plan übereinstimme; diese Argumentation erfasst den Fall nicht, dass die Genehmigung nach nationalem Recht vor der Verträglichkeitsprüfung erteilt werden könnte – deshalb müsste dieser Fall nach dem Wortlaut des Gesetzes ausgeschlossen werden. Unabhängig von der Bonität der einzelnen Argumente zeigt die Diskussion, dass die Bedenken der *Kommission* schwer wiegen. Zumindest eine Klarstellung im Gesetzeswortlaut scheint angebracht.

Im Bereich des Wasserrechts gibt es die WasserrahmenRL. Sie bildet einen Ordnungsrahmen im Bereich des Gewässerschutzes, bricht mit dem sektoralen Ansatz der alten Richtlinie und verfolgt das Ziel einer nachhaltigen Wassernutzung. Nachhaltigkeit ist auch im Bereich des Wasserrechts zu einem Zauberwort geworden. Die Richtlinie ist in deutsches Recht durch die Änderung des Wasserhaushaltsgesetzes umgesetzt[127]. Die Änderung hat das „System" des deutschen Wasserrechts vollständig verändert. Nunmehr ist das deutsche Wasserrecht geprägt von dem Grundsatz, dass zusammenhängende Flussgebiete als solche unter dem Gesichtspunkt der Wassersauberkeit zu betrachten sind; die Sauberkeit wird durch Grenzwerte festgelegt. Ferner wurden Regelungsaufträge an die Länder erteilt. Ein wesentlicher Teil der in der Richtlinie enthaltenen Vorgaben wird in einer Verordnung umgesetzt werden[128].

III. Schlussbetrachtung

Alles in allem lässt sich festhalten, dass der Stand der Europäisierung des Umweltschutzrechts weit fortgeschritten ist. Freilich gibt es keine Umweltgesetzgebung im deutschen Sinne: Es fehlen auf europäischer Ebene Kodifikationen bestimmter zusammenhängender Bereiche/Sachmaterien, sondern es gibt regelmäßig lediglich punktuell wirkende Aussagen. Von einem kodifizierten Umweltrecht ist die EG weit entfernt.

---

126 *Peine*, Öffentliches Baurecht, 4. Aufl. 2003, Rn. 792 ff.
127 Gesetz vom 27. 7. 2001, BGBl. I, 1950.
128 Zur Umsetzung s. ausführlich *Kotulla*, NVwZ 2002, 1329 ff.

Der deutsche Gesetzgeber hat das europäische Umweltrecht in nationales Recht umgesetzt, soweit die Fristen noch nicht abgelaufen sind. Gelegentlich kommt es bei der Umsetzung zu Problemen, die der EuGH in Luxemburg zu lösen hat. Diese Probleme sind nicht immer dadurch bedingt, dass es an Mehrheiten z. B. im Bundesrat fehlt. Es gibt Sachprobleme: ein vollständig anderer europäischer Problemlösungsansatz und die schwierige Frage, ob der Bund oder die Länder die Umsetzung zu leisten haben.

Diskussion im Anschluss an den Beitrag von Prof. Dr. Franz-Joseph Peine

Aktueller Stand der Europäisierung des Umweltrechts und deutsche Umsetzungsprobleme

L. Knopp

Wir haben eine Richtlinienflut auf EG-Ebene, die die Bundesrepublik, aber auch andere Mitgliedstaaten der EU kaum noch im Rahmen der Umsetzung bewältigen können.

Die Probleme sind aufgezeigt worden. Es geht im Wesentlichen darum, dass sich die Bundesrepublik seit längerer Zeit mit einer ordnungsgemäßen und vor allen Dingen fristgerechten Umsetzung dieser Richtlinien in nationales Recht sehr schwer tut. Die EG nimmt darauf keine Rücksicht; die Entwicklung auf europäischer Ebene geht weiter und – Sie haben es so schön gesagt – die nationalen Gesetzgeber werden hier, durch die andauernde Richtlinienflut, auf Trab gehalten. Herr Kollege Peine, würden Sie angesichts dieses Befundes mittel- und langfristig den Umbau des deutschen Umweltrechts, das auf umweltordnungsrechtlicher Basis aufgebaut ist, für erforderlich bzw. für möglich halten?

F.-J. Peine

Der deutsche Gesetzgeber muss natürlich versuchen, den europäischen Anforderungen gerecht zu werden. Diese Anforderungen basieren regelmäßig auf der Grundlage einer anderen Idee als der, die dem deutschen Umweltrecht zugrunde liegt. Zum Teil ist es möglich, diese andere Idee in das nationale Recht, in unser Recht, zu integrieren. Daher wäre eine grundsätzliche Veränderung der Konzeption des deutschen Rechts insoweit nicht notwendig, als jeweils die Integration der anderen Ideen im deutschen Recht möglich ist.

Die Frage ist nur, ob das auf Dauer betrachtet ein sinnvolles Vorgehen ist. Denn wir hätten dann traditionelles deutsches Umweltrecht – dieses berühmte Ordnungsrecht, welches medienspezifisch ist und an bestimmten Quellen ansetzt –, das partiell durchsetzt wäre, sobald der europäische Gesetzgeber tätig geworden ist, mit einem Recht, welches einer anderen Leitidee entstammt. Das kann problemlos dazu führen, dass das deutsche Recht ein in sich unstimmiges Recht wird, weil möglicherweise langfristig diese beiden unterschiedlichen Konzeptionen nicht miteinander verträglich sind. Daher muss man sich fragen, wie diesen potentiellen Unverträglichkeiten vorzubeugen ist. Letztendlich wird der europäische Gesetzgeber die Struktur des deutschen Umweltrechts bestimmen. Denn auf Grund der Konstruktion der EG muss der deutsche Gesetzgeber dem europäischen Gesetzgeber folgen, da das primäre und das sekundäre Gemeinschaftsrecht dem nationalen Recht vorgehen. Also bleibt dem deutschen Gesetzgeber gar nichts anderes übrig, als dieser europäischen Idee im Ergebnis zu folgen. Die andere Strategie oder Technik könnte für den deutschen Gesetzgeber darin bestehen, dass er einen größeren Einfluss darauf nimmt, was die Europäische Gemeinschaft in der Zukunft an Umweltrecht produziert. Bis jetzt ist es ganz eindeutig so, dass „die Deutschen", die Bundesrepublik und die Länder, viel zu wenig versuchen, ihrerseits Einfluss zu nehmen, nicht nur auf den Inhalt, sondern auch auf die Gestaltung des europäischen Umweltrechts. Der deutsche Einfluss muss verstärkt werden. Wenn auf europäischer Ebene die Art und Weise, wie man in Deutschland Gesetzgebung macht, stärker Berücksichtigung fände, könnte das Szenario, das ich eben geschildert habe, vielleicht nicht so früh oder langfristig vielleicht überhaupt nicht eintreten. Das hängt davon ab, wie weit die Deutschen sich auf europäischer Ebene engagieren und wie weit sie im Konzert der zukünftig natürlich viel größeren EG Mitstreiter für ihre Vorstellung finden, wie man Recht machen soll. Eine Prognose wage ich nicht. Ich kann nur diese beiden Varianten aufzeichnen. Wie es letztendlich kommt, ist eine Frage der Politik. Dazu kann ich wenig sagen.

L. Knopp

Sie würden also eines der wesentlichen Probleme darin sehen, dass die Bundesrepublik, d. h. auf Bundes- oder auch Länderebene, zu wenig Einfluss auf die europäische Rechtsgestaltung nimmt?

F.-J. Peine

Ganz eindeutig.

Dr. C. Lambrecht, LL.M., Vizepräsident des Finanzgerichtes des Landes Brandenburg

Herr Professor Peine – fortführend zu Ihren letzten Ausführungen –, Sie hatten in ihrem Eingangsreferat gesagt, dem deutschen Gesetzgeber kann es gelegentlich schwer fallen, das europäische Recht zu erfassen. Daran möchte ich gerne anknüpfen. Ich denke, häufig wird es nicht so sein, dass der Wortlaut der Vorschrift unklar ist oder die Motive unklar sind, sondern dass der deutsche Gesetzgeber oft gar nicht verstehen will. Jetzt kann man natürlich fragen: Was sind denn die Gründe dafür? Das mag – bösartig gesprochen – gelegentlich Klientendenken sein, positiver gedacht: es sind politische Rücksichtnahmen, vielleicht auch Traditionen des nationalen Rechts. Wenn man noch einen Schritt weiter geht, mag es allgemeines Beharrungsvermögen sein oder aber auch das nachvollziehbare Phänomen, dass der deutsche Gesetzgeber noch immer Schwierigkeiten hat, die EG als vorgehenden Gesetzgeber zu akzeptieren. Ich denke, es ist ein strukturelles Problem, dass sowohl die deutschen Gesetzgeber, auf Bundes- und Länderebene, als auch die Rechtsanwender sich immer noch schwer damit tun, EG-Recht so zu verstehen und anzuwenden.

F.-J. Peine

Ich teile Ihre Auffassung und möchte Ihnen auch ein Beispiel dafür benennen, dass dieses Motivbündel, das Sie aufgezeigt haben, für den deutschen Gesetzgeber wirklich ein sehr naheliegendes Motivbündel ist und in der Praxis eben immer wieder Probleme bereitet. Ein Bereich, in dem sich der deutsche Gesetzgeber besonders schwer getan hat, sein nationales Recht an das europäische Recht anzupassen, ist der Bereich des Wasserrechts gewesen; das kann man in gewisser Weise auch nachvollziehen. Deutsches Wasserrecht und eine bestimmte Tradition des Wasserrechts – das ist ein wesentlicher Teil des sog. Rechts der öffentlichen Sachen – gibt es in Deutschland seit ungefähr 500 Jahren. Dieses Wasserrecht ist ein Rechtsgebiet, welches für viele andere Bereiche im Bereich des Verwaltungsrechts ein sog. Referenzgebiet ist. Die Strukturen des deutschen Wasserrechts galten als vorbildlich; man hat sich daran gewöhnt. Dieses Wasserrecht hat zwar sehr viele gemeinsame Grundstrukturen, ist aber traditionell immer Länderangelegenheit gewesen. Das Beharrungsvermögen der Länder hängt an solchen Rechtsgebieten. Der Versuch, das Wasserrecht in gewisser Weise nach der Gründung der

Bundesrepublik in den 50er Jahren durch das Wasserrechtsrahmengesetz zu vereinheitlichen, hat seinerzeit schon große Schwierigkeiten gemacht und man hat acht Jahre gebraucht, von 1950–1957, um dieses Wasserrechtsrahmengesetz zu verabschieden. Anschließend hat man immer noch mehrere Jahre gebraucht, bis es dann 1960 in Kraft getreten ist. An diesem Bereich können Sie sehen, dass bestimmte Dinge einfach so gewachsen sind und den Leuten, die sich damit befassen, auch so ans Herz gewachsen sind, dass sie sich von ihnen nicht trennen wollen. Wenn jetzt die EG kommt und einen vollkommen anderen Gedanken in das Wasserrecht einbringt, nämlich den Gedanken des Flusssystems, der dann in Deutschland riesige Probleme hervorruft, weil der Rhein zum Beispiel als ein Gesamtflusssystem durch viele Bundesländer fließt, dann muss man verstehen, dass bei einigen Leuten, die mit diesem System verwurzelt sind, die Lampen durchbrennen. Und genau das ist auch in der Praxis passiert. Es hat einen Kampf seitens bestimmter Rechtswissenschaftler gegeben, die dieses neue EG-Recht in einer Weise bekämpft haben, dass man sich gefragt hat, muss das denn wirklich sein; denn wer in den EG-Vertrag hineinschaut und die entsprechenden Urteile des EuGH gelesen hat, der sieht natürlich sofort, dass das ein absolut sinnloser Kampf ist. Er ist trotzdem über mindestens zehn Jahre gepflegt worden, einfach weil man das neue Recht nicht hinnehmen wollte. Dann kamen schließlich die entsprechenden Umsetzungen in deutsches Recht, und jene Leute, die seinerzeit das EG-Recht bekämpft haben, bekämpfen jetzt die Umsetzung in das nationale Recht. Viele Menschen haben es noch nicht begriffen oder wollen es möglicherweise auch nicht begreifen, weil der Gedanke, der mit diesem Vorgang verbunden ist, für viele extrem abschreckend ist. Wenn man politisch weiterdenkt, wird die Bundesrepublik Teil eines europäischen Bundesstaates werden. Damit sind wir dann nicht mehr diejenigen, die souverän über unser Gebiet „verfügen" können, sondern das wird dann von anderen Städten in Europa aus passieren. Diese Entwicklungen sind für viele Menschen nur schwer zu ertragen.

Dr. N. Sasserath, GDV, Berlin

Ich möchte versuchen, vielleicht etwas Positives für den europäischen Gedanken beizusteuern. Sicherlich wird in vielen Punkten das bestehende deutsche Rechtssystem „gestört", weil es einfach unterschiedliche systematische Ansätze gibt. Sie sprachen z. B. eben auch die Aarhus-Konvention an, also ein anderes Verständnis von subjektivem Recht und Klagebefugnis, dass man Private oder Naturschutzverbände als Kontrollpersonen einsetzt, um die Behörde zu kontrollieren. Aber unabhängig davon, dass es natürlich Systemprobleme gibt, kann man auch die Frage stellen, inwieweit es vielleicht vom Inhalt auch ein neuer Gedanke ist, mit dem man sich auseinandersetzen könnte. Auf der anderen Seite haben wir ja gerade in Deutschland einen ziemlich hohen Umweltstandard. Ich würde gerne den Harmonisierungsgedanken ein wenig in die Diskussion einbringen, da es derzeit in vielen Bereichen unterschiedliche Umweltstandards gibt, die zu Wettbewerbsverzerrungen führen. Wir reden hier gerade über Umweltschutz und seine Auswirkungen auf die Wirtschaft. In vielen Bereichen wird ein Mindeststandard für alle Mitliedstaaten der EU ja über Richtlinien überhaupt erst eingeführt. Hier zeigen sich auch positive Auswirkungen. Das wollte ich ergänzend in die Diskussion einbringen.

F.-J. Peine

Das ist absolut richtig. Das, was in Deutschland Probleme bereitet, sind ja im Ergebnis nicht Fragen betreffend die Qualität des Umweltschutzes, sondern Fragen seiner strukturellen Umsetzung. Das darf man nicht verkennen. Es ist also, wenn Sie so möchten, ein im Wesentlichen formales Problem und kein materielles. Man muss sogar in vielen Fällen konstatieren, dass das, was dann im europäischen Umweltrecht materiell produziert wird, hinter den nationalen Standards zurückbleibt. Daher gibt es auch die sog. Schutzverstärkungsklausel im EG-Vertrag, damit die Mitgliedstaaten an den einmal getroffenen Standards festhalten können. Dieses formale Element, welches wir haben, das wird eben in Deutschland verknüpft mit Problemen, die wir in der Vorfrage angesprochen hatten. Diese formalen Dinge werden instrumentalisiert, um im Ergebnis eine Vereinheitlichung des Rechts zu verhindern. Wer ökonomisch denkt, sollte berücksichtigen, dass eine Rechtsvereinheitlichung im Ergebnis einen großen finanziellen Gewinn mit sich bringen kann. Das Beharren auf überkommenen Strukturen verhindert letztlich nur vernünftige Sachentscheidungen. An einer Verhinderung vernünftiger Sachentscheidungen aber kann niemand ein Interesse haben, weder aus ökonomischer noch aus ökologischer Sicht. Es werden also Formkämpfe geführt und das ist meines Erachtens Energieverschwendung.

Dr. M. Weigand, Bayerisches Staatsministerium für Landesentwicklung und Umweltfragen, München

Mein Name ist Weigand. Ich komme vom bayerischen Umweltministerium in München und bin dort verantwortlich für das fachübergreifende Umweltrecht. Wir arbeiten derzeit insbesondere an Vollzugshinweisen zum neuen UVPG. Sie haben das Artikelgesetz vom Sommer 2001 erwähnt, zur Umsetzung der UVP-Richtlinie und der IVU-Richtlinie – eine schlichte Katastrophe. Das UVPG der letzten Fassung ist schlicht unvollziehbar. Wir versuchen jetzt mit untergesetzlichem Regelwerk die Umsetzung der Umweltverträglichkeitsprüfung in Deutschland einigermaßen umsetzbar zu machen. Das ist uns bisher in zwei Jahren noch nicht gelungen und wird uns möglicherweise auch demnächst noch nicht so ganz gelingen. Wir machen ein Papier zum Screening, also allein zur Vorprüfung. Wenn Sie wüssten, wie viel Platz Papier einnimmt, was wir an untergesetzlichen Hinweisen und Regelwerken allein zum UVPG derzeit vorhaben, dann würde Ihnen schlicht schwarz vor den Augen. Es ist nicht mehr machbar, was hier derzeit läuft. Ihr Hinweis, wir sollten uns mit dem europäischen Umweltrecht allmählich besser auseinandersetzen, der ist auf die Zukunft gerichtet. Aber wir haben die Zukunft eigentlich schon hinter uns. Es ist nicht mehr möglich, so mit dem europäischen Umweltrecht umzugehen. Das liegt daran, dass wir Mitte der 80er Jahre die Vorherrschaft im Umweltrecht in Europa an die Briten verloren haben. Die Briten haben seit der Mitte der 80er Jahre ihr systematisches Denken in das europäische Umweltrecht eingeführt. Seither sitzt Deutschland in der „Schmollecke". Wir wollen europäisches Umweltrecht nicht, wir fassen es mit spitzen Fingern an. Deswegen können wir auch nicht damit umgehen. Seit voriger Woche gibt es im europäischen Amtsblatt die neue Informationsrichtlinie. Diese neue Informationsrichtlinie wird uns wieder mit hellem Entsetzen erfüllen, denn dort sind jetzt nicht nur passive Informationspflichten, sondern auch – „Aarhus-gemäß" – aktive Informationspflichten enthalten. Auch dort werden wir wieder riesige Probleme bekommen, das deutsche Umweltinformationsgesetz entsprechend anzupassen. Wenn wir nicht aufhören, an das europäische Umweltrecht mit spitzen Fingern heranzugehen und es eigentlich abzulehnen, dann werden wir keine Chance haben, uns strukturell mit diesem britischen Denken zu verständigen. Das Stichwort Eins-zu-eins-Umsetzung geistert durch die Landschaft, d.h. europäisches Umweltrecht soll möglichst wenigstens nicht verschärft werden, sondern lediglich eins zu eins in Deutschland umgesetzt werden. Das ist jedoch nicht möglich, denn Sie können eine Eins-zu-eins-Umsetzung auf alte deutsche Strukturen nicht schlichtweg aufsetzen, sondern Sie haben neues europäisches Umweltrecht und müssen das deutsche Umweltrecht entsprechend von Grund auf verändern. Wir haben die Zukunft schon hinter uns, sagte ich deswegen, weil wir in grob fahrlässiger Weise mit dem Entwurf eines deutschen Umweltgesetzbuches umgegangen sind. Das wäre die Chance gewesen, im Rahmen einer Neukodifikation des deutschen Umweltrechts hier zu neuen Ufern zu kommen. Dort war z. B. die Umweltverträglichkeitsprüfung in einem Verschmelzungsansatz wunderbar in das Anlagenzulassungsrecht eingepasst. Das europäische Umweltrecht will kein Regime eines Anlagenzulassungsrechts. Deswegen passen die Dinge auch da nicht zusammen. Das Umweltgesetzbuch, das sehr selten erwähnt und ganz verschämt immer wieder von uns in die Debatte geworfen wird, war der Ansatz schlechthin; es hätte nur fortgeschrieben und verbessert werden müssen. Frau Merkel verließ jedoch kurz vor der entscheidenden Phase der Mut, Herr Trittin hat den Mut noch nicht gefasst und deshalb sitzen wir vor einem fertigen Entwurf, der zumindest hätte diskutiert und weiterbearbeitet werden müssen. Dieser Entwurf liegt in der Schublade ganz unten. Wenn man den Traditionalisten im BMJ Glauben schenken würde, dann würde dieses Umweltgesetzbuch an verfassungsrechtlichen Schranken scheitern; diese verfassungsrechtlichen Schranken wurden jedoch vorher zehn Jahre lang diskutiert und für nicht gegeben erachtet. Wenn man so will, dann kann man diese Bedenken jetzt hervorkramen, keine Frage. Nur wenn wir das tun, dann haben wir die Zukunft hinter uns, denn wenn wir uns vor Augen führen, dass die Umsetzung der IVU-Richtlinie vielleicht gerade noch europarechtskonform ist, wahrscheinlicher aber europarechtswidrig, dann wissen wir, dass wir auf diesem Wege nicht mehr weiterkommen. Wir müssen radikal umdenken, wenn wir mit dem europäischem Umweltrecht eine Chance haben wollen.

F.-J. Peine

Sie sprechen mir aus dem Herzen. Zum Umweltgesetzbuch kann ich nur sagen – ich bin ja persönlich davon betroffen, weil ich einer der Mitverfasser bin und natürlich traurig war, als es dann ganz offensichtlich mit fadenscheinigen Gründen, die auch keiner verfassungsrechtlichen Prüfung Stand gehalten hätten, in der Versenkung verschwand –, es war eben seinerzeit politisch nicht mehr gewollt. Die Deutschen haben das englische System, das Mitte der 80er Jahre gekommen ist – auch das haben Sie richtig geschildert – seinerzeit hingenommen und immer mehr an Einfluss auf die europäische Umweltgesetzgebung aufgegeben. Übrigens müsste nunmehr das kommen, was ich zu Beginn hier gesagt habe. Die Deutschen müssten sich langsam, aber sicher wieder berappeln und Einfluss nehmen und, wenn es denn noch geht, das Ganze ein wenig anders steuern. Ob das jetzt aber noch geht? Es geht wohl nicht mehr, weil die Dinge jetzt natürlich wie Pflöcke im Boden sind, wie man so schön sagt. Es sind grundlegende Entscheidungen getroffen worden und die Deutschen müssen damit leben. Sie müssen ihr Recht eben, so gut es geht, anpassen. Wenn sie das nicht schaffen, wird ihnen der Europäische Gerichtshof irgendwann einmal sagen, so geht es nicht. Spätestens dann muss etwas passieren.

Dr. M. Weigand, Bayerisches Staatsministerium für Landesentwicklung und Umweltfragen, München

Europa will auch nicht am deutschen Wesen genesen, das ist vorbei.

F.-J. Peine

Es ist auch bislang nicht am deutschen Wesen genesen, wenn man das mal so sagen kann. Wir müssen als ein Land, welches eine bestimmte Rechtstradition hat, über Jahrhunderte gepflegt in bestimmten Kategorien – das bayerische Wasserrecht ist nur eines der berühmtesten Rechte in diesem Zusammenhang –, wir müssen jetzt eben angesichts der Dinge, wie sie sind, schlicht und ergreifend damit leben, dass wir diesen Teil unserer Rechtstradition wahrscheinlich aufgeben müssen. Das mag traurig sein, aber selbst das BGB musste nach 100 Jahren geändert werden.

Prof. Dr. J. Boć, Universität Wrocław

Könnten Sie noch ein paar Worte zur europäischen Gesetzgebung sagen? Gibt es so etwas wie eine Lobby, damit auch die deutsche Stimme gehört wird?

F.-J. Peine

Die Deutschen haben Kommissare in Brüssel. Aber die deutschen Kommissare sind eben nicht zuständig für die Bereiche des Umweltrechts und der Umweltpolitik. Im Übrigen muss man sagen, dass den Möglichkeiten der Bundesrepublik Deutschland bzw. der Länder, Einfluss zu nehmen, nicht nur in den Bereichen der Umweltpolitik und des Umweltrechts, sondern allgemein auf die europäischen Dinge Einfluss zu nehmen, einfach nicht genug Bedeutung beigemessen wird. Die Bundesrepublik vertritt die deutschen Interessen im Rahmen der Europäischen Gemeinschaft nur suboptimal. Die Bundesländer z. B., die mit dem Vollzug des Umweltrechts belastet sind, wenn es in deutsches Recht umgesetzt wird, die müssten ihrerseits Einfluss auf die europäische Gesetzgebung nehmen, soweit sie es denn können, weil bereits da angedacht werden muss, wie denn später der Vollzug aussieht. Ich kenne ein Bundesland, das hat in Brüssel eine Zwei-Mann-Vertretung und diese zwei Mann gehören nicht einmal dem Höheren Dienst an. Von daher können Sie davon ausgehen, dass die Dinge nicht so laufen, wie sie laufen müssten. Es ist zum Teil sogar beschämend, wie unzureichend die Deutschen ihre Interessen vertreten.

Dr. St. Iwers, Landkreistag Brandenburg

Ich bin ein wenig provoziert von Ihrer Aussage, die Vollzugsbehörden müssten halt wissen, was im europäischen Recht steht. Für uns als Kommunen, als Verwaltungsbehörden, bedeutet das europäische Recht im großen Maße auch Unsicherheit für unsere Tätigkeit. Ich möchte das an zwei Beispielen erläutern. Das erste ist der Bereich Abfall. Die Landkreise und kreisfreien Städte in Brandenburg sind öffentlich-rechtliche Entsorgungsträger, und Sie wissen sicherlich, dass wir in den letzten Jahren den Kampf um den Abfall etwas anders als in der Vergangenheit führen mussten, wegbrechende Abfallmengen waren angesagt. Wir müssen aber auch – mit Blick auf zugrunde liegendes europäisches Recht – erhebliche neue umweltrechtliche Standards mit Blick auf das Jahr 2005 umsetzen und in die Planung neuer Anlagen gehen; wir tun das selbstverständlich. Es ist ein Investitionsvolumen von mehreren hundert Millionen Euro. Wir hatten dabei zwei erhebliche Probleme. Das erste war, wir wussten auf Grundlage des bundesdeutschen Rechts nicht, wie viele Abfälle wir für diese Anlagen einstellen würden können, weil die Abgrenzung „Abfälle zur Verwertung" und „Abfälle zur Beseitigung" unklar war. Das war ein bundesdeutsches Problem, das sich aber im europäischen Recht genau so stellte. Das bundesrechtliche Problem ist nach entsprechender Rechtsprechung des Bundesverwaltungsgerichts und ihm folgend der Verordnungsgeber mit der Gewerbeabfallverordnung einigermaßen aufgelöst worden. Wir hatten weiterhin aber das Problem, dass wir immer schauen mussten, ob das, was uns im deutschen Recht tatsächlich im Abfallbereich vorgegeben wird, auch dem europäischen Recht entspricht. Wir waren da sehr unsicher. Unter dem Heading „Belgische Zementwerke und Luxemburg" liefen zwei Verfahren, die sehr wichtig waren. Dort ging es genau um die Fragen: Was ist „Abfall zur Verwertung", was kann damit gehandelt und über die Grenzen verbracht werden, was bricht uns eventuell an Siedlungsabfällen, aber auch an gewerblichen Abfällen für die Planung weg und was ist „Abfall zur Beseitigung", für den wir grundsätzlich zuständig sind? Wir haben jetzt zwei EuGH-Urteile erhalten und sind im Grunde genommen auch froh darüber. Aber es hat natürlich eine gewisse Zeit gedauert und die aufgeworfenen Fragen stellen sich auch weiterhin. Da der EuGH die Abgrenzung wiederum mit Schlupflöchern versehen hat, können wir nicht sicher damit rechnen, für die jetzt zu konzipierenden Anlagen die entsprechende Auslastung herzustellen. Ein zweites Beispiel – Naturschutzrecht. Im Augenblick wird im Land Brandenburg ein neues Naturschutzrecht konzipiert; das Gesetz befindet sich auf dem Prüfstand, in der Novellierung. Es gibt darin eine Vorschrift, wonach die unteren Naturschutzbehörden zukünftig nicht nur für den Vollzug des Brandenburgischen Naturschutzgesetzes zuständig sein sollen, sondern auch – neu – für den Vollzug von bundesnaturschutzrechtlichen Vorschriften und von Vorschriften des europäischen Naturschutzrechts, ohne weitere Umsetzungsvorgaben durch den Landesgesetzgeber oder den Landesverordnungsgeber. Bislang gab es immerhin noch Zuständigkeitsverordnungen. Wir haben sehr intensiv diskutiert, ob wir eine solche Allzuständigkeit, eine dynamische Verweisung, insbesondere auch auf europäisches Recht, akzeptieren sollen und sind nach reiflicher Überlegung gerade mit Blick auf Finanzierungsfragen und mit Blick auf die Vorhersehbarkeit europäischer und dann ausführender bundesdeutscher Rechtsetzung zum Ergebnis gekommen, dass wir diese Zuständigkeitsregelung nachdrücklich ablehnen werden. Soviel zum Thema: „Wir müssen wissen, was im Bereich europäisches Recht gilt". Für uns bedeutet das im hohen Maße auch Rechtsunsicherheit.

F.-J. Peine

Ja, aber damit sind Sie in einer Situation, in der sich jeder befindet, wenn eine neue Norm erlassen wird und diese Norm angewandt werden muss. Dann weiß man für eine bestimmte Phase nicht, wie denn im Ergebnis z. B. die Gerichte diese Norm inhaltlich verstehen werden, d. h. jede Person, ob natürliche oder juristische, als Rechtsunterworfene, ist in einer unsicheren Lage, solange diese Norm nicht inhaltlich durch entsprechende Urteile konkretisiert ist. Ihr Problem aus dem Bereich Abfall betrifft alle. Von daher sitzen dann alle in einem Boot und man muss im Ergebnis durch Kooperation oder durch Bereitschaft, Musterprozesse zu führen, Rechtsklarheit hervorbringen oder Rechtsklarheit erzeugen – wie soll es anders sein? Meine Frage lautet: Ist es denn vorstellbar, dass eine Norm erlassen wird, die bereits am Tage ihres Erlasses für jeden Normunterworfenen so eindeutig ist, dass sich Interpretationsfragen nicht stellen? Das kann ich mir nur schwer vorstellen, denn die Geschichte der Rechtswissenschaft ist ja eine Geschichte, die genau dort ansetzt, weil eben Normen unklar sind und weil eben unterschiedliche Geister mit unterschiedlichem Verständnis an Normen herangehen können, so dass unterschiedliche Interpretationen die Folge sind. Insofern ist das, was Sie beschrieben haben, aus meiner Sicht normal. Das Zweite, was Sie angesprochen haben, dass jetzt ohne Zwischenschaltung nationalen Rechts die lokal zuständige Behörde auch zuständig für den Vollzug des Europarechts ist, das halte ich im Grunde genommen für normal, denn wenn Sie eine europarechtliche Verordnung haben, die in all ihren Teilen verbindlich ist und in jedem Mitgliedstaat unmittelbar gilt, wie soll anderes gelten, da braucht man kein nationales Recht mehr.

Dr. St. Iwers, Landkreistag Brandenburg

Das ist zwar richtig. Normen bedingen immer Rechtsunsicherheit. Sie haben aber mit der europäischen Normsetzung und dem Europäischen Gerichtshof eine weitere Ebene, die sie im Vollzug berücksichtigen müssen. Und die verschiedenen Rechtsetzungsebenen und Rechtsprechungsebenen bedingen dann auf unserer Ebene eine Vergrößerung der Unsicherheit, nämlich was am Ende der EuGH, der ja letztentscheidend zuständig ist, sagen wird. Also, für uns bedeutet Europa in gewissen Belangen sicherlich eine Erhöhung der Rechtsunsicherheit. Des Weiteren ist es, glaube ich, nicht ganz zutreffend, wenn Sie sagen, dass es normal sei, dass europäisches Recht automatisch durch die zuständigen unteren Verwaltungsbehörden vollzogen wird. Man hat als kommunale Vollzugsbehörde immer das Problem, dass man die Aufgaben, die einem der Gesetzgeber auferlegt, auch finanzieren können muss. Wenn wir Aufgaben via europäisches Recht bekommen, ist die Finanzierung über das Land sicherzustellen. Mit einer solchen Norm, wie ich sie eben beschrieben habe, wird es für uns viel schwieriger zu argumentieren, dass dem Land für europäisch bedingte neue Vollzugsaufgaben auch die entsprechenden Finanzmittel zugewiesen werden. Zum anderen ist es auch nicht ganz zutreffend, dass automatisch beispielsweise die unteren Naturschutzbehörden für Umsetzungen europäischen Naturschutzrechts zuständig sein sollten. Ich erinnere an die FFH-Richtlinie; dort musste unterschieden werden, auch bei der Frage der Zuständigkeit für die verschiedenen, durch die FFH-Richtlinie ausgelösten Aufgaben. Die Auswahl der Gebiete ist dem Land mit dem entsprechenden fachlichen Unterbau, Landesumweltamt etc., überlassen geblieben und die Vollzugszuständigkeit der Verträglichkeitsprüfung wurde sodann durch eine entsprechende Zuständigkeitsverordnung des Landes den unteren Naturschutzbehörden aufgegeben. Damit war klar, welche Zuständigkeiten wo liegen. Es ist also meines Erachtens nicht so, dass sie automatisch eine Zuständigkeit unterer Behörden für den Vollzug europäischen Rechts oder europäischer Verordnungen erhalten.

F.-J. Peine

Also noch einmal: Dass wir eine, wenn wir vom nationalen Recht ausgehend denken, Komplizierung unseres Rechts dadurch bekommen haben, dass wir jetzt die europäische Ebene und insbesondere den Europäischen Gerichtshof mitbedenken müssen, ist völlig richtig. Die Frage ist, ob wir es uns in der Bundesrepublik langfristig wirklich leisten können, so viele unterschiedliche Gesetzgebungsebenen zu haben, die am Ende zu berücksichtigen sind. Im Bereich des Öffentlichen Rechts sind darüber hinaus ggf. allein fünf verschiedene Gerichte einzukalkulieren. Dass das im Ergebnis einen Aufwand bedeutet, der unendlich teuer ist, das, glaube ich, müssen wir alle nicht diskutieren, sondern wir müssen diskutieren, ob wir uns das in der Zukunft weiter erlauben wollen. Das Zweite ist, was ich gesagt habe mit Blick auf die Zuständigkeit: Natürlich ist im Rahmen der Verordnung immer derjenige zuständig, der durch die europäische Verordnung selbst angesprochen wird. Wenn die europäische Verordnung insoweit keine Aussage enthält bzw. unterschiedliche Aussagen enthält, dann ist es natürlich zwingend, dass entsprechende bundes- bzw. landesgesetzliche Aussagen getroffen werden müssen, die dann im nationalen Bereich den Zuständigen festlegen, und es ist natürlich auch aus der Sicht der unteren Behörden klar, wenn eine solche gesetzliche Aussage betreffend die Zuständigkeitsfestlegung erfolgt, dass das natürlich ein Hebel ist, mit dessen Hilfe bei der Finanzierungsfrage angesetzt werden kann. Das Problem besteht darin, das haben Sie ja auch angesprochen, dass eben die lokalen bzw. die unteren Ebenen heute in der Bundesrepublik diejenigen Ebenen sind, die – was die finanzielle Ausstattung anbelangt – von den oberen Ebenen abhängen und die im Ergebnis finanziell am schlechtesten ausgestattet sind. Die müssen natürlich versuchen, über bestimmte Instrumente an Geld von den oberen Ebenen heranzukommen. Eines dieser Instrumente kann natürlich sein, zu sagen: „Wenn ihr uns für zuständig erklärt, dann aber nur unter der Bedingung, dass ihr dann die Erfüllung der Aufgabe auch bezahlt." Das halte ich auf der lokalen Ebene für eine absolut legitime Angelegenheit, denn man kann nicht permanent „Verträge zu Lasten Dritter" schließen – um es einmal so zu formulieren.

Neues Europäisches Umwelthaftungsrecht: Die Umwelthaftungsrichtlinie

Lothar Knopp

I. Vorgeschichte

Die *europäischen* Bemühungen zur Schaffung eines gemeinschaftlichen Umwelthaftungsrechts sind durchaus nicht neu. Dies belegen die bereits im März 1993 verabschiedete sog. Lugano-Konvention über die zivilrechtliche Haftung für Schäden durch umweltgefährdende Tätigkeiten, die von einer strengen verschuldensunabhängigen Haftung ausgeht, wie auch die Veröffentlichung des Grünbuchs der EG-Kommission am 14. 3. 1993 und das später verabschiedete Weißbuch vom 9. 2. 2000[1] belegen. Stets standen dabei aber zivilrechtlich geprägte Haftungsaspekte im Vordergrund. So konzentriert sich gerade auch das zuletzt genannte Weißbuch auf die individuelle Haftung für kausal zurechenbare Schäden an der natürlichen Umwelt („Ökoschäden")[2], die bislang von den nationalen Haftungsregeln der Mitgliedstaaten nicht oder nur unzureichend erfasst sind.[3] Gehaftet werden sollte nur für solche Schäden, bei denen die Grundstrukturen eines zivilrechtlichen Haftungstatbestandes gegeben sind[4]: ein identifizierbarer Schädiger, ein qualifizierbarer Schaden und ein Kausalzusammenhang zwischen Handlung und Schaden.

Mit dem jetzt von der Kommission vorgelegten Richtlinienvorschlag über Umwelthaftung zur Vermeidung von Umweltschäden und zur Sanierung der Umwelt[5] erfüllt die Kommission zugleich die Aufgabe einer „Annahme der EU-Rechtsvorschriften über die verschuldensunabhängi-

---

1 Vgl. hierzu näher *Knopp*, Europäisches Wirtschafts- und Steuerrecht (EWS) 2002, Beilage 3/2002, 1 ff., 2 f.; *Rütz*, PHi 2002, 74 ff.; *Godt*, ZUR 2001, 188 ff., jew. m. w. N.; s. ferner Rat von Sachverständigen für Umweltfragen, Umweltgutachten 2002, S. 169 ff. („Auf dem Weg zu einer europäischen Umwelthaftung").
2 Vgl. nur *Godt*, ZUR 2001, 188 f.
3 Vgl. im Einzelnen auch *Hoffmeister*, Öffentlich-rechtlicher Ausgleich für Umweltschäden in Deutschland und in hoheitsfreien Räumen: Bestandsaufnahme, Rechtsvergleich und Vorschläge de lege ferenda, Hrsg.: Umweltbundesamt, Berlin 2002 (UBA-Berichte 9/02) m. w. N.
4 *Knopp*, EWS-Beilage 3/2002, 2; *Godt*, ZUR 2001, 189.
5 KOM (2002) 17 vorl. Fassung v. 23. 1. 2002; vgl. endg. Fassung im Anhang.

ge Umwelthaftung bis zum Jahr 2003".[6] Im Vorfeld der Erarbeitung des Richtlinienvorschlages spielte im Übrigen die Auseinandersetzung mit dem zur Sanierung umweltgefährlicher Deponien erlassenen amerikanischen COMPREHENSIVE ENVIRONMENTAL RESPONDS, COMPENSATION AND LIABILITY ACT (CERCLA) eine wichtige Rolle.[7]

II. Konzeption und wesentliche Inhalte

1. Öffentlich-rechtliche Haftungsstruktur

Im Unterschied zu den bisherigen Vorschlägen zu einer gemeinschaftlichen Umwelthaftung knüpft der Richtlinienvorschlag bei der Haftung für Schäden an der natürlichen Umwelt an eine öffentlich-rechtlich ausgelöste Sanierung an, sei es durch eine behördliche Anordnung oder sei es im Wege des Regresses durch die sanierende Behörde, also mittels Ersatzvornahme.[8] Ausschließlich die zuständige Behörde ist zur Vornahme von Maßnahmen bzw. zur Durchsetzung von Haftungsansprüchen nach dem Richtlinienvorschlag berechtigt und verpflichtet.

Zugleich knüpft der Richtlinienvorschlag an die Grundstrukturen eines zivilrechtlichen Haftungstatbestandes an, wenn es um die unterschiedliche Regelung verschuldensunabhängiger und verschuldensabhängiger Haftung für kausal zurechenbare Schäden an der natürlichen Umwelt geht.[9] Privaten Dritten, Betroffenen wie interessierten Personen stehen lediglich „Initiativrechte" zu, die aber ausschließlich gegenüber der zuständigen Behörde geltend zu machen sind; eigene Haftungsansprüche gegen den oder die Verursacher von Umweltschäden, wie aus dem nationalen Umwelthaftungsrecht bekannt, stehen ihnen dagegen nicht zu.

Ziel des Richtlinienvorschlages ist die Prävention, die Schadensvermeidung und die Orientierung hinsichtlich der Sanierung von Umweltschäden am Verursacherprinzip.[10] Schadensprävention ist aber von jeher eine Domäne des öffentlichen Rechts, was im Hinblick auf den Schutz

---

6 KOM (2001) 264 endg. v. 15. 5. 2001, 13.
7 *Hager*, JZ 2002, 901 ff., 901 m. Hinweis auf den Richtlinienvorschlag S. 10 ff.
8 Vgl. *Spindler/Härtel*, UPR 2002, 241 ff., 241; *Spindler*, in: Das neue europäische Umwelthaftungsrecht, Tagungsband zur Veranstaltung am 19. 4. 2002 in Hannover, S. 25 ff., 26.
9 Vgl. auch *Spindler/Härtel*, UPR 2002, 241, 241 f.; *Hager*, JZ 2002, 903 f., 906 f.
10 *Falke*, ZUR 2002, 237 f., 237; *Knopp*, EWS-Beilage 3/2002, 3; *Rütz*, PHi 2002, 77; zur Präventivwirkung des deutschen – zivilrechtlich geprägten – Umwelthaftungsrechts s. krit. *Lübbe-Wolff*, NVwZ 2001, 481 ff., 485 f.

des Bodens jüngst durch das deutsche Bundes-Bodenschutzgesetz (BBodSchG)[11] eindrucksvoll belegt wird.

2. Zum Begriff des „Umweltschadens"

In einem schwer durchschaubaren und lesbaren Definitionengeflecht von Haupt- und Unterdefinitionen steht im Zentrum des Richtlinienvorschlages der Begriff des „Umweltschadens", wonach von der Haftung drei Schadenskategorien erfasst werden sollen:

– Schäden an der sog. „biologischen Vielfalt"

Der Richtlinienvorschlag verweist in diesem Zusammenhang zur Konkretisierung auf die Anhänge der Vogelschutz-[12] und der FFH[13]-Richtlinie, wo insgesamt 181 Vogelarten aufgezählt und sich eine über 30-seitige Aufzählung von zu schützenden Lebensräumen und zu schützenden Tier- und Pflanzenarten befindet. Ferner werden vom Begriff der biologischen Vielfalt auch Lebensräume und Arten erfasst, die nicht unter den Geltungsbereich besagter Richtlinien fallen, für die aber die Mitgliedstaaten nach ihren einschlägigen Naturschutzvorschriften Schutz- oder Erhaltungsgebiete ausgewiesen haben. Das Problem liegt hier auf der Hand: So läuft es einerseits dem Ziel der notwendigen Harmonisierung von europäischem und nationalem Umweltrecht zuwider, wenn Gebiete, die ausschließlich in nationalen Naturschutzgesetzen als Schutzgebiete ausgewiesen werden, in den Geltungsbereich der Richtlinie miteinbezogen werden sollen. Andererseits sind je nach politischer Prioritätenliste erhebliche Differenzen zwischen den Mitgliedstaaten vorprogrammiert, da hinsichtlich der Kostenbelastung zwischen den Mitgliedstaaten Druck dahingehend erzeugt wird, Schutzgebiete nicht mehr freiwillig über das europäisch gebotene Maß hinaus auszuweisen.[14] Die Verweisungen im Text des Richtlinienvorschlages auf die angeführten Anhänge und nationalen Naturschutzvorschriften machen den konkreten Haftungstatbe-

---

11 BGBl. I, 502 (Gesetz zum Schutz vor schädlichen Bodenveränderungen und zur Sanierung von Altlasten v. 17. 3. 1998, am 1. 3. 1999 vollständig in Kraft getreten).

12 Richtlinie 79/409/EWG v. 2. 4. 1979 über die Erhaltung der wildlebenden Vogelarten, ABl. L 103 v. 25. 4. 1979, 1.

13 Flora-Fauna-Habitat-Richtlinie: Richtlinie 92/43/EWG v. 21. 5. 1992 zur Erhaltung der natürlichen Lebensräume sowie der wildlebenden Tiere und Pflanzen ABl. L 206 v. 22. 7. 1992, 7.

14 So zutreffend *Spindler/Härtel*, UPR 2002, 242.

stand zudem unübersichtlich und unflexibel, das Schutzgut „biologische Vielfalt" wird damit gleichsam definitorisch „zerrieben".[15]

– Schäden an Gewässern

Hier verweist der Richtlinienvorschlag zunächst definitorisch ebenfalls auf eine andere Richtlinie, nämlich die Wasserrahmen-Richtlinie.[16] Erfasst werden von der vorliegenden Haftung danach Schäden an stehenden und fließenden Oberflächengewässern einschließlich des Übergangs- und Küstengewässers sowie am Grundwasser.

– Schäden am Boden

Auch in diesem Fall fehlt im Richtlinienvorschlag eine klar umrissene Definition. Nach dem Text kann lediglich davon ausgegangen werden, dass Boden und Unterboden erfasst sein sollen. Im Unterschied zu den Schäden an der biologischen Vielfalt und an Gewässern verlangt der bodenbezogene Haftungstatbestand eine Bodenkontaminierung, die die menschliche Gesundheit gefährdet. Wieso dieselbe Restriktion nicht auch beim Schutz der Gewässer aufgeführt ist, ist unerklärlich und nicht nachvollziehbar.[17] Insoweit bleibt der Richtlinienvorschlag deutlich hinter deutschem Bodenschutzrecht zurück, als das BBodSchG den Boden generell unabhängig von dem Vorliegen von drohenden Gesundheitsgefahren und bestimmten umweltgefährlichen Tätigkeiten schützt.[18]

Die *Luft* als Schutzgut bleibt von dem Richtlinienvorschlag ausgenommen, weshalb – ungeachtet erheblicher Bewertungsschwierigkeiten bei Schäden an diesem Umweltmedium – von einer umfassend geregelten Umwelthaftung nicht gesprochen werden kann.

---

15 *Hager*, JZ 2002, 902.
16 Richtlinie 2000/60/EG des Europäischen Parlaments und des Rates v. 23. Oktober 2000 zur Schaffung eines Ordnungsrahmens für Maßnahmen der Gemeinschaft im Bereich der Wasserpolitik, ABl. L 327 v. 22. 12. 2000, 1.
17 Ebenso *Spindler/Härtel*, UPR 2002, 242.
18 Vgl. nur die Zweckbestimmung in § 1 BBodSchG; das BBodSchG will nicht nur eine Verstärkung des Schutzes der natürlichen Funktionen und der Archivfunktionen des Bodens, sondern auch Konflikte zwischen diesen Funktionen und den Nutzungsfunktionen zugunsten der natürlichen Funktionen und der Archivfunktionen lösen und dies unabhängig von einer Vorbedingung „drohende Gesundheitsgefahren", vgl. auch *Becker*, Bundes-Bodenschutzgesetz, Teil 3 Kommentar § 1 BBodSchG Rn. 6 (Loseblatt: Stand 9/2002).

3. Haftungstatbestand

a) Gefährdungs- bzw. verschuldensunabhängige und verschuldensabhängige Haftung

Trotz seiner öffentlich-rechtlich ausgerichteten Grundstruktur knüpft der Richtlinienvorschlag an Grundelemente zivilrechtlicher Haftung an. Gehaftet werden soll verschuldensunabhängig für Schäden am Boden, an Gewässern und an der biologischen Vielfalt, sofern diese Schäden durch die im Anhang I zur Richtlinie aufgeführten beruflichen Tätigkeiten entstanden sind, sowie für jede unmittelbare Gefahr solcher Schäden aufgrund dieser Tätigkeiten. Der im Anhang I abschließende Katalog betrifft im Wesentlichen das Betreiben von genehmigungsbedürftigen Anlagen im Sinne der IVU-Richtlinie[19] sowie „Tätigkeiten" wie etwa das Einsammeln von Abfällen oder das Freisetzen von gentechnisch veränderten Organismen. Jedenfalls handelt es sich nahezu ausschließlich um genehmigungsbedürftige Tätigkeiten, die zu einer Haftung des Anlagenbetreibers führen können.

Eine verschuldensabhängige Haftung sieht der Richtlinienvorschlag ausschließlich für Schäden an der biologischen Vielfalt vor, die durch berufliche Tätigkeiten außerhalb der im Anhang I aufgeführten Tätigkeiten entstanden sind, sowie für jede unmittelbare Gefahr solcher Schäden aufgrund dieser Tätigkeiten, wobei der Betreiber fahrlässig gehandelt haben muss, d. h. ihm muss die Gefährdung der biologischen Vielfalt erkennbar gewesen sein.

Der jeweilige Schaden kann durch ein aktives Handeln, aber auch durch ein Unterlassen verursacht werden, was aber nicht für die fahrlässige und damit schuldhafte Verursachung von Schäden an der biologischen Vielfalt, die nicht auf eine Tätigkeit nach Anhang I zurückzuführen sind, gilt.[20]

b) Mehrere Verursacher

Umweltschäden entstehen bekanntlich häufig erst durch das Zusammenwirken mehrerer Verursacher sowie verschiedener für sich allein genommen unschädlicher Stoffe und Ereignisse. Diesen Summationseffekten will der Richtlinienvorschlag dadurch Rechnung tragen, dass die Mit-

---

19 Richtlinie 96/61/EG des Rates v. 24. 9. 1996 über die integrierte Vermeidung und Verminderung der Umweltverschmutzung, ABl. L 257 v. 10. 10. 1996, 26.
20 Vgl. z. B. *Spindler/Härtel*, UPR 2002, 245.

gliedstaaten eine gesamtschuldnerische Haftung der betreffenden Betreiber festlegen können, wenn die zuständige Behörde „mit ausreichender Plausibilität und Wahrscheinlichkeit" – was immer das auch heißen mag – nachweisen kann, dass ein und derselbe Schaden durch mehrere Betreiber verursacht worden ist oder die zuständige Behörde eine „faire und vernünftige Aufteilung" der von den einzelnen Betreibern zu tragenden Kosten vornimmt.

Bei dieser unbestimmten, vagen Formulierung ist wohl jedenfalls nicht von einer mit an Sicherheit grenzenden Wahrscheinlichkeit, sondern von einem herabgesetzten Wahrscheinlichkeitsgrad auszugehen[21], was die praktische Handhabung aber nicht unbedingt erleichtert.

c) Schadenshöhe

Gehaftet wird zunächst nicht für Personen- und Sachschäden. Eine summenmäßige Begrenzung der Haftung bei Umweltschäden wie etwa im deutschen Umwelthaftungsgesetz[22] ist im Richtlinienvorschlag ebenfalls nicht vorgesehen.

Die ökonomische Bewertung von Umweltschäden ist dagegen bekanntlich schwierig. Der Richtlinienvorschlag geht daher im Hinblick auf die Schadensberechnung primär den Weg über die Wiederherstellungs- bzw. Sanierungskosten mit dem Ziel der natürlichen Wiederherstellung der geschädigten Umweltressource. Im Anhang II unter Ziff. 3 sind detaillierte Vorgaben zur Ausarbeitung des Sanierungsumfangs durch die zuständige Behörde enthalten. Die Wiederherstellung der geschädigten Umwelt soll nach den Vorstellungen des Richtlinienvorschlages grundsätzlich dadurch erreicht werden, dass geschädigte Lebensräume, Arten und damit verbundene natürliche Ressourcen, betroffene Funktionen oder Gewässer in ihren Ausgangszustand zurückversetzt und zwischenzeitliche Verluste kompensiert werden. Die Wiederherstellung kann auch so geschehen, dass die geschädigten Ressourcen und/oder Funktionen ersetzt oder dass gleichwertige natürliche Ressourcen und/oder

---

21 Ebenso *Spindler/Härtel*, UPR 2002, 245; zur „Wahrscheinlichkeitshaftung" im deutschen Umwelthaftungsrecht vgl. *Wiese*, ZRP 1998, 27 ff., 30 f.

22 Vgl. § 15 UHG, wonach die jeweilige Haftungshöchstgrenze für Tötung, Körper- und Gesundheitsverletzung einerseits sowie für Sachbeschädigung andererseits auf 160 Mio. DM festgelegt ist. Voraussetzung ist allerdings, dass alle Schäden aus einer „einheitlichen Umwelteinwirkung" stammen, z. B. eine bestimmte Explosion mit den daraus folgenden gleichartigen Schäden oder die Emission bestimmter Stoffe in einem abgrenzbaren Zeitraum, vgl. *Knopp*, Betriebliche Umwelthaftung, 1995, S. 12.

Funktionen an der ursprünglichen Schadensstelle oder einem anderen Ort geschaffen werden.

Im Falle irreparabler Umweltschäden soll die zuständige Behörde aber die Möglichkeit zur monetären Schadensbewertung haben. Insoweit wird der Behörde im Richtlinienvorschlag eine Einschätzungsbefugnis eingeräumt, wenn eine „Naturalrestitution" nicht in Betracht kommt. Der Richtlinienvorschlag lässt in diesem Zusammenhang allerdings offen, welche Bewertungsmethode, also welches Verfahren und welcher Entscheidungsträger im Einzelnen in Betracht kommen.[23] Damit eröffnet dieser Problemkreis in der Praxis eine Fülle von Streitigkeiten, die durch eine „konkrete" Normung verhindert oder zumindest reduziert werden könnte. Rechtssicherheit erzeugt diese Regelung jedenfalls nicht.

Auch bei der Frage der Bewertung des Ausgangszustands einer geschädigten Umweltressource, der wiederhergestellt werden soll, gibt der Richtlinienvorschlag keine Hinweise. Problematisch ist dies insbesondere bei Schäden an der biologischen Vielfalt. Die Wiederherstellung des ursprünglichen Zustands setzt hier voraus, dass z. B. nicht nur die konkrete Artenvielfalt in einem geschützten Gebiet, sondern auch deren Zustand vor Schädigung genau erfasst worden ist, um dann zum einen überhaupt eine Schädigung feststellen zu können, zum anderen entscheiden zu können, was und wie viel genau getan werden muss, um den Schaden zu beseitigen, sprich den ursprünglich festgestellten Zustand wiederherzustellen.[24]

d) Ausgleichsmaßnahmen

Der Richtlinienvorschlag erfasst auch sog. Interimsschäden, wenn er im Anhang II Ziff. 2.4 festlegt: „Damit das Ziel dieser Richtlinie erreicht wird, ist auch eine Wiederherstellung im Sinne einer Kompensierung zwischenzeitlicher Verluste zum Zeitpunkt des Schadenseintritts, bis der Ausgangszustand wiederhergestellt ist, erforderlich". Zu solchen „Ausfällen" zählen z. B. auch Gewinnverluste der Freizeitindustrie, wenn ein Erholungsgebiet aufgrund eines Umweltschadens nicht mehr in dem ursprünglichen Zustand nutzbar ist. Der Ersatz solcher „mittelbarer" Schäden wird nach deutschem Deliktsrecht, § 823 Abs. 1 BGB, im Übrigen durch das Merkmal des unmittelbaren betriebsbezogenen Eingriffs aus-

---

23 *Spindler/Härtel*, UPR 2002, 244; zu verschiedenen denkbaren Bewertungsmethoden vgl. *Hager*, JZ 2002, 909 f. m. w. N.
24 Vgl. auch *Spindler/Härtel*, UPR 2002, 244.

geklammert.[25] Diese Schäden, die leicht ins Uferlose führen können, schließt der Richtlinienvorschlag aber gerade wiederum aus, wenn er unter Art. 3 Nr. 8 festlegt, dass der Privatsektor kein Recht auf den Ausgleich wirtschaftlicher Verluste hat, die ihm aufgrund eines Umweltschadens oder der unmittelbaren Gefahr eines solchen Schadens entstanden sind. Letztlich fallen unter die auszugleichenden Interimsschäden wohl nur immaterielle Einbußen als Einbußen an „Lebensqualität", wodurch eine Umkehrung schadensrechtlicher Grundsätze stattfindet, die eher dem immateriellen Schaden eine Anerkennung versagen als umgekehrt.[26]

4. Anspruchsteller „Behörde"

a) Gefahrenabwehr und Gefahrenbeseitigung

Entsprechend der öffentlich-rechtlichen Struktur der Umwelthaftung im Richtlinienvorschlag ist allein die öffentliche Hand zur Geltendmachung und Durchsetzung der Haftungsansprüche berechtigt und verpflichtet. So hat bei Bestehen einer unmittelbaren Gefahr von Umweltschäden die zuständige Behörde den Betreiber aufzufordern, die erforderlichen Vorsorgemaßnahmen einzuleiten, oder sie soll selbst solche Maßnahmen ergreifen (Gefahrenabwehr). Sind Umweltschäden bereits eingetreten, hat die zuständige Behörde den Betreiber aufzufordern, die erforderlichen Sanierungsmaßnahmen einzuleiten oder sie ergreift selbst solche Maßnahmen (Gefahrenbeseitigung).

Insoweit beinhaltet der Richtlinienvorschlag aus deutscher Rechtssicht auch nichts Neues, gesetzliche Ermächtigungsgrundlagen zur Ergreifung von Gefahrenvorsorge- und Gefahrenabwehrmaßnahmen zum Schutz des Bodens und der Gewässer sind hinlänglich aus dem allgemeinen Polizei- und Ordnungsrecht, dem BImSchG und BBodSchG sowie den Landeswassergesetzen bekannt. Lediglich hinsichtlich der Schäden an der biologischen Vielfalt fehlt es im deutschen Umweltverwaltungsrecht an einer gesetzlichen Ermächtigungsgrundlage für behördliches Einschreiten im beschriebenen Sinne.[27]

---

25 Vgl. BGHZ 86, 152 (ständ. Rspr.).

26 So auch *Spindler/Härtel*, UPR 2002, 244.

27 Die Landesnaturschutzgesetze sehen zwar die Möglichkeit vor, dass bei ungenehmigten Eingriffen in Natur und Landschaft die zuständige Behörde den Verantwortlichen verpflichten kann, den alten Zustand wiederherzustellen, wobei die Rechtsgrundlage für ein naturschutzbehördliches Wiederherstellungsgebot sich auf – rechtswidrige –

Problematischer ist vielmehr, dass der Richtlinienvorschlag der Behörde kein dahingehendes Ermessen einräumt, *ob* sie im Einzelfall eingreift oder nicht (Entschließungsermessen). Insoweit geht der Richtlinienvorschlag wiederum weit über deutsches Umweltrecht hinaus, wonach der zuständigen Behörde bei eingriffsrelevanten Lebenssachverhalten in der Regel ein Entschließungsermessen eingeräumt ist, von dem Fall einer sog. „Ermessensreduktion auf Null" einmal abgesehen. Dagegen räumt der Richtlinienvorschlag der zuständigen Behörde zumindest ein Auswahlermessen hinsichtlich Art und Umfang der einzuleitenden Maßnahmen ein, und zwar bei Beachtung des Verhältnismäßigkeitsgrundsatzes, wenn der Richtlinienvorschlag von den „erforderlichen" Vorsorge- und Sanierungsmaßnahmen spricht.

Eine etwas wenig geneigte „buchstabengetreue" Interpretation des Richtlinienvorschlages an dieser Stelle könnte allerdings den Schluss zulassen, dass der Richtlinienvorschlag sich lediglich auf das Prinzip der „Erforderlichkeit" und nicht auf den Verhältnismäßigkeitsgrundsatz i. w. S. insgesamt mit seinen weiteren Komponenten der Geeignetheit und Angemessenheit bezieht.

Der im Richtlinienvorschlag verankerte „Zwang" zu behördlichem Eingreifen bei Umweltschäden gegen den Betreiber mag auf den ersten Blick unter Effizienzgesichtspunkten verlockend wirken, auf den zweiten Blick wird diese Betrachtungsweise gerade beim insolventen Betreiber aber zum Bumerang[28], wie in der Folge noch zu zeigen sein wird.

b) Staatliche Eintrittspflicht („Ausfallhaftung")

Der Richtlinienvorschlag sieht in folgenden Fällen eine dahingehende staatliche Eintrittspflicht vor, wonach der Staat die erforderlichen Vorsorge- und Sanierungsmaßnahmen ergreifen und die Kosten dafür tragen muss:

(1) der Betreiber kann nicht festgestellt werden;

(2) der Betreiber kann zwar festgestellt werden, aber er ist unvermögend, d. h. finanziell nicht in der Lage, entweder überhaupt erforderliche Vorsorge- oder Sanierungsmaßnahmen oder alle erforderlichen Vorsorge- oder Sanierungsmaßnahmen zu ergreifen;

Eingriffe im Sinne des Naturschutzrechts beschränkt, vgl. hierzu *Spindler/Härtel*, UPR 2002, 243 mit Gesetzesnachweisen.

28 Ebenso *Spindler/Härtel*, UPR 2002, 243.

(3) der Betreiber ist nach der Richtlinie nicht zur Kostentragung bei Vorsorge- oder Sanierungsmaßnahmen verpflichtet.

Der zuletzt genannte Fall betrifft vor allem die Haftung für Schäden an der biologischen Vielfalt, wonach der Betreiber nicht haftet, wenn er diese Schäden durch eine außerhalb von im Anhang I des Richtlinienvorschlages aufgeführte Tätigkeit verursacht hat und ihn auch kein Verschulden trifft. Soweit bei dem Problem der unbedingten staatlichen Eintrittspflicht nach dem Richtlinienvorschlag die Einrichtung von Finanzierungsfonds unter Hinweis auf den deutschen Klärschlamm-Entschädigungsfond und andere Fonds im Ausland diskutiert wird[29], darf nicht verkannt werden, dass besagte Regelung in der Konsequenz durchaus kein Novum ist. Im deutschen Umweltrecht wird das Eintreten dieser Situationen – Verursacher oder ein sonstiger Verantwortlicher nicht mehr ermittelbar oder insolvent – unter dem Gesichtspunkt der Anwendung des sog. Gemeinlastprinzips behandelt, wie vor In-Kraft-Treten des BBodSchG deutlich die Altlastenproblematik gezeigt hat. Zwar ist mit vollständigem In-Kraft-Treten des BBodSchG im März 1999[30] der Katalog potenzieller Sanierungsverantwortlicher in teilweise nicht unproblematischer Weise vom deutschen Gesetzgeber erweitert[31] und damit das Risiko staatlicher Eintrittspflicht für Vorsorge und Sanierung erheblich verringert worden, es sind aber dennoch Situationen denkbar, wo die öffentliche Hand aufgrund mangelnder Heranziehungsmöglichkeit eines Verantwortlichen selbst für solche Maßnahmen kostenpflichtig eintreten muss. Das BBodSchG enthält hierzu im Übrigen keine ausdrückliche Regelung. Die Einrichtung von Altlastenfonds[32] hat sich in Deutschland

---

29 Vgl. z.B. *Spindler/Härtel*, UPR 2002, 248; *Härtel*, Düngung im Agrar- und Umweltrecht, EG-Recht, deutsches, niederländisches und flämisches Recht, 2002, S. 85 f., 145 ff. (zum Klärschlamm-Entschädigungsfonds); zur Einrichtung von Entschädigungsfonds zum Ausgleich von Umweltschäden s. *Hohloch*, Informationsdienst Umweltrecht (IUR) 2/92, 73 ff. m. w. N.; zu Erfahrungen mit dem US-amerikanischen Superfund s. *Bachmann, Claus* und *Weingram*, ZAU 1990, 182 ff.

30 S. o. Fn. 11.

31 Vgl. hierzu im Einzelnen z. B. *Knopp/Löhr*, Bundes-Bodenschutzgesetz in der betrieblichen und steuerlichen Praxis, 2000, Rnrn. 51 ff. m. w. N.; zur Begrenzung der Zustandsverantwortlichkeit beim Grundstückseigentümer nach dem Beschluss des BVerfG v. 16. 2. 2000 (DÖV 2000, 867) vgl. etwa *Knopp*, DÖV 2001, 441 ff., 448 ff. m. w. N.

32 Vgl. z. B. *Knopp/Albrecht*, Altlastenrecht in der Praxis, 2. Aufl. 1998, Rnrn. 145 ff. m. w. N.; zu entsprechenden Finanzierungsansätzen in den Ländern s. ausführlich *Brandt*, Altlastenrecht, 1993, S. 229 ff. m. w. N.; *Albrecht*, in: Knopp/Löhr (Fn. 31), Rnrn. 253 ff. m. w. N.; der in den Beratungen zum BBodSchG diskutierte Bodenschutzfonds konnte sich im Übrigen letztlich nicht durchsetzen, vgl. BT-Dr. 13/8182, S. 9, so

dabei nur bedingt bewährt, häufig war vielmehr in der Praxis die Situation anzutreffen, dass im Falle einer nicht möglichen Heranziehung eines oder mehrerer potenzieller Verantwortlicher zu behördlichen Altlastensanierungsmaßnahmen aus einer „akuten Gefahr", die von der Behörde als Heranziehungsvoraussetzung bei einer Betrachtungsweise „ex ante" angenommen wurde, im Laufe der Zeit eine „latente Gefahr" mit bloßer Beobachtung des Schadensverlaufs wurde, da die staatlichen Mittel zur Sanierung fehlten.

Dennoch erscheint die Einrichtung entsprechender Finanzierungsfonds hinsichtlich der im Richtlinienvorschlag vorgesehenen staatlichen Ausfallhaftung derzeit die einzige Möglichkeit, um das diesbezügliche Haftungspotenzial der sowieso mittelschwachen öffentlichen Hand einigermaßen „abzufedern", vorausgesetzt, dass sich potenzielle Schadensverursacher an derartigen Fondslösungen finanziell beteiligen. Diese Systeme dürfen aber keinesfalls die Haftpflicht des Betreibers berühren, falls dieser ermittelt wird und im Falle der Insolvenz zu einem späteren Zeitpunkt doch wieder über Mittel verfügen sollte.[33]

5. Deckungsvorsorge

Nach dem Richtlinienvorschlag „fördern" die Mitgliedstaaten den Abschluss von Versicherungen oder sonstigen Formen der Deckungsvorsorge durch die Betreiber. Eine obligatorische Vorsorge ist dagegen (noch) nicht vorgesehen, im Rahmen der Umsetzung der endgültigen Richtlinie aber seitens der Mitgliedstaaten durchaus zu erwarten, nicht zuletzt vor dem Hintergrund des Problems einer „staatlichen Ausfallhaftung". Problematisch ist die Versicherbarkeit der vorliegend denkbaren Umweltschäden schon aufgrund der im Richtlinienvorschlag offengelassenen Bewertungsmaßstäbe und Verfahren zur Ermittlung des Umfangs der Haftung, wodurch eine Risiko- und damit Prämienkalkulation erheblich erschwert wird. Auch das Fehlen von Haftungshöchstgrenzen im Richtlinienvorschlag ist einer Kalkulation der Risiken und damit deren „sachgerechten" Versicherbarkeit nicht unbedingt zuträglich.[34]

---

dass das Problem staatlicher Eintrittspflicht beim Ausfall der in § 4 Abs. 3, 6 BBodSchG aufgeführten Sanierungsverantwortlichen hier nach wie vor gesetzlich nicht gelöst ist.

33 Vgl. auch *Spindler/Härtel*, UPR 2002, 247.

34 Vgl. hierzu ebenfalls krit. etwa *Schavoir-Ysselstein*, Versicherungswirtschaft Heft 15/2002, 1195 f.; zur Problematik s. ausführlich *Rütz*, EWS-Beilage 3/2002, 13 ff. m. w. N.; zur geltenden Umwelthaftpflicht-Police als Antwort der Versicherer auf das deutsche

Ich möchte an dieser Stelle aber Frau *Dr. Sasserath* vom GDV nicht vorgreifen, die sich besagter Thematik heute noch besonders intensiv widmen wird.

6. Entlastungstatbestände

Eingetretene oder drohende Umweltschäden sollen grundsätzlich nicht unter die Richtlinie fallen, wenn sie auf folgende Umstände zurückzuführen sind: bewaffnete Konflikte, Feindseligkeiten, Bürgerkrieg oder Aufstände; ein außergewöhnliches unvermeidbares und nicht beeinflussbares Naturereignis; Emissionen oder Ereignisse, die in geltenden Rechtsvorschriften oder der dem Betreiber ausgestellten Zulassung oder Genehmigung ausdrücklich erlaubt sind; Emissionen oder Tätigkeiten, die nach dem Stand der wissenschaftlichen oder technischen Erkenntnisse zum Zeitpunkt, an dem die Emissionen freigesetzt oder die Tätigkeit ausgeübt wurde, nicht als schädlich angesehen wurden (Entwicklungsrisiko). Letztere beide Umstände hindern die Anwendbarkeit der Richtlinie allerdings nur, soweit der Betreiber „fahrlässig" gehandelt hat.

Besonderer Betrachtung bedarf bei Anwendung dieser Entlastungsgründe der Tatbestand der erlaubten Verursachung von Umweltschäden, sei es aufgrund von geltenden Rechtsvorschriften oder aufgrund von ausdrücklichen Genehmigungen und Erlaubnissen (Legalisierungswirkung von Genehmigungen!). Privilegiert wird hier der sog. rechtmäßige Normalbetrieb, was in der Literatur u.a. mit dem Argument – nicht ganz ohne Berechtigung – kritisiert wird, dass im Falle der Freistellung des Schädigers bei Nachweis des rechtmäßigen Normalbetriebes in der EU ein unterschiedliches Schutzniveau, je nach Ausgestaltung des öffentlichen Umweltrechts, entstünde.[35]

Der Richtlinienvorschlag bleibt insoweit hinter deutschem Umweltrecht zurück, wo die Diskussion um die Legalisierungswirkung von behördlichen Genehmigungen zu der Regelung in § 5 Abs. 3 BImSchG geführt hat, der klarstellt, dass der Anlagenbetreiber nach Betriebsstilllegung die Grundpflichten des Gesetzes im Hinblick auf z.B. Bodenverunreinigungen gerade auch dann zu beachten hat, wenn der Anlagenbetrieb „recht-

---

UHG vgl. eingehend z.B. *Schimikowski*, Umwelthaftungsrecht und Umwelthaftpflichtversicherung, 6. Aufl. 2002, S. 216 ff. m.w.N.
35 Vgl. nur *Hager*, JZ 2002, 905.

mäßig" war, d. h. der Anlagenbetreiber über eine wirksame Genehmigung innerhalb des Zeitraums des Anlagenbetriebs verfügt hat.[36]

Dass der Anlagenbetreiber auch vom Entwicklungsrisiko entlastet werden soll mit der Folge der Unanwendbarkeit der Vorschriften der Richtlinie, erscheint akzeptabel, da eine Haftung hierfür auf die rückwirkende Zurechnung neuen und aktuellen Wissens hinausliefe.[37] Das deutsche Umwelthaftungsrecht kennt dagegen den Entlastungsgrund des Entwicklungsrisikos nicht.[38]

7. Antrags- und Klagebefugnis

Unabhängig von einem behördlichen Tätigwerden haben nach dem Richtlinienvorschlag Personen, denen durch Umweltschäden nachteilige Auswirkungen entstehen, sowie „qualifizierte Rechtspersonen"[39] das Recht, der zuständigen Behörde alle ihnen bekannten Beobachtungen von Umweltschäden mitzuteilen und von der zuständigen Behörde zu verlangen, Maßnahmen im Rahmen der Richtlinie zu ergreifen. Jede Person oder qualifizierte Rechtsperson, die im Rahmen der Richtlinie eine Forderung von Maßnahmen erhoben hat, kann ein Gericht oder eine andere durch Gesetz geschaffene unabhängige oder unparteiliche Stelle anrufen, um Entscheidungen, Maßnahmen oder Unterlassungen der zuständigen Behörde im Hinblick auf Verfahrensfragen und inhaltliche Zulässigkeit überprüfen zu lassen.

Soweit der Richtlinienvorschlag eine Art Verbandsklagerecht durch die Aufnahme des Begriffs der „qualifizierten Rechtsperson" einführt, bleibt es den Mitgliedstaaten überlassen, wen sie letztlich als qualifizierte Rechtsperson anerkennen, der Richtlinienvorschlag macht keine de-

---

36 *Spindler/Härtel*, UPR 2002, 247; zu den „Nachsorgepflichten" in § 5 Abs. 3 BImSchG vgl. eingehend *Jarass*, BImSchG, 5. Aufl. 2002, § 5 Rnrn. 105 ff. m. w. N.

37 So auch *Hager*, JZ 2002, 906.

38 Der Haftungstatbestand der Anlagengefährdungshaftung nach §§ 1, 2 UHG bezieht vielmehr das sog. Entwicklungsrisiko mit ein, wonach auch ein an sich tolerierbares Restrisiko bei genehmigten Anlagen erstmals einer zivilrechtlichen Haftung unterstellt ist, vgl. auch *Knopp*, Betriebliche Umwelthaftung, S. 9; zu Fragen des Entwicklungsrisikos im Rahmen der Umwelthaftung und Umwelthaftpflichtversicherung s. *Schieber*, VersR 1999, 816 ff. m. w. N.

39 „Qualifizierte Rechtspersonen" sind Personen, die gemäß in einzelstaatlichen Rechtsvorschriften festgelegten Kriterien ein Interesse daran haben, dass Umweltschäden saniert werden, einschließlich Gremien und Einrichtungen, deren Ziel laut ihren Gründungsartikeln im Schutz der Umwelt besteht und die etwaige in einzelstaatlichen Rechtsvorschriften festgelegte Kriterien erfüllen.

taillierten Vorgaben. In Betracht kommen nach der entsprechenden Definition vor allem Umweltverbände. Aufgrund der relativ offenen Regelung im Richtlinienvorschlag liegt ein erhebliches Potenzial zur Ungleichbehandlung in den Mitgliedstaaten durch eine unterschiedliche Praxis, wer tatsächlich als qualifizierte Rechtsperson anzuerkennen ist, auf der Hand.[40]

8. Zeitlicher Geltungsbereich

Unter Beachtung des Rückwirkungsverbots soll die Richtlinie nicht für Schäden gelten, die durch Tätigkeiten verursacht worden sind, die vor dem für deren Umsetzung maßgeblichen Datum ausgeübt wurden. Insoweit tritt die Haftung nur für zukünftige Ökoschäden, damit für Neulasten, nicht aber für Altlasten ein. Die zuständige Behörde muss dabei mit ausreichender Plausibilität und Wahrscheinlichkeit belegen können, dass es sich bei den Umweltschäden um eine „neue" Last handelt, was auch den sachlichen Anwendungsbereich der Richtlinie erheblich einschränken dürfte, da viele Umweltschäden gerade aus dem Bereich der „Altlasten" resultieren.[41]

9. Grenzüberschreitende Schadensverursachung

Umweltschäden machen bekanntlich nicht vor Grenzen halt. Für eine europäische Richtlinie, deren Zielsetzung angeblich eine einheitliche Regelung der gemeinschaftlichen Umwelthaftung ist, ist es daher erstaunlich, wie lapidar die Frage grenzüberschreitender Schadensverursachung geregelt werden soll.[42] Art. 17 des Richtlinienvorschlages bestimmt lediglich: Sind von einem Umweltschaden mehrere Mitgliedstaaten betroffen oder wahrscheinlich betroffen, arbeiten diese Mitgliedstaaten zusammen, um angemessene und wirksame Sanierungs- bzw. Vorsorgemaßnahmen zu gewährleisten. Eine ganze Reihe von Fragen bleibt in diesem Zusammenhang unbeantwortet. Wie erfolgt z.B. die Kostenerstattung bei einem Umweltschaden, der von einem ausländischen Betreiber auf dem Gebiet der Bundesrepublik verursacht worden ist und den die zuständige deutsche Behörde im Wege der Ersatzvornahme beseitigen muss? Eine Vollstreckung wegen öffentlich-rechtlicher Erstattungs-

---

40 So z.B. *Spindler/Härtel*, UPR 2002, 248.
41 Worauf etwa auch *Spindler/Härtel*, UPR 2002, 243 zutreffend hinweisen.
42 S. hierzu ebenfalls krit. *Spindler/Härtel*, UPR 2002, 248 f.

ansprüche gegen den Verursacher kommt aufgrund der einschlägigen Vollstreckungsabkommen der Mitgliedstaaten bislang nicht in Betracht[43], weshalb an die Ausgestaltung des Kostenerstattungsanspruchs im vorliegenden Fall als privatrechtlicher Anspruch gedacht werden könnte.[44] Auch bei diesem Problemkomplex steht den Mitgliedstaaten im Falle der Verabschiedung der Richtlinie im Rahmen ihrer Umsetzungspflicht noch viel Detailarbeit bevor. Hier hätte der Richtlinienvorschlag unbedingt Lösungen aufzeigen müssen.

10. Nationale Regelungen

Durch die Richtlinie sollen die Mitgliedstaaten nicht darin gehindert sein, strengere Vorschriften für die Vermeidung und Sanierung von Umweltschäden beizubehalten oder zu erlassen, zusätzliche Tätigkeiten festzulegen, die hinsichtlich der Vermeidung und Sanierung von Umweltschäden den Anforderungen unterliegen, zusätzlich haftbare Parteien zu bestimmen und den Verantwortlichen die Kosten aufzuerlegen bzw. unter ihnen aufzuteilen.

D. h. soweit deutsches Umweltrecht strengere und schärfere Regelungen als die Richtlinie beinhaltet, gelten diese grundsätzlich fort. Dies betrifft vor allem z. B. die Regelungen in §§ 4 Abs. 3, 6 BBodSchG zu einem über die Verursacherverantwortung weit hinausgehenden Katalog von Sanierungsverantwortlichen.[45] Während der Richtlinienvorschlag lediglich auf die Verursacherhaftung abstellt, haften nach besagter Vorschrift im BBodSchG für Sanierungsmaßnahmen neben dem Verursacher dessen Rechtsnachfolger, der aktuelle sowie ehemalige Grundstückseigentümer und derjenige, der aufgrund handels- oder gesellschaftsrechtlicher Einstandspflicht verantwortlich ist und schließlich der Derelinquent. Ebenso gilt das im Unterschied zum Richtlinienvorschlag strengere Re-

---

43 Nach dem europäischen Übereinkommen über die gerichtliche Zuständigkeit und die Vollstreckung gerichtlicher Entscheidungen in Zivil- und Handelssachen (EuGVÜ) v. 1968 und anderer bilateraler Vollstreckungsabkommen sind nur zivilrechtliche Entscheidungen vollstreckungsfähig, nicht dagegen öffentlich-rechtliche Ansprüche, vgl. z. B. *Kropholler*, Europäisches Zivilprozessrecht, 7. Aufl. 2002, Art. 1 Rnrn. 1 ff.

44 Diese Möglichkeit ziehen auch *Spindler/Härtel*, UPR 2002, 249 (m. w. N. unter Fn. 75) in Betracht, weisen aber zugleich mit Blick auf die EuGH-Rechtsprechung und die Souveränität der nationalen Rechtsordnungen darauf hin, dass damit keineswegs die Hindernisse bei einer grenzüberschreitenden Vollstreckung so ohne weiteres beseitigt würden.

45 S. o. Fn. 31.

gime des § 5 Abs. 3 BImSchG zur Nachhaftung des Anlagenbetreibers
weiter.

III. Implementierung

Im Falle der Verabschiedung des Richtlinienvorschlages ist bei der Umsetzung in nationales Recht zu beachten, dass die Konzeption der neuen
europäischen Umwelthaftung öffentlich-rechtlicher Natur ist, d.h. ein
deutsches Regelwerk wäre Teil bzw. Ergänzung des deutschen Umweltverwaltungsrechts. Bei seiner Bezeichnung kann auch nicht von einem
bloßen „Umwelthaftungsgesetz" gesprochen werden, da dieser Begriff
schon Überschrift des Gesetzes ist, welches das am 1. 1. 1991 in Kraft
getretene zentrale zivilrechtliche Haftungssystem bei Schäden, die über
den Umweltpfad entstanden sind, beinhaltet.[46]

Soweit bei In-Kraft-Treten der Richtlinie deutsches Umweltrecht strengere Vorschriften enthält (z.B. BBodSchG), gelten diese fort. Danach
beinhaltet vor allem das BBodSchG einen weitergehenden Schutz des
Bodens, als der gegenwärtige Richtlinienvorschlag es vorsieht. Ein deutsches Gesetz zur Umsetzung der Richtlinie müsste sich deshalb vielmehr
zentral mit der Behandlung der Schäden an der biologischen Vielfalt beschäftigen, darüber hinaus die Wiederherstellung des status quo bei
Schäden am Boden und Gewässer regeln, da die einschlägigen Regelungen im Bodenschutzrecht, erst recht im Wasserrecht, unter „Sanierung"
keine Wiederherstellung des ursprünglichen Zustandes der geschädigten
Umweltressource („Rekultivierung") verstehen.[47]

Darüber hinaus werden die Mitgliedstaaten an die Einführung einer obligatorischen Deckungsvorsorge denken müssen, nicht zuletzt vor dem
Hintergrund der im Richtlinienvorschlag vorgesehenen staatlichen Ausfallhaftung. In diesem Zusammenhang möchte ich es aber nicht versäu-
men, auf das „zivilrechtliche Pendant", das UmweltHG, hinzuweisen,

---

46 Umwelthaftungsgesetz v. 10. 12. 1990, BGBl. I, S. 2634.
47 So definiert z.B. § 2 Abs. 7 BBodSchG den Begriff der Sanierung als Maßnahmen
   1. zur Beseitigung oder Verminderung der Schadstoffe (Dekontaminationsmaßnah-
      men),
   2. die eine Ausbreitung der Schadstoffe langfristig verhindern oder vermindern, ohne
      die Schadstoffe zu beseitigen (Sicherungsmaßnahmen),
   3. zur Beseitigung oder Verminderung schädlicher Veränderungen der physikalischen,
      chemischen oder biologischen Beschaffenheit des Bodens.

wo der deutsche Gesetzgeber seit dessen In-Kraft-Treten am 1. 1. 1991 eine Deckungsvorsorgeverordnung hätte erlassen können, davon aber bis heute abgesehen hat und die in § 21 Abs. 1 Nr. 1 UmweltHG enthaltene Strafbewehrung bei unterlassener Deckungsvorsorge oder nicht ausreichender Deckungsvorsorge i. S. d. § 19 UmweltHG – damals ein absolutes gesetzestechnisches Novum! – dementsprechend ins Leere läuft. Notwendige Fragen des Versicherungsschutzes wurden zwischenzeitlich hier auch ohne das gesetzliche Damoklesschwert des strafbewehrten Versicherungszwangs adäquaten Antworten und Lösungen zugeführt.[48] Allein schon die „Haftungsszenarien" in einem deutschen Gesetz zur Umsetzung der europäischen Umwelthaftungsrichtlinie dürften die potenziellen Haftungsadressaten, in der Regel die Betreiber von genehmigungsbedürftigen Anlagen, dazu zwingen, ihren bestehenden Versicherungsschutz zu überprüfen und zu ergänzen, vorausgesetzt natürlich, dass die Versicherungswirtschaft bis dahin einen risikobezogenen Versicherungsrahmen bereitstellen kann.

IV. Schlussbetrachtung

Der gegenwärtig noch gültige Richtlinienvorschlag leidet, wie gezeigt, an einer Reihe von handwerklichen Mängeln und Ungereimtheiten[49], die nach den zwischenzeitlich vorliegenden zahlreichen Änderungsanträgen aus den Mitgliedstaaten vor seiner bevorstehenden Verabschiedung beseitigt werden müssen. In der jetzigen Fassung wäre er jedenfalls nicht geeignet, zur vielbeschworenen und dringend notwendigen Harmonisierung der europäischen und nationalen Rechtsentwicklung beizutragen. Als Teil des Mechanismus fortschreitender und unaufhaltsamer „Europäisierung" des Rechts der Mitgliedstaaten, hier speziell des Umweltrechts[50], wird sich auch erneut die Bundesrepublik nach Verabschiedung der europäischen Umwelthaftungsrichtlinie mit teilweise schwierigen Umsetzungs- und Implementierungsfragen zu beschäftigen haben, ein

---

48 Wie vor allem durch die seitens der Versicherer entwickelte Umwelthaftpflichtpolice, ergänzt durch zwischenzeitliche Bodenkaskodeckungen nach Inkrafttreten des BBodSchG, vgl. hierzu *Schimikowski* (Fn. 34) m. w. N.; zur Bodenkaskoversicherung s. auch *Knopp/Löhr* (Fn. 31), Rdnrn. 620 ff. m. w. N.

49 Vgl. auch *Knopp*, EWS-Beilage 3/2002, 5 f. mit weiteren Beispielen.

50 Vgl. hierzu nur beispielhaft *Breuer*, Entwicklungen des europäischen Umweltrechts – Ziele, Wege und Irrwege, 1993; *Erbguth* (Hrsg.), Europäisierung des nationalen Umweltrechts: Stand und Perspektiven, Rostocker Schriften zum Seerecht und Umweltrecht, Bd. 15, 1. Aufl. 2001; *Kloepfer*, NVwZ 2002, 645 ff., jew. m. w. N.

Lothar Knopp

Umstand, auf den der europäische Gesetzgeber, aber auch der EuGH, und dies zeigt die Entwicklung der letzten Jahre immer deutlicher, nicht unbedingt Rücksicht zu nehmen pflegt.[51]

---

51 Zu dieser Entwicklung gerade unter Berücksichtigung der EuGH-Rechtsprechung (sehr) krit. etwa *Breuer* (Fn. 50); zu den Problemen aus deutscher Sicht ausführlich auch *Kloepfer*, NVwZ 2002, 647 f.

Diskussion im Anschluss an den Beitrag von Prof. Dr. Lothar Knopp

Neues Europäisches Umwelthaftungsrecht:
die Umwelthaftungsrichtlinie

Dipl.-Ing. J. Vogel – Vogel, Brasch & Partner – Beratende Ingenieure, Hannover

Der Umweltschaden am Boden, der auch in diesem Richtlinienvorschlag erwähnt wird, kollidiert in der Praxis häufig mit dem zivilrechtlichen Schaden, denn der Boden steht ja überwiegend im Eigentum einer oder mehrerer Personen. Wo sehen Sie da den Spielraum für die Richtlinie, da es hier gerade am Bezug zur Gefährdung der menschlichen Gesundheit fehlt?

L. Knopp

Der Richtlinienvorschlag stellt in der gegenwärtigen Fassung, wenn es um Schäden am Boden geht, auf den Begriff der Gesundheitsgefährdung ab. Das deutsche Bundes-Bodenschutzgesetz als Teil des Umweltverwaltungsrechts stellt auf diesen Begriff beim Schutz des Bodens gerade nicht ab, sondern hier wird der Boden generell und unabhängig von einer Gesundheitsgefährdung geschützt. Der zivilrechtliche Tatbestand vor allem im Umwelthaftungsgesetz, der im Einzelfall auch verwirklicht werden kann, hat im Unterschied zum vorliegenden Richtlinienvorschlag als Rechtsfolge Schadenersatzleistungen, wobei auch die Anspruchsteller nach Zivilrecht und Richtlinienvorschlag jeweils andere sind. Nach dem nationalen deutschen Umweltverwaltungsrecht, hier dem Bodenschutzrecht, ist Anspruchsteller die zuständige Verwaltungsbehörde, die unabhängig vom Vorliegen einer Gesundheitsgefährdung tätig wird. Insoweit geht deutsches Recht weiter bzw. es gilt als strengeres Recht neben der EU-Umwelthaftungsrichtlinie fort mit der Folge, dass die Verwaltungsbehörde, wie bislang auch, bei Schäden am Boden Untersuchungs- und Sanierungsmaßnahmen, unabhängig von einer Gefährdung der menschlichen Gesundheit, fordern kann. Der EU-Gesetzgeber muss also im Hinblick auf die Endfassung der Richtlinie überlegen, ob er bei Schädigung des Bodens das Kriterium der Gesundheitsgefährdung weiter beibehält.

Unabhängig davon gelten bei Vorliegen der entsprechenden Voraussetzungen die zivilrechtlichen Haftungstatbestände neben den öffentlichen Haftungsstrukturen nach wie vor fort.

Dr. M. Weigand, Bayerisches Staatsministerium für Landesentwicklung und Umweltfragen, München

Ich werde vielleicht noch ein bisschen grundsätzlicher einsteigen. Die Frage ist doch, was wollen wir eigentlich, sind wir tatsächlich überzeugte Umweltschützer, wofür bei uns die Herkunft aus dem Umweltministerium spricht? Aber konservativ regierte Bundesländer sind ja auch in den Umweltministerien vielleicht sogar manchmal mehr „Wirtschaftsschützer" als „Umweltschützer". Wollen wir die Umwelt schützen, dann müssen wir streng das Verursacherprinzip durchziehen und müssen einige Dinge streng unter Umweltschutzgesichtspunkten sehen. Oder wir wollen eine Umwelthaftungsrichtlinie, die zwar vollziehbar ist, die aber Risiken einschränkt, die die Wirtschaft und die öffentliche Hand nicht zu sehr belastet; dann müssen wir Kompromisse schließen. Dieses Dilemma drückt sich schon darin aus, dass auf europäischer Ebene – im Europäischen Parlament – eine lange Diskussion stattfand, welcher Ausschuss für diese Richtlinie federführend sein soll. Man hat dann entschieden, dass der Rechtsausschuss federführend sein und der Umweltausschuss nur mitberaten soll und da hat man ein bisschen gemauschelt, d. h. wenn der Rechtsausschuss federführend sein soll, dann spricht einiges dafür, dass traditionell und konservativ denkende Juristen den Umweltschutz nicht ganz im Vordergrund sehen, sondern die Bewahrung einer Risikoeingrenzung für Wirtschaft und Verwaltung. Die nächste Aussprache im Rat soll am 4. 3. stattfinden, daher auch momentan die heiße Diskussion, aus der Umwelthaftungsrichtlinie eine „Wirtschaftsbewahrungsrichtlinie" zu machen, und wie das Ganze endet, wissen wir noch nicht ganz genau. Auf deutscher Ebene hat sich dazu der Bundesrat am 11. 4. vorigen Jahres einstimmig geäußert, nämlich 16:0:0. Auf deutscher Ebene war zumindest klar, dass die Haftungseingrenzung bei den „Best Practices", also bei den Entwicklungsrisiken, durchaus problematisch ist. Sie haben vorhin gesagt, die Tatsache, dass man auf den Stand der wissenschaftlichen und technischen Erkenntnisse zurückgreifen dürfe, sei akzeptabel und dass dann eine Haftung ausgeschlossen sein soll. Ich kann dazu nur sagen, die Landwirtschaft hat dies bereits begierig aufgegriffen und sagt: Wenn wir nach den Regeln der Kunst, so wie sie in der Vergangenheit üblich waren, Pflanzenschutzmittel in den Boden einbringen und die guten Regeln der landwirtschaftlichen Düngung einhalten, dann ist das prima, und Wasserschäden, die hier auftreten, können uns jedenfalls nicht zur Last gelegt werden. So wie wir in Deutschland Kompromisse schließen, sehen wir wahrscheinlich am Schluss die Landwirtschaft im Vordergrund und den Umweltschutz im Hintergrund. Zweites Problem ist – nur um das an drei Beispielen deutlich zu machen – die Verbandsklage, Sie haben sie angesprochen. Wenn wir auf europäischer Ebene endlich einmal zu einer Harmonisierung des Verbandsklagerechts auf der Basis der Aarhus-Konvention, Art. 9 Abs. 3, kommen würden, wäre das toll. Deutschland verwahrt sich noch ziemlich strikt gegenüber einer Verbandsklage, so wie sie in dem Richtlinienvorschlag angesprochen ist. Drittes Problem ist die Haftung der öffentlichen Hand. Sie haben es auch angesprochen. Die öffentliche Hand, insbesondere die Spitzenverbände der Kommunen, verwahren sich dagegen bei ziemlich vielen Gelegenheiten, hier in die Ersatzhaftung genommen zu werden. Erstens bedeutet dies eine Durchbrechung des Verursacherprinzips. Zweitens ist das finanziell nicht zu kalkulieren. Bislang gilt, abgesehen von Gefahr für Leib oder Leben, das Opportunitätsprinzip bei Eingriffen der öffentlichen Hand, das – so verlangen es unsere Finanzminister – jedenfalls eingehalten werden müsste. Auch hier natürlich eine „Verbösereung" des Umweltschutzes, der Umwelthaftung zugunsten anderer Interessen. Zurück zur Grundfrage: Was wollen wir eigentlich – wollen wir eine Umwelthaftungsrichtlinie oder wollen wir eine „Risikoeingrenzungsrichtlinie"?

L. Knopp

Stichwort Verbandsklagerecht, Sie haben dieses Thema in Ihrem Beitrag angesprochen. Das Verbandsklagerecht ist der geltenden deutschen Verwaltungsgerichtsordnung (VwGO) noch definitiv fremd, das wissen wir. Verbandsklagen sind unter bestimmten Voraussetzungen im geltenden Naturschutzrecht vorgesehen, aber eben nicht in allen Bereichen des Umweltschutzes. Die VwGO schließt nach wie vor die sog. Popularklage aus und wir haben hier das Problem, dass bei Einführung der Verbandsklage im Rahmen der EU-Umwelthaftungsrichtlinie in Grundelemente der VwGO eingegriffen wird. Es wurde in diesem Zusammenhang auch immer wieder gegen eine Verbandsklage argumentiert, dass hier Verfahren über Jahre hinweg blockiert werden, weil irgendwelche Verbände bzw. Personengruppen ohne eigene Betroffenheit entsprechende Klagen erheben können. Ein weiteres Problem, das der gegenwärtige Richtlinienvorschlag noch in sich birgt, betrifft die Konkretisierung bzw. die sprachliche Präzisierung. Was ist denn eigentlich unter einer „qualifizierten Rechtsperson" zu verstehen, wir haben darüber gesprochen. Wenn wir eine Vereinheitlichung des Verbandsklagerechts auf der Ebene der EU-Mitgliedstaaten wollen, was seitens des EU-Gesetzgebers gewünscht ist, dann muss natürlich auch einheitlich in den Mitgliedstaaten festgelegt sein, was unter einem „Umweltverband" oder „qualifizierten Rechtsperson" zu verstehen ist. Die Frage der uneinheitlichen Anerkennungsmechanismen auf der Ebene der Mitgliedstaaten spielt hier eine große Rolle.

Prof. Dr. M. Dombert, DOMBERTRechtsanwälte, Potsdam

Herr Knopp, Ihr sehr prägnanter und sehr nachvollziehbarer Vortrag zum Inhalt des Richtlinienvorschlags lässt ja in der Tat die von Herrn Weigand aufgeworfene Frage aufkommen: Was wollen wir eigentlich? Vermutlich wird es nicht darum gehen können, einen dieser beiden Belange, ökonomische Interessen und ökologische Effektivität, gegeneinander ausspielen zu können. Aber laufen wir, mit dem, was Sie uns vorgestellt haben, nicht Gefahr, dass wir eins ganz sicher schaffen, nämlich möglicherweise rechtspolitische Erwartungen und Handlungszwänge zu begründen, die legitimerweise gar nicht umgesetzt werden können? Ich will das an einem Beispiel deutlich machen, das sich für mich aus Ihren Darlegungen ergibt. Sie sagen, der Richtliniencharakter wird dazu führen, dass wir jetzt, am Exempel des Bodenschutzgesetzes statuiert, beispielsweise das bundesrechtlich tradierte Entschließungsermessen ad acta legen müssen. Meine Damen und Herren, ich sage das mit Blick auch auf die zahlreich vorhandenen Praktiker, das Entschließungsermessen, also die Befugnis der Behörde, in einem Fall tatsächlich tätig werden zu müssen, aber in einem anderen Fall auch untätig bleiben zu dürfen, ist das, was in Regionen mit bereinigten Arbeitsplatzziffern 30-prozentiger Arbeitslosigkeit vielen Unternehmen, vielen Störern überhaupt hilft, einvernehmlich freiwillig Lösungen zur ökologischen Verbesserung herbeiführen zu können. Das ist das Instrument, mit dem wir es in der Praxis überhaupt vermögen, den ökonomischen Zwängen, denen Unternehmen hier ausgesetzt sind, angesichts der rechtlichen Anforderungen gerecht zu werden. Wir müssen davon leben, wir müssen davon Gebrauch machen. D. h. dass Behörden auch legalerweise untätig bleiben, weil sie genau wissen, was für wirtschaftliche Konsequenzen im Grunde ihre Entschließungen und ihr Einschreiten dann hätten. Heißt das nicht, dass wir eigentlich dem Rechtsunterworfenen, dem Mandanten von morgen, sagen müssen, wenn das kommt, was Sie uns dargestellt haben, dass wir dann letztendlich Zwänge in Gang setzen, die auch nicht vor den Mitarbeitern der Behörde Halt machen? Denn wenn das Entschließungsermessen weg ist, bedeutet das, dass derjenige, der trotz legaler Verpflichtung untätig bleibt und im Umweltamt sitzt, sich demnächst schon einmal über die rechtlichen Rahmenbedingungen der Strafverfolgung wegen Untätigkeit im Amt klar werden muss.

L. Knopp

Ich kann diesen Ausführungen, Herr Kollege Dombert, nur beipflichten. Das ist ein ganz problematischer Punkt bei diesem Richtlinienvorschlag. Sie haben dabei noch ein anderes Rechtsgebiet angesprochen, dem auch die Umweltverwaltungsbehörden in zunehmendem Maße in der Praxis ausgesetzt sind, nämlich das Strafrecht bei der Frage potenzieller Strafverfolgung von Behördenvertretern. Wenn diese nämlich rechtswidrige Zustände im Umweltbereich dulden und sich dann eines strafrechtlichen Ermittlungsverfahrens vergegenwärtigen müssen, haben wir hier in der Tat das Problem, dass bei einem künftigen möglicherweise fehlenden Entschließungsermessen im Falle des Untätigbleibens von Behördenvertretern wir es mit einer eventuellen Strafverfolgung dieser Personen zu tun haben. Es kann aber nicht Sinn und Zweck sein, verwaltungsrechtlichen und verwaltungsbehördlichen Vorgängen letztendlich mit dem Strafrecht als eine Art „Supervisor" zu begegnen.

Prof. Dr. J. Peter, TFH Wildau

In Ihrem Vortrag hatten Sie das Umwelthaftungsgesetz angesprochen und meine Frage ist, auch wenn es vielleicht kurios klingt: Könnten Sie sich vorstellen, im Rahmen der Umsetzung der EU-Umwelthaftungsrichtlinie in deutsches Recht die dortigen Vorgaben in einem Gesetz zu integrieren? Das Umwelthaftungsgesetz beinhaltet ja neben strafrechtlichen Vorschriften auch öffentlich-rechtliche Vorschriften, so z. B. Auskunftsansprüche und dergleichen. Dann ist dort der Ökoschaden in § 16 angesprochen. Für den Rechtsunterworfenen ist es natürlich etwas schwierig, das kennt man auch von der Beratungspraxis und von der Systematik her, wenn etwas als abstrakte Umwelthaftung bezeichnet wird, eine Regelung aber in zwei verschiedenen Gesetzen erfolgt, die natürlich jeweils andere

Anspruchsteller bezeichnen, aber trotzdem Gemeinsamkeiten haben, was lebensfremd wirkt. Meine Frage ist, ob man nicht die juristische Systematik deshalb insoweit zugunsten eines Gesetzeswerkes zurückstellen könnte, zumal das Umwelthaftungsgesetz selbst auch schon öffentlich-rechtliche wie strafrechtliche Vorschriften enthält. Die zweite Frage geht in Richtung Deckungsvorsorge. Sie hatten gesagt, es müsste in der EU-Richtlinie eine Regelung erfolgen. Wenn man aber die von Ihnen auch schon angesprochenen Erfahrungen zum Umwelthaftungsgesetz heranzieht, § 20 enthält nicht nur eine Ermächtigung, sondern es war sogar eine Verpflichtung zum Erlass einer solchen Verordnung festgelegt, stellt sich die Frage, was die Verankerung einer obligatorischen Deckungsvorsorge in einem Gesetz zur Umsetzung der EU-Umwelthaftungsrichtlinie für eine Rechtsqualität hätte. Zwölf Jahre ist hier im deutschen Recht nichts passiert, wenn man aber eine Deckungsvorsorge verbindlich in einem neuen öffentlich-rechtlichen Umwelthaftungsrecht oder -gesetz zur Umsetzung der EU-Richtlinie regeln würde, würde man langsam auch in systematische Schwierigkeiten geraten. Wie kommen wir denn weiter, wenn man dann den diesbezüglichen zivilrechtlichen Teil im Umwelthaftungsgesetz weiter unbearbeitet ließe? Vor diesem Hintergrund und einmal unabhängig von den Bedingungen der Versicherungswirtschaft sollte vielleicht die Frage der Deckungsvorsorge als solche vor dem Hintergrund der Geschichte der Deckungsvorsorgepflicht im Umwelthaftungsgesetz bei der Umsetzung der EU-Richtlinie in deutsches Recht gar nicht in Angriff genommen werden.

L. Knopp

Zu Ihrer ersten Frage, ob man deutsche Regelungen, die die Umwelthaftungsrichtlinie umsetzen, mit dem geltenden Umwelthaftungsgesetz „zusammenpacken" könnte, wenn ich das einmal so salopp formulieren darf. Das dürfte zunächst rechtssystematisch äußerst problematisch sein, allein schon aufgrund der doch sehr unterschiedlichen Anspruchsgrundlagen und dann natürlich auch der unterschiedlichen Gerichtszuständigkeiten, die in einem „Kompaktpaket" verabschiedet werden müssten. Andererseits wäre es, wenn wir die Rechtssystematik beiseite schieben, durchaus wünschenswert oder auch durchaus sinnvoll, so etwas zu tun, wobei natürlich grundlegende Änderungen im deutschen Umwelthaftungsgesetz selbst vorgenommen werden müssten. In einem solchen Fall könnte man auch bei dem Begriff des „Umwelthaftungsgesetzes" bleiben, das allerdings dann rechtssystematisch gesehen – jetzt muss ich doch wieder auf die Rechtssystematik zurückkommen – ein „Zwitter" wäre, nämlich zivilrechtlicher und öffentlich-rechtlicher Natur. Darin läge aber gerade auch letztlich der rechtssystematische Bruch bei einem einheitlichen Umwelthaftungsgesetz. Was die Frage der Deckungsvorsorge anbelangt, könnte ich Ihnen zustimmen. Wir haben in der Tat seit 12 Jahren keine Deckungsvorsorgeverordnung. Der Bundesgesetzgeber hat bislang davon abgesehen, eine solche zu erlassen. Die in diesem Zusammenhang stehende gesetzliche Strafbewehrung läuft daher ins Leere, aber dies hat in der Praxis auch Sinn gemacht, denn wir werden heute noch im Rahmen der weiteren Vorträge hören, dass diese Strafbewehrungsklausel im Umwelthaftungsgesetz praktisch bislang auch überhaupt keine Rolle gespielt hat, weil die Versicherungswirtschaft Modelle bzw. entsprechende Versicherungsmodule im Rahmen der Umwelthaftpflichtpolice zur Verfügung gestellt hat, die zu einem ausreichenden Versicherungsschutz geführt haben. Wir haben ferner festzustellen – dies wird Herr Dombert sicherlich noch plastisch darstellen –, dass das Umwelthaftungsgesetz in der Rechtspraxis bislang auch nur zu ganz wenigen Urteilen geführt hat und auftretende Haftungsfragen überwiegend auf dem außergerichtlichen Weg erledigt worden sind, wohl in erster Linie über den Versicherungsweg. Das Haftungsszenarium, das in dem EU-Umwelthaftungsrichtlinienvorschlag verankert ist, muss im Rahmen eines nationalen Gesetzes umgesetzt werden. Hier könnte ich mir vorstellen, dass man auch ohne Einführung einer obligatorischen Deckungsvorsorge analog oder unter Zugrundelegung der bisher bestehenden Umwelthaftungspolice entsprechende versicherungstechnische Erweiterungen anbietet bzw. zusätzliche Bausteine entwickelt. Die Versicherungswirtschaft wird uns dazu noch einiges zu sagen haben, um auf eine strafbewehrte oder auf eine Zwangsversicherung verzichten zu können. Unter Berücksichtigung der Erfahrungen zum Umwelthaftungsgesetz kann man sich dies durchaus vorstellen, wobei bei der EU-Richtlinie die Frage der obligatorischen Versicherung primär vor dem Hintergrund der staatlichen Eintrittspflicht diskutiert wird, wenngleich beides nicht vermengt werden darf.

Prof. Dr. J. Boć, Universität Wrocław (Breslau)

Es wurde von den Problemen der Umsetzung der Richtlinie in das deutsche Rechtssystem gesprochen. Nun ist meine Frage, inwieweit diese Problematik für Frankreich oder Österreich relevant ist, also kurz gesagt, inwieweit handelt es sich hier um eine objektive Problematik im europäischen Sinne oder sind die von Ihnen genannten Probleme für Deutschland spezifisch?

L. Knopp

Nach einer vom Umweltbundesamt in jüngerer Zeit in Auftrag gegebenen Studie verfügen die EU-Mitgliedstaaten teilweise über sehr unterschiedliche Umwelthaftungssysteme. Während in Frankreich hier eher noch strafrechtliche Gesichtspunkte dominieren und Kostenerstattungsansprüche der öffentlichen Hand nur vereinzelt denkbar sind, ist das österreichische Umwelthaftungsrecht primär zivilrechtlich ausgerichtet. Deshalb will man ja auch die Umwelthaftungsrichtlinie, um einen in der Gemeinschaft einheitlichen Umwelthaftungsrahmen zu erhalten. Teilweise stellen sich die dargestellten Probleme bei anderen Staaten, wie etwa in Frankreich oder in Österreich noch in verschärfter Form, weil das deutsche Umwelthaftungsgesetz auf der einen Seite, insbesondere aber das deutsche Umweltverwaltungsrecht auf der anderen Seite eigentlich immer noch als vorbildlich zum Schutz der Umweltmedien Boden, Gewässer und Luft bezeichnet werden kann. Dennoch, wir haben es bereits von Herrn Peine gehört, schon Anfang der 80er Jahre war beim Umweltschutzrecht die Bundesrepublik das große Vorbild gewesen, bis sie irgendwann „eingeknickt" ist und eigentlich nur noch auf Umweltschutzvorgaben in Form von Richtlinien aus der EU reagiert, aber nicht mehr selbst agiert hat.

Dr. St. Iwers, Landkreistag Brandenburg, Potsdam

Ich möchte noch einmal an das anknüpfen, was ich vorhin gesagt hatte. Dieser Umwelthaftungsrichtlinienvorschlag beschreibt oder betrifft genau die Medien Boden, Wasser und Artenschutz, Naturschutz, wenn man so will, die in der Vollzugszuständigkeit der unteren Naturschutzbehörden in Brandenburg, also den Landkreisen, liegen. Ich hatte vorhin diese neue Vorschrift im Naturschutzgesetz erwähnt, das wäre hier z.B. ein Anwendungsfall, dass man sagen würde, die unmittelbare Zuständigkeit im Bereich FFH oder Artenschutz liegt bei den unteren Naturschutzbehörden bei einer Umsetzung der Umwelthaftungsrichtlinie. Zur Frage der Finanzierung: Wir arbeiten jetzt schon in allen drei benannten medialen Bereichen personell mindestens an der Grenze des Belastbaren und müssen, das ist ganz eindeutig, bei unserer Tätigkeit Prioritäten setzen –

und das ist noch vornehm ausgedrückt. Wenn wir jetzt bei der Umwelthaftungsrichtlinie für diese drei genannten Medien ein Entschließungsermessen nicht mehr hätten – und darauf weist Herr Dombert zu Recht
hin –, müssten wir ganz anders planen. Also ich könnte das im Augenblick überhaupt nicht überschauen, welche Personalressourcen deshalb
neu kreiert werden müssten, die Kosten sind überhaupt nicht überschau-
bar. Deshalb noch einmal zurück zu dieser Norm, die ich vorhin nannte,
genau das ist der Punkt, der für uns überhaupt nicht mehr handelbar ist.
Zweitens, das Entschließungsermessen fällt weg, aber nach dem Richtlinienvorschlag gibt es ein Recht der Umweltverbände bzw. qualifizierter
Personen und auch sonstiger Personen auf ein Tätigwerden gegenüber
den Behörden. Das hieße, dass also weit über den bekannten Bereich der
bisherigen Verbändebeteiligung im Verfahren hinaus, also im Genehmi-
gungsverfahren, eine Handlungsverpflichtung der behördlichen Seite
durch entsprechendes Tätigwerden der Umweltverbände begründet würde. Wir sind derzeit dabei, gerade diese ganzen Drittbeteiligungen in den
Verwaltungsverfahren im Zuge des Abbaus von Normen und Standards
auf den Prüfstand zu stellen. Hier käme es zu einem ganz bedeutsamen
Einschnitt in dem Bereich der Umweltpolitik, was – überspitzt gesagt –
dazu führen könnte, dass die personell sicherlich nicht hervorragend aus-
gestatteten unteren Vollzugsbehörden von Fall zu Fall von den Umweltverbänden vor sich her getrieben würden. Ich will es wirklich überspitzt
sagen, aber das könnte genau ein Problem werden.

L. Knopp

Ihrem Beitrag kann ich nur voll zustimmen. Ich sehe Ihr dargestelltes
Problem gerade im Bereich des Vollzuges des Umweltinformationsgesetzes, wo es um die Frage geht, dass der Bürger unter bestimmten Voraussetzungen Anspruch auf Erteilung von Umweltinformationen gegenüber der Behörde hat. Hier tun sich die Behörden in der Praxis aus Aus-
stattungs- wie aus personellen Gründen unheimlich schwer, diesem Be-
gehren im Einzelfall sachgerecht nachzukommen.

Dr. M. Weigand, Bayerisches Staatsministerium
für Landesentwicklung und Umweltfragen, München

Können Sie sich noch an die Frage von Prof. Dombert erinnern und auch
an meine Frage: Was wollen wir eigentlich? Mehr Bürgerbeteiligung im

Umweltschutz ist typisch europäisches Umweltrecht, wie auch die Aarhus-Konvention zeigt. Der Kollege aus Brandenburg spricht jetzt an, was das bedeutet. Die Kommission sagt uns, ihr Deutschen, ihr seid furchtbar, ihr geht immer von eurer perfekten Verwaltung aus und meint, ihr müsst europäische Richtlinien in jedem Detail perfekt und in tausend Einzelfällen vollziehen. Wir machen diese Richtlinien aber vor allem für Griechenland, Portugal und Irland und dort sind wir froh, wenn im Jahr nur ein Haftungsfall auftaucht und dann tatsächlich einmal ein Singvogel für 2,50 € ersetzt werden muss. Insofern wird am deutschen Rechtsverständnis dieses europäische Umweltrecht, jedenfalls für uns, auch noch untergehen, denn so wie Deutschland 30 Jahre lang an das Umweltrecht herangegangen ist, kann man nicht an europäische Umweltrichtlinien herangehen und wenn wir Umweltschutz in Europa wollen, dann müssen wir auch diese Richtlinien akzeptieren. Die Umwelthaftungsrichtlinie ist im Entwurf eindeutig und perfekt auf den Umweltschutz und die Verwirklichung des Verursacherprinzips ausgerichtet. Deutschland macht sich interessanterweise jetzt nur noch Gedanken darüber: Wie kann man eigentlich die beschriebenen Risiken eingrenzen, dass die Wirtschaft möglichst wenig bezahlen muss, dass die öffentliche Hand möglichst wenig bezahlen muss und dass der perfekte deutsche Verwaltungsrechtsvollzug nicht übermäßig belastet wird? Das sind nicht die Gedanken der Europäischen Union, das sind ausschließlich deutsche Gedanken, denn in Griechenland, Irland und Portugal findet Umweltschutz unter gänzlich anderen Vorzeichen statt; deswegen müssen wir irgendwann mal zu Beginn unserer Diskussion wissen, was wir eigentlich wollen. Wollen wir deutsches Umweltrecht, dann müssen wir aus der Europäischen Union austreten, das ist sogar ein bisschen ernst gemeint. Wollen wir europäisches Umweltrecht für Griechenland, Portugal und Irland, dann sieht die Sache anders aus. Wollen wir die Aarhus-Konvention für die neuen europäischen Demokratien im Osten? Die Aarhus-Konvention wird in erster Linie von Usbekistan vollzogen und nicht von Deutschland. Wir saßen am Verhandlungstisch dabei und waren peinlich berührt, weil uns Usbekistan, Tadschikistan, Kirgisien und wie die Länder alle heißen, vorhielten: Wollt ihr eigentlich keine Demokratie, was wollt ihr eigentlich, lasst uns die Aarhus-Konvention. Und das sind Einstiege in ein demokratisches Bewusstsein. Und die klassischen Demokratien wie Frankreich und Deutschland lehnen sie ab. Also müssen wir irgendwann einmal das Grundproblem lösen: Was wollen wir eigentlich? Prof. Dombert hat die Frage ebenfalls ganz deutlich gestellt.

L. Knopp

Was wollen wir eigentlich, ist als Frage richtig gestellt. Die Politik hat sich nicht gescheut, positive Ansätze, die ursprünglich in Deutschland auch gewollt waren, und zwar im Rahmen der Entwicklung eines Umweltgesetzbuches, zu ersticken. Herr Sendler, der in der unabhängigen Sachverständigenkommission für ein Umweltgesetzbuch tätig war, hat es so schön als „Trauerspiel um ein Umweltgesetzbuch" oder als „Trauerspiel des Niedergangs des Umweltgesetzbuches" bezeichnet. Auch hier waren ja positive Ansätze vorhanden gewesen, um auch die Problematik der Umsetzung europäischer Richtlinien in deutsches Umweltrecht, die bei jeder neuen Richtlinie immer wieder auftritt, in den Griff zu bekommen. Herr Peine hat völlig zu Recht gesagt, 10 Jahre lässt man hochkarätige Professoren und auch noch die unabhängige Sachverständigenkommission an so einem Werk arbeiten. Sollten diese Leute, die auch einen Namen in der Branche haben, verfassungsrechtlich aber tatsächlich so unbedarft sein zu sagen, jetzt werkeln wir mal lange Zeit vor uns hin, um dann später irgendwann mit angeblichen verfassungsrechtlichen Problemen hinsichtlich des Wasserrechts bzw. genauer hinsichtlich der Kompetenzzuständigkeit des Bundes für das Wasserrecht im Grundgesetz konfrontiert zu werden? Das Umweltgesetzbuch war einfach nicht mehr gewollt, Herr Peine hat es deutlich gesagt, deswegen hat man dieses Werk absterben lassen. Es wäre aber genau der Ansatz gewesen, um aktiv deutsches Umweltrecht auf eine neue Schiene zu bringen. Man war dabei, es umzubauen, um es ganz vorsichtig zu formulieren, und dennoch althergebrachte Grundsätze beizubehalten, man hat es nicht getan und deshalb stehen wir auch bei der Umwelthaftungsrichtlinie vor der Frage, was wir wollen. Sicherlich, wir wollen aktiven Umweltschutz, aber wir stehen auch vor der Problematik, wieder einmal eine europäische Richtlinie umsetzen zu müssen. Wir haben hier schon etliche Verurteilungen der Bundesrepublik hinsichtlich der fehlerhaften Umsetzung von Richtlinien gerade im Umweltrecht erlebt. So führt die Bundesrepublik mit die Hitliste bei Verurteilungen durch den EuGH an. Deshalb schaut die Bundesrepublik seit einigen Jahren auch wie das Kaninchen auf die Schlange nach Brüssel, was dort fabriziert wird. In der Tat haben wir da ein großes Problem, auch bei der künftigen Umwelthaftungsrichtlinie, soll sie doch aus deutscher Sicht buchstabengetreu umgesetzt werden. Ich glaube deshalb nicht, dass es im Augenblick so wichtig ist, die Frage des Verwaltungsvollzugs jetzt schon zu sehr im Blickwinkel zu haben. Ich glaube vielmehr, im Vordergrund steht die Frage des deutschen Perfektionismus im Hinblick auf die spätere Umsetzung der Richtlinie. Hier

ist der gegenwärtige Richtlinienvorschlag in vielen Bereichen schlichtweg noch zu ungenau. Würde man die notwendigen Präzisierungen auf
EU-Ebene vornehmen, könnte ich mir vorstellen, dass der Aufschrei
möglicherweise weniger laut wäre. Man würde zwar über das eine oder
andere Problem bewusst diskutieren, aber man würde auch sagen, in
Ordnung, wir haben klare Vorgaben, wir versuchen das jetzt so umzusetzen und dann müssen wir einmal schauen, was in der Vollzugspraxis daraus wird. Dagegen ist absehbar, dass wieder einmal die Angst der Bundesrepublik dominiert, eine Richtlinie umsetzen zu müssen, bei der teilweise nicht klar zum Ausdruck kommt, was gewollt ist, und es deshalb
mehrere Interpretationsmöglichkeiten gibt. So befürchtet man jetzt
schon, dass im Falle der nicht buchstabengetreuen Umsetzung der Richtlinie in einem nationalen Gesetz die Bundesrepublik sich erneut mit
einem Vertragsverletzungsverfahren konfrontiert sieht und damit wieder
beim EuGH landet.

Deutsches Umwelthaftungsrecht in der bisherigen Rechtspraxis

Matthias Dombert

I. Vorbemerkung

Der 1. 1. 1991 kennzeichnet eine Zäsur im deutschen Umwelthaftungs-recht: Die mit dem In-Kraft-Treten des Umwelthaftungsgesetzes[1] beabsichtigte Neukonzeption war umweltpolitisch hoch ambitioniert und dazu gedacht, vermeintliche Schwächen herkömmlicher Umwelthaftung[2] auszugleichen. Neben die weiterhin bestehen bleibende Verschuldenshaftung anderer Vorschriften sollte mit der durch § 1 UmweltHG statuierten anlagenbezogenen Gefährdungshaftung eine Verursacherhaftung gestellt werden, bei der die bisher systemimmanente Haftungsbeschränkung auf betriebliche Störungen entfallen sollte. Beweislastschwierigkeiten oder Beweisnöte, die gerade angesichts der gesetzesauslösenden Umwelt-katastrophen (Sandoz, Bhopal, Seveso, Tschernobyl) festgestellt worden waren, sollten behoben werden; Beweiserleichterungen sollten Auswirkungen auf den Haftungsumfang haben.

Die Neukonzeption des UmweltHG traf auf eine Rechtslandschaft, in der Umwelthaftungsprozesse in der Praxis eine relativ geringe Rolle gespielt hatten. Für diese Tatsache hatte der Gesetzgeber vor allem „Unzulänglichkeiten des bisherigen Rechts" verantwortlich gemacht.[3] Mit dem zum 1. 1. 1991 in Kraft getretenen neuen Gesetz verband man hohe Erwartungen: Eine gezielte rechtspolitische Aufforderung zur Geltendmachung von Ansprüchen wurde prognostiziert, erhöhte Anspruchsbereitschaft in Aussicht gestellt, die Bereitschaft der Gerichte zu „geschädigtenfreundlichem Ausweiten und Konkretisierung bestehender Normen" erhofft.[4]

---

1 UmweltHG.
2 §§ 823, 906 BGB in erster Linie.
3 Vgl. nur *Gasser/Friedenstab/Dahnz* u. a., Umwelthaftung und ihre Auswirkung auf die Unternehmenspraxis, 1994, S. 85.
4 *Schmidt-Salzer*, VersR 1992, 389, 396 f.

Matthias Dombert

II. Das UmweltHG in der bisherigen Praxis

Erwartungen, Hoffnungen, die zum des UmweltHG artikuliert worden waren, haben sich nicht bestätigt. Die prognostizierten Auswirkungen des neuen Gesetzes sind ausgeblieben. Das System des UmweltHG fristet sowohl in der rechtswissenschaftlichen Befassung wie in der praktischen Anwendung ein Schattendasein.[5] Judikate mit ausdrücklichem Bezug zum UmweltHG sind vereinzelt geblieben. Soweit ersichtlich hat sich der *BGH* nur in einem Fall revisionsrichterlich mit §§ 1, 6, 7 UmweltHG auseinandergesetzt[6], nur zwei Berufungsentscheidungen des *OLG Düsseldorf*[7] und des *OLG Naumburg*[8] weisen Bezüge zum UmweltHG auf.

Versucht man eine Systematisierung der spärlichen Judikate, lässt sich feststellen, dass ihr Schwerpunkt in der Frage der Darlegungs- und Beweislast des Geschädigten und damit vor allem in der – seinerzeit rechtspolitisch stark umkämpften – Vorschrift des § 6 Abs. 2 UmweltHG liegt.[9] Anlass für die Entscheidung des Gesetzgebers, Schadensersatzansprüche – abgesichert durch die Auskunftsansprüche nach §§ 8,9 UmweltHG – an die Schadenseignung der Anlage anzuknüpfen, war seinerzeit die vermutete Schwierigkeit, der sich Opfer von Umweltschäden beim Kausalitätsnachweis regelmäßig gegenüber sehen. Gerade angesichts unklarer Wirkungsweisen, angesichts des Zusammenwirkens mehrerer Faktoren bestimmt § 6 Abs. 1 Satz 1 nunmehr, dass die Kausalität der Schadensursache vermutet wird, wenn eine Anlage geeignet ist, den Schaden zu verursachen. Der Geschädigte muss also nurmehr die Schadenseignung der Anlage beweisen.[10]

Die Ursachenvermutung im Sinne des § 6 Abs. 1 UmweltHG setzt voraus, dass die Anlage abstrakt und konkret geeignet ist, einen Schaden zu verursachen. Die abstrakte Eignung bedeutet, dass die Anlage der Art nach überhaupt Schäden dieser Art verursachen kann. Die Darlegung setzt für den Anspruchsteller die zeitliche Einordnung des Schadensfalles voraus.[11] Allerdings greift die an die Eignung zur Schadensverursa-

---

5 Zu den vereinzelt gebliebenen Veröffentlichungen *nach* In-Kraft-Treten des Gesetzes s. *Petersen*, NJW 1998, 2099.
6 BGH, 17. 6. 1997 – VI ZR 372//95, NJW 1997, 2748, BB 1997, 1605.
7 OLG Düsseldorf, 10. 12. 1993 – 22 U 172/93, NJW-RR 1994, 1181.
8 OLG Naumburg, 12. 9. 2000 – 13 U 44/00 – zum Anlagenbegriff des UmweltHG, s. dazu home.t-online.de/home/woellegret/olgdolau.htm.
9 Zur Kausalitätsvermutung *Hager*, NJW 1991, 134, 137.
10 Näheres dazu *Hager*, NJW 1991, 137.
11 OLG Düsseldorf, 10. 12. 1993 (Fn. 7), NJW-RR 1994, 1182.

chung anknüpfende Kausalitätsvermutung des § 6 Abs. 1 UmweltHG nach § 6 Abs. 2 UmweltHG dann nicht ein, wenn der Inhaber der Anlage den Nachweis führt, dass die Anlage bestimmungsgemäß betrieben wurde.[12] Ein bestimmungsgemäßer Betrieb im Sinne des § 6 Abs. 2 UmweltHG setzt kumulativ die Störfallfreiheit sowie die Einhaltung der in § 6 Abs. 3 UmweltHG bezeichneten Betriebspflichten voraus.[13] Dabei kann der in Anspruch genommene Anlagenbetreiber nicht ohne weiteres auf Alternativursachen verweisen: Sollten Alternativursachen die Vermutung des § 6 Abs. 1 UmweltHG ausschließen, setzt dies ausreichend konkrete, den Gegebenheiten des Einzelfalles entsprechende Feststellungen dahingehend voraus, dass diese Tatsachen geeignet sind, allein (oder im Zusammenwirken mit anderen, dem Unternehmer zuzurechnenden Ursachen) den geltend gemachten Schaden herbeizuführen.[14]

Dabei reicht es nach der Rechtsprechung nicht aus, auf ein Gutachten zu verweisen, aufgrund dessen Emissionen in einem Gebiet allgemein zu bestimmten Prozentsätzen Emittenten wie Industrie, Verkehr oder Kleingewerbe zugeschrieben werden.[15] Der BGH erstreckt den für die Feststellung der Schadenseignung in § 6 Abs. 1 UmweltHG maßgeblichen konkreten Prüfungsmaßstab auch auf die Feststellung der Alternativursachen.[16] Eine die Vermutung des Art. 6 Abs. 1 UmweltHG ausschließende Alternativursache setzt regelmäßig ausreichend konkrete, den Gegebenheiten des Einzelfalles entsprechende Feststellungen dahingehend voraus, dass sie geeignet ist, allein oder im Zusammenwirken mit anderen Ursachen den geltend gemachten Schaden herbeizuführen.[17]

III. Versuch einer Analyse: Gründe für die fehlende praktische Relevanz des UmweltHG

Es fällt auf, dass die geringe praktische Bedeutung des UmweltHG an der ein oder anderen Stelle angesprochen wird, eine vertiefte Auseinandersetzung mit den Gründen für die geringe praktische Bedeutung allerdings fehlt. Dementsprechend ist zu Recht eine verbesserte Statistik ge-

---

12 *Hager*, NJW 1991, 138.
13 BGH, 17. 6. 1997 (Fn. 6), NJW 1997, 2750.
14 BGH, 17. 6. 1997 (Fn. 6).
15 BGH, 17. 6. 1997 (Fn. 6).
16 Unter Hinweis auf *Hager*, in: Landmann/Rohmer, Umweltrecht, III, § 7 UmweltHG Rn. 8; dazu auch BT-Drs. 11/7104, 18.
17 BGH, 17. 6. 1997 (Fn. 6), NJW 1997, 2750.

fordert worden, um die Wirksamkeit des Umwelthaftungsrechts überprüfen zu können.[18]

Soweit ersichtlich, ist lediglich in einer Diplomarbeit der Versuch unternommen worden, eine Bestandsaufnahme zu den praktischen Auswirkungen des UmweltHG zu liefern.[19] Mögen die empirischen Grundlagen auch durch eine geringe Rücklaufquote der den Unternehmen zugesandten Fragebögen gekennzeichnet sein, lassen die Erkenntnisse doch Rückschlüsse auf den unternehmenspraktischen Stellenwert zu, der dem UmweltHG zukommt.

Danach muss aber davon ausgegangen werden, dass von einer erhöhten Anspruchsmentalität jedenfalls keine Rede sein kann. Als Erklärung für die geringe praktische Bedeutung des UmweltHG sind stattdessen mehrere Ursachen ins Feld zu führen: In erster Linie hat das Bestreben nach Haftungsvermeidung zur Effektivierung der betrieblichen Vorsorgemaßnahmen geführt, im Übrigen auch zum Aufbau von Dokumentationssystemen beigetragen, die vor dem Hintergrund des § 6 Abs. 2 UmweltHG in der Lage sind, den ordnungsgemäßen Betriebsablauf nachzuweisen.

Kommt es zu Schäden, erlangt die praktische Handhabung von Versicherungsfällen im Bereich der Umwelthaftung Bedeutung. Auf die Geltendmachung von Schäden im Sinne des § 1 UmweltHG wird angesichts anderweitig geleisteten Versicherungsschutzes oftmals verzichtet. Die gerichtliche Durchsetzung unterbleibt wegen der außergerichtlichen Schadensregulierung. Ob all dies dem UmweltHG zugeschrieben werden kann, ist fraglich.

Es muss weiterhin gefragt werden, ob dem Zivilrecht zur Herstellung ordnungsgemäßer ökologischer Zustände im Vergleich zum Ordnungsrecht nicht tatsächlich die geringere Bedeutung zukommt. Es spricht einiges für die Annahme, dass sich das Ordnungsrecht in Verbindung mit marktwirtschaftlich strukturierten Elementen – Öko-Audit als Stichwort – nach wie vor als stärkste Antriebskraft für die Vornahme umweltschützender Maßnahmen erweist. Eine Erklärungsursache mag zudem auch die Tatsache liefern, dass sich der schwindende Stellenwert ökologischer Fragestellungen in Zeiten der Rezession auch in einem zurückgehenden Anspruchsbewusstsein niederschlägt – auch Umweltfragen haben in

---

18 Umweltrat, Umweltgutachten 1996 – Kurzfassung Teil I – Anm. 11, S. 5.
19 *Sura*, Das Umwelthaftungsgesetz – Eine Bestandsaufnahme – FH Weihenstephan, April 1997.

Zeiten der Rezession auch aus Sicht möglicher Betroffener schwache Konjunktur.

IV. Zusammenfassung

Die Gründe für die geringe praktische Bedeutung des UmweltHG lassen sich nur annäherungsweise prognostizieren. Tiefergehende Analysen fehlen nach wie vor. Erwartungen haben sich jedenfalls insoweit nicht bestätigt, als erhöhte Anspruchsmentalität und steigendes Umwelthaftungsrisiko prognostiziert worden sind. Als Ursachen für die geringe praktische Bedeutung des UmweltHG sind auszumachen:

1. Dem Zivilrecht kommt zur Herstellung ordnungsgemäßer ökologischer Zustände nach wie vor geringere Bedeutung zu. Das Ordnungsrecht erweist sich in Verbindung mit marktwirtschaftlich strukturierten Elementen – Öko-Audit – nach wie vor als stärkste Antriebskraft für die Vornahme umweltschützender Maßnahmen.

2. Schadensprophylaxe potentiell betroffener Anlagenbetreiber hat zur betrieblichen Schwerpunktsetzung in Bezug auf die Gewährleistung effektiver Anlagenüberwachungssysteme – und damit zur konkreten Nachweismöglichkeit der Einhaltung der Betriebspflichten nach § 6 Abs. 3 UmweltHG – geführt.

3. Auf die Geltendmachung von Schäden im Sinne des § 1 UmweltHG wird angesichts anderweitig geleisteten Versicherungsschutzes verzichtet.

4. Der schwindende Stellenwert ökologischer Fragestellungen in Zeiten der Rezession findet sich auch im zurückgehenden Anspruchsbewusstsein wieder.

Diskussion im Anschluss an den Beitrag von Prof. Dr. Matthias Dombert

Deutsches Umwelthaftungsrecht in der bisherigen Rechtspraxis

P. Braun, VCI, Frankfurt a. M.

Ich möchte etwas zu diesem Thema beisteuern. Auch wir haben keine empirischen Untersuchungen. Die Unternehmen melden uns ihre Fälle, bei denen Umweltschäden eingetreten sind. Vieles erfahren wir natürlich, und aus diesen – eben auch nicht wissenschaftlich begründbaren – Erfahrungen heraus bin ich zu dem Schluss gekommen, dass Schäden, auf die das Umwelthaftungsgesetz anzuwenden wäre, nicht in dem Umfang entstanden sind, dass dieses Gesetz tatsächlich in der Praxis eine größere Rolle spielen könnte. Das liegt vor allem daran, dass nach Ordnungsrecht, aber auch nach einem Bewusstseinswandel in den Unternehmen solche Schäden weniger aufgetreten sind. Eine Präventivwirkung hat dieses Gesetz insofern auch nicht gehabt. Wir sind eher der Auffassung, dass wegen des Ordnungsrechts und des Strafrechts, aber auch vom Bewusstseinswandel sowohl in der Bevölkerung als auch in den Unternehmen her inzwischen anders gearbeitet wird, so dass solche Schäden nicht mehr auftreten. Das, glaube ich, ist einer der wichtigsten Gründe für die geringe Praxisrelevanz des Umwelthaftungsgesetzes.

L. Knopp

Vielen Dank. Eines kann auch ich aus meinen praktischen Erfahrungen heraus mit Sicherheit sagen, dass das Umwelthaftungsgesetz seit 1991, als die „heißen" Diskussionen bei seinem In-Kraft-Treten geführt worden sind, keine praktische Bedeutung erlangt hat und daher nicht die Bedeutung gewonnen hat, die man ihm eigentlich am Anfang zugemessen hat. So haben viele Unternehmen, mit denen ich auch gesprochen habe, Umweltschäden auf dem Versicherungswege ausgeglichen. Denn das Umwelthaftungsgesetz war gerade der Anlass dafür, dass die Umwelthaftpflichtpolice mit ihren verschiedenen Bausteinen entwickelt wurde und in diesem Rahmen Schadensereignisse außergerichtlich erledigt worden sind. Ich kann Herrn Dombert auch dahingehend zustimmen, dass viele Gerichte, bei denen ein entsprechender Fall verhandelt wurde, überhaupt nicht erkannt haben, dass es sich um einen Fall aus dem Umwelthaftungsgesetz handelt.

Dr. M. Weigand, Bayerisches Staatsministerium für Landesentwicklung und Umweltfragen, München

Eine ähnliche Entwicklung hatten wir ja auch im Arzthaftungsrecht. Ist es dieser Umstand nicht deshalb wert, das Verursacherprinzip doch in eine Gesetzesform zu geben? Möglicherweise hat dann bereits schon die entsprechende Formulierung in einem solchen Gesetz oder jetzt in einer solchen Richtlinie präventive Wirkung. Wenn wir z. B. die aktuellen Tankerunglücke betrachten, dann muss etwas gegen diese rostigen Gefährte unternommen werden. Dass das hier so weiter geht wie bisher, wird die Europäische Kommission nicht mehr hinnehmen, sie hat es viel zu lange hingenommen. Und möglicherweise sind Rechtsentwicklungen zum Verursacherprinzip von präventiver Wirkung und das sollten wir doch immerhin anerkennen und nicht der Rechtsprechung überlassen. Dann aber würde das bedeuten, dass wir diese europäische Umwelthaftungsrichtlinie auch ernst nehmen und nicht durch eine Endlosdiskussion allzu sehr verwässern sollten.

L. Knopp

Zu dem von Ihnen eingeführten Stichwort „Verursacherprinzip": Wie die umweltpolitischen Entwicklungen in Deutschland zeigen, haben wir das Verursacherprinzip doch schon relativ frühzeitig als umweltpolitisches Leitprinzip in verschiedenen Gesetzen verankert, und zwar vor allem in den Landesabfallgesetzen bei den Altlastenregelungen bereits vor In-Kraft-Treten des Bundes-Bodenschutzgesetzes. Hier haben wir allerdings auch erfahren müssen, dass das Verursacherprinzip zwar eine wichtige Formel ist, aber in vielen Fällen zu einer Leerformel werden kann, was die Altlastenfälle belegt haben. Dementsprechend hat der Gesetzgeber des Bundes-Bodenschutzgesetzes nicht nur das Verursacherprinzip in den Vordergrund gestellt, wobei der Verursacher nach wie vor Verantwortlicher ist, sondern er hat den Katalog der Verantwortlichen doch erheblich erweitert, wie die Regelung des § 4 Abs. 3 BBodSchG zeigt, um auch zu demonstrieren, dass das Verursacherprinzip zum Schutz der Umwelt allein hier nicht mehr ausreicht, sondern die – wenn auch teilweise nicht unproblematische – „Installierung" weiterer potenzieller Haftungsadressaten im Gesetz zur Ergänzung des Verursacherprinzips erforderlich ist. Ob das Verursacherprinzip allein tatsächlich die von Ihnen angesprochene Präventivwirkung hat, mag in verschiedenen Bereichen allerdings bezweifelt werden. Dabei gebe ich Ihnen Recht, es gibt Bereiche – gerade was diese Tankerunfälle anbelangt – wo man sagen kann, hier haben wir einen Verursacher, auf den dann möglicherweise zugegriffen werden kann und da hat es noch eine Präventivwirkung. Aber es gibt Umweltbereiche, wo das Verursacherprinzip nicht mehr diese Bedeutung hat, weil Situationen denkbar sind, in denen der Verursacher durchaus nicht mehr haftbar gemacht werden kann, eben bei Altlasten – so weit ein sonstiger Verantwortlicher nicht in Betracht kommt – oder bei Insolvenzen, wo letztlich der Staat mangels Haftungsvolumen für die Kosten zur Beseitigung der Umweltschäden eintreten muss.

M. Dombert

Es gibt, Herr Weigand, in meiner persönlichen Haltung und auch rechtlichen Bewertung einen „roten Faden", der meine Meinung sowohl zum von Herrn Knopp vorgestellten Entwurf der Umwelthaftungsrichtlinie als auch meine Haltung gegenüber dem Umwelthaftungsgesetz prägt. Ich lebe zwar von derartigen Gesetzen, aber ich sage es ganz deutlich, ich fordere vom Gesetzgeber, auch im Interesse meiner Mandanten, eine Art rechtspolitische Redlichkeit. Und zu dieser rechtspolitischen Redlichkeit gehört zweierlei: Erstens, eine Defizitanalyse, das Klären der Frage, ob das vorhandene Normeninstrumentarium, welches gewachsen ist und das Traditionen sowohl in der Entstehungsgeschichte wie im Vollzug aufbaut, tatsächlich Schwächen aufweist und möglicherweise nicht in der Lage ist, moderne und auftretende Sachverhalte infolge der industriellen Entwicklung zu regeln. Wenn ich diese Frage beim Umwelthaftungsgesetz stelle, dann ist nicht sogleich auf den ersten Blick ersichtlich, dass die traditionelle deutsche Beweislast nicht in der Lage gewesen wäre, bestimmte Sachverhalte abschließend und einer befriedigenden Lösung zuzuführen. Die Stichworte, die in diesem Zusammenhang immer an der Wiege dieses Gesetzes gesungen worden sind, Bopal, Seveso – das waren doch alles Sachverhalte, die vermutlich auch über § 823 BGB geregelt worden wären. D. h. also, die Defizitanalyse fällt auch im Hinblick auf die vorgesehene Umwelthaftungsrichtlinie möglicherweise für den nationalen Befund nicht so negativ aus, wie man das eventuell in Brüssel meint. Die zweite Kritik, die ich mit rechtspolitischer Redlichkeit verbinde, ist genau das, was Herr Peine beim Zusammenwirken zwischen Bund und Ländern und Europäischer Gemeinschaft konkretisiert hat. Ich beklage sehr deutlich, dass die Rechtspolitik eigentlich bei der Diskussion und bei der Schaffung derartiger Vorschriften, wie heute vorgestellt, eigentlich unberücksichtigt bleibt. Rechtspolitik heißt, auch von den Repräsentanten übernommene politische Verantwortung zu fordern, die nach Verfassungsrecht maßgebend zur Entscheidung über diese wesentlichen Tatbestände berufen sind. Herr Peine schildert, dass bei Ländern, die legitimerweise ein Interesse an einer solchen Entscheidung haben, weil ihre Vollzugsbehörden betroffen sind, deren Mitwirkung in Brüssel dadurch gekennzeichnet ist, dass dort lediglich zwei Mitarbeiter und nicht einmal solche des höheren Dienstes tätig sind. Das soll heißen, eine rechtspolitische Diskussion um die Auswirkungen dieser Umwelthaftungsrichtlinie findet doch bei uns nicht statt. Was bedeutet es denn praktisch, wenn wir rechtspolitisch sagen, wir beseitigen das Entschließungsermessen. Dann muss man den Leuten in den IHK's, in den Unternehmen, im Landkreis Märkisch-Oderland mit 30% Arbeitslosigkeit sagen, was dieser rechtspolitische Ansatz bedeutet. Und das tut die Rechtspolitik nicht. Nur, diese Diskussion, die wir alle mehr oder weniger unausgesprochen, innerlich jetzt mit uns demnächst in den Arbeitskreisen führen, die findet in der Rechtspolitik selbst nicht statt und das beklage ich.

Dr. M. Weigand, Bayerisches Staatsministerium für Landesentwicklung und Umweltfragen, München

Die Diskussion findet natürlich statt, nur sie findet sehr beeinträchtigt statt. Inzwischen gibt es Ländervertretungen in Brüssel, die nicht nur von zwei Beamten des gehobenen Dienstes besetzt sind, sondern die botschaftsähnliche Form annehmen. Das beklagt im Übrigen die Kommission verständlicherweise, wenn sie sich fragt: Habe ich es nur mit der Bundesrepublik Deutschland oder habe ich es mit sechzehn Bundesländern zu tun? Wir können doch unseren Föderalismusgrundsatz nicht auch noch in die Welt tragen; dann wären wir, glaube ich, allmählich völlig unglaubwürdig. Die rechtspolitische Diskussion findet eben nur erheblich beeinträchtigt statt, weil – und das wurde heute auch schon einmal angesprochen – Umweltschutz derzeit keine Konjunktur hat. Natürlich müsste das Umwelthaftungsgesetz ernst genommen werden, natürlich müsste die europäische Umwelthaftungsrichtlinie ernst genommen werden, und zwar in diesen Ausmaßen, wie sie jetzt als Vorschlag auf dem Tisch liegt und diskutiert wird. Aber ein Bundeswirtschaftsminister

sagt uns inzwischen jeden Tag, diese Dinge müssen unter der Decke gehalten werden, weil Umweltschutz keine Konjunktur hat und in den Top-
Themen der politischen Diskussion derzeit eben nur an 8., 9. oder 10.,
vielleicht auch schon erst an 20. Stelle steht, aber rechtspolitisch ist die
EU-Umwelthaftungsrichtlinie grundsätzlich erwünscht, und jetzt diskutieren wir monatelang darüber, wie wir sie so lange verbessern können,
bis sie auch der Wirtschaft gerecht wird.

P. Braun, VCI, Frankfurt a. M.

Ich kann Ihre Ansicht nicht teilen, dass der Umweltschutz und die Umweltschutzpolitik so stark in den Hintergrund gedrängt wird. Wir haben
damit auch andere Erfahrungen gemacht. Aber ich wollte hier noch einmal auf die Verursachungsvermutung des Umwelthaftungsgesetzes zurückkommen. Ich befürchte, dass dieser Punkt ein bisschen verniedlicht
und seiner Bedeutung nicht gerecht wird. Ausgerechnet dieser Umstand
führt bei Schäden, für die das Gesetz nicht anwendbar ist, dann auch
dazu, dass diese Verursachungsvermutung aus rechtspolitischer Sicht
nicht so bewertet wird, wie sie vielleicht bewertet werden würde, wenn
wir die Verursachungsvermutung im Produkthaftungsgesetz hätten. Ich
bin der festen Überzeugung, dass wir dann eine ganz andere Situation
hätten, und zwar gerade bei dem Anspruchsdenken, das bei uns in der
Bevölkerung vorhanden ist, wo eben sehr viel häufiger Schadensfälle
durch Produkte in den Mittelpunkt rücken, bei denen dann aber eine
Durchsetzung entsprechender Ansprüche nicht verlangt wird, weil man
eben die notwendigen Verursachungsnachweise nicht führen kann. Natürlich bedaure ich es nicht in Wirklichkeit, dass diese Verursachungsvermutung nicht im Produkthaftungsgesetz verankert ist. Es wird nunmehr auch im Europäischen Parlament vorgeschlagen, eine Regelung
zur Verursachungsvermutung in die Umwelthaftungsrichtlinie einzuführen, weil dieses Prinzip schon in Deutschland Praxis ist. Aber ich glaube,
dass wir, wenn wir in diese Richtung gehen, einen ganz schlechten Weg
gehen würden.

Prof. Dr. P. Schimikowski, FH Köln

Ich möchte ganz kurz an die Verursachungsvermutung anknüpfen. Die
Verursachungsvermutung gibt es seit dem August letzten Jahres auch in
der Pharmahaftung, was natürlich für die Industrie eine schwierige

Sache ist, aber auf der anderen Seite denke ich, z. B. für die Umwelthaftung ist es im Hinblick auf den mittelbaren Umweltschutz segensreich gewesen, denn die Versicherer sind ausgeschwärmt und haben den Betrieben gesagt: Leute seht zu, dass ihr immer den bestimmungsgemäßen Betrieb einhaltet und möglichst noch ein bisschen mehr an Standard verwirklicht und vor allen Dingen auch noch alles dokumentiert. Das könnte man als die mittelbar umweltschützende Wirkung dieses Gesetzes bezeichnen. Außerdem hat das Umwelthaftungsgesetz auch die Umwelthaftpflichtpolice hervorgebracht, die von einer pauschalen Deckung abrückt und zu einer sehr konkreten, mehr anlagenbezogenen Deckung hingegangen ist, was dazu geführt hat, dass sich auch, zumindest in den ersten Jahren, die Versicherer die jeweiligen betrieblichen Risiken intensiv angeschaut haben. Die haben geschaut, was jeweils für ein Sicherheitsstandard erfüllt wird und das hat mittelbar auch dazu beigetragen, dass eine schadenspräventive Wirkung erzeugt worden ist.

Europäische Umwelthaftung und Problemlagen aus Sicht der deutschen Wirtschaft

Friedrich Kretschmer

I. Vorbemerkungen

Die deutsche Industrie verfolgt die Arbeiten an der Richtlinie über die Umwelthaftung zur Vermeidung und Sanierung von Umweltschäden mit besonders großer Aufmerksamkeit. Dies liegt an der langen Vorgeschichte, der Brisanz des Gegenstandes und den möglichen wirtschaftlichen Konsequenzen. Die Umwelthaftung beschäftigt uns seit nunmehr 15 Jahren. Der deutsche Gesetzgeber griff das Thema 1988 nach den Vorkommnissen in Seveso, Basel und Tschernobyl auf. 1990 wurde dann nach langen und sehr gründlichen Debatten das deutsche Umwelthaftungsgesetz erlassen. Kurz danach begann die Europäische Kommission mit ihren Überlegungen, die erstmals im Mai 1993 in einem Grünbuch der Öffentlichkeit vorgestellt wurden.

Nach 10 Jahren ist immer noch keine Regelung erlassen worden. In der Industrie rechnen aber jetzt fast alle damit, dass in absehbarer Zeit Ministerrat und Europäisches Parlament sich auf eine Richtlinie verständigen werden. Damit fände ein zähes Ringen seinen Abschluss.

Heute, im Februar 2003, stehen wir noch mitten in den Beratungen. Sie finden parallel im Ministerrat und im Europäischen Parlament statt. Der Ministerrat hat im vergangenen Jahr den Richtlinienvorschlag mehrfach durchgesehen, aber aus seinem letzten Zwischenbericht kann man ersehen, dass fast alle Vorschriften mit Prüfvorbehalten des einen oder anderen Landes versehen sind. Es gibt aber keine Delegation, die das Projekt grundsätzlich in Frage stellt. Dies ist eine klare Botschaft an die Wirtschaft, sich auf eine Regelung einzurichten.

Im Europäischen Parlament sind der Rechtsausschuss und der Umweltausschuss gemeinsam zuständig. In einem solchen Fall müssen sich die beiden Ausschüsse auf eine gemeinsame Vorlage an das Plenum einigen. Dafür gibt es ein kompliziertes Verfahren, das bei dieser Gelegenheit nun zum ersten Mal ausprobiert wird. Dies bringt in die Diskussionen des Europäischen Parlaments ein Element der Unsicherheit. Der Rechtsausschuss verfolgt eine eher gemäßigte Linie, während dem Umweltausschuss das Regelwerk gar nicht weit genug gehen kann.

Friedrich Kretschmer

So ist es derzeit nicht ganz leicht, die Auswirkungen der Richtlinie auf die Industrie abzuschätzen. Es macht natürlich einen großen Unterschied, ob den Unternehmen angemessene Verteidigungsmöglichkeiten eingeräumt werden, ob die Haftung begrenzt wird, ob eine Versicherungspflicht eingeführt wird oder ob am Ende sogar noch ein Fonds für die Sanierung von Umweltschäden eingerichtet wird. Dies alles ist noch keineswegs entschieden. Man kann deshalb nur verschiedene Mosaiksteine beschreiben, aber wie das Gesamtbild aussieht, wird man abwarten müssen.

II. Keine Harmonisierung des zivilen Haftungsrechts

Es ist allerdings sehr positiv und als großer Fortschritt vermerkt worden, dass die Kommission ihren Plan aufgegeben hat, das zivile Haftungsrecht zu vereinheitlichen. Daran hatte man acht Jahre lang festgehalten und war schließlich am Widerstand mehrerer Mitgliedstaaten, an den Einwänden der Wirtschaft und wohl auch an der falschen Konzeption gescheitert.

Bekanntlich wurde 1985 die Richtlinie über die Produkthaftung verabschiedet. Nichts lag näher, als ihr eine Richtlinie über die Umwelthaftung zur Seite zu stellen, zumal beide Rechtsgebiete Berührungspunkte aufweisen. Im Rückblick kann man sagen, dass die Kommission dabei zwei Fehler beging. Sie bestand von Beginn an auf einem Ersatz so genannter Öko-Schäden und richtete ihren Vorschlag fast ausschließlich auf die Schadensprävention aus. Beides war mit einer Richtlinie über die zivile Umwelthaftung kaum zu verwirklichen.

Das Deliktsrecht bezweckt den Schutz privater Güter. Öko-Schäden sind aber Schäden an Gütern der Allgemeinheit. Zu ihrem Schutz ist in erster Linie der Staat berufen, was nach unserem Rechtsverständnis am besten mit Instrumenten des öffentlichen Rechts geschieht. Privatrechtlich wäre allenfalls eine Lösung über eine Verbandsklage möglich gewesen, aber dagegen gab es erhebliche Vorbehalte, nicht nur von Seiten der Industrie.

Außerdem stellte die Kommission auf ein überhöhtes Haftungsniveau ab, weil sie glaubte, nur auf diesem Wege die nötige Präventionswirkung erzielen zu können. Dabei wurden allerdings die Gewichte so stark zugunsten der Geschädigten verschoben, dass an einer fairen Kompensation, dem Hauptzweck des Deliktsrechts, mit guten Gründen gezweifelt werden konnte.

Es ist nicht ganz überflüssig, sich auf diese Zusammenhänge zurück zu besinnen, denn nur so versteht man, warum im Titel einer öffentlich-rechtlichen Richtlinie das Wort „Haftung" erscheint. Es wird dann auch klar, warum Umweltkommissarin *Wallström* am Ende dem öffentlich-rechtlichen Konzept grünes Licht gegeben hat. Man will nun auf diese Weise die Sanierung von Öko-Schäden sicherstellen. Dies ist der Hauptzweck der Richtlinie, und dies muss jeder wissen, der ihr Ziel in Frage stellen möchte.

III. Die Schadenszenarien

Was ist nun von der Richtlinie zu erwarten? Man geht am besten davon aus, auf welche Schäden sie sich bezieht. Es gibt drei Szenarien, die man mit dem heutigen deutschen Recht vergleichen sollte.

(1) Wasserverschmutzungen und Bodenverunreinigungen sind gewohnte Kategorien. Bei Wasserschäden reicht für das behördliche Eingreifen nach der Richtlinie schon die substantielle Verschlechterung der Wasserqualität aus. Dies entspricht im Wesentlichen dem Wasserhaushaltsgesetz, wo es auf die Veränderung der physikalischen, chemischen oder biologischen Beschaffenheit des Wassers ankommt. Wird dadurch ein Schaden verursacht, löst dieser die Ersatzpflicht nach § 22 WHG aus. Nach der Richtlinie würde hier noch das Verlangen der Behörden nach Prävention oder Sanierung hinzutreten. Eine einschneidende Veränderung des heutigen Rechtszustandes bedeutet dies wohl nicht.

(2) Ähnlich steht es mit den Bodenkontaminationen. Nach § 2 Abs. 3 des Bundesbodenschutzgesetzes dürfen Einwirkungen auf den Boden keine Gefahren, erhebliche Nachteile oder Belästigungen für Einzelpersonen oder die Allgemeinheit herbeiführen. Wird dagegen verstoßen, sind die Behörden zur Gefahrenabwehr verpflichtet. Nichts anderes will die Richtlinie regeln. Auch hier wird im Grunde nur das deutsche Recht nachgezeichnet, jedenfalls bei den Eingriffsvoraussetzungen.

(3) Anders liegt es bei den Schäden an der Biodiversität, den eigentlichen Öko-Schäden. Mit der „biologischen Vielfalt" will die Richtlinie Lebensräume und Arten schützen. Maßstab ist die Veränderung eines günstigen Erhaltungszustandes, was wiederum für einzelne Lebensräume und Arten genauer bestimmt wird. Im Kern geht es deshalb um einen Bereich, den bei uns das Naturschutzrecht, besonders das Bundesnaturschutzgesetz, abdeckt. Die Eingriffe in die Natur, die dort geregelt sind,

werden allerdings gezielt vorgenommen, etwa im Rahmen von Bauvorhaben. Daneben gibt es nur die übliche Abwehr von Gefahren für die Allgemeinheit.

Hier liegt der entscheidende Unterschied zur Richtlinie, bei der schon eine Gefährdung oder Beeinträchtigung der Natur ein behördliches Vorgehen rechtfertigt. Die Gefährdung von Einzelpersonen oder der Allgemeinheit ist irrelevant. Die Meinungen schwanken, ob in der Praxis viele Fälle dieser Art auftreten werden, aber es ist für die Unternehmen schon beunruhigend, wenn die Eingriffsschwelle in dieser Weise abgesenkt wird. Man sieht dies auch in Verbindung mit erweiterten Ersatzpflichten, geminderten Verteidigungsmöglichkeiten und mit vermutlich schwierigem Versicherungsschutz. Deshalb ist gegenwärtig schwer zu quantifizieren, wie folgenreich die Richtlinie für die Industrie in dieser Hinsicht sein könnte.

IV. Erfasste Tätigkeiten

Für die Gesamtbeurteilung wird ein anderer Gesichtspunkt ebenfalls Gewicht haben. Der Kreis der Tätigkeiten, die von der Richtlinie erfasst werden, ist außerordentlich weit gezogen. Im Grunde sind alle beruflichen Tätigkeiten erfasst, soweit es um Ökoschäden geht. Eine Inanspruchnahme durch die Behörde setzt voraus, dass Verschulden nachgewiesen wird. Für bestimmte Tätigkeiten und Anlagen soll aber eine strikte Haftung gelten. Sie sind in verschiedenen Richtlinien geregelt, die in Anhang I der Umwelthaftungsrichtlinie zitiert werden. Dies sind im Wesentlichen gefährliche Anlagen und Tätigkeiten im Zusammenhang mit Gefahrstoffen.

Übersichtlich ist dies nicht. Wer künftig in einem konkreten Fall Rat erteilen will, muss von der Richtlinie in den Anhang gehen, von dort in die genannten Richtlinien. Besser wäre eine katalogartige Aufzählung, wie wir sie aus unserem Umwelthaftungsgesetz kennen. Darüber ist das letzte Wort in Brüssel noch nicht gesprochen.

Gravierender ist, dass die Richtlinie jeden Handwerker und jeden Kleinbetrieb erfasst. Das bereitet diesen Kreisen Sorgen. Man kann einwenden, kleine Handwerker werden kaum die Schäden anrichten, auf deren Prävention oder Sanierung die Richtlinie abzielt. Bei Bodenschäden auf Betriebsgelände kann man sich dessen nicht so sicher sein. Es kommt hinzu, dass eine Pflichtversicherung droht, die dann auch jene nachwei-

sen müssen, die wahrscheinlich nur ein kleines Gefährdungspotential re-
präsentieren. Auf jeden Fall würde dies zusätzliches Geld kosten.

V. Ermessen der Behörden

Für die Wirtschaft könnte es von erheblicher Bedeutung sein, ob die Behörden zu präventiven oder sanierenden Eingriffen oder Anordnungen
verpflichtet sind oder ob ihnen ein Handlungsermessen eingeräumt wird.

Dies gilt vor allem dann, wenn die Behörden Fälle übernehmen müssen,
in denen der Verursacher nicht haftet, zahlungsunfähig ist oder nicht
festgestellt werden kann. So ist es in der Richtlinie jetzt vorgesehen. Besonders die letzte Möglichkeit wird nicht ganz selten sein. Es versteht
sich, dass bei Bodenkontaminationen mit Gesundheitsgefahren für den
Menschen stets gehandelt werden muss. Bei bloßer Beeinträchtigung der
Wasserqualität oder bei Gefährdungen der Natur kann man die Dring-
lichkeit im Einzelfall schon ganz anders beurteilen. Die Richtlinie bringt
deshalb auf jeden Fall zusätzliche Belastungen für die öffentliche Hand
mit sich. Ist kein Verursacher zu ermitteln, der zur Kostenerstattung
herangezogen werden kann, bleibt die Behörde auf ihren Kosten sitzen.
Je geringer ihr Ermessensspielraum, um so größer kann dieser Ausga-
benposten werden. Dann liegt es nahe, nach einem Ausweg zu suchen.

Zum einen besteht der Anreiz, die Verteidigungsmöglichkeiten der Unternehmen zu beschneiden, um möglichst wenige entweichen zu lassen. Zum
anderen wird die öffentliche Hand daran denken, die ihr entstandenen
Kosten weiterzugeben. Schon in den Diskussionen über ein ziviles Haftungsrecht ist immer wieder mit der Idee gespielt worden, einen Fonds einzurichten, der für nicht genau zurechenbare Schäden einstehen sollte.

Kollektive Systeme dieser Art gibt es hier und da bereits in einigen Ländern und auf internationaler Ebene, etwa für die Haftung bei Tankerun-
fällen. Es zeigt sich aber, dass diese Systeme um so weniger effizient
sind, je inhomogener die abgesicherten Risiken sind. Es ist dann nämlich
sehr schwer festzulegen, wer aus welchem Grund wie viel in einen solchen Fonds einzahlen muss. Bei Umweltschäden kommt hinzu, dass
auch die Auszahlung viel Arbeit voraussetzt, denn bei Sanierungen bedarf es eines erheblichen Aufwandes, um die tatsächlichen Feststellungen zu treffen, die Sanierungsoptionen abzuschätzen und die Sanierung
selbst in die Wege zu leiten. Der Superfund in den USA ist gerade aus
solchen Gründen kein Modell für Europa.

Schließlich gibt es den Haupteinwand, dass über einen Fonds die gut vorsorgenden Unternehmen am Ende für die nachlässigen, erfolglosen oder unbekannten Konkurrenten mitbezahlen müssen.

VI. Sanierung

Von den Sanierungsstandards war schon die Rede. Zunächst wird verlangt, dass der alte Zustand wieder hergestellt wird. Diese primäre Sanierung ist die im deutschen Recht bekannte Naturalrestitution. Sie bietet deshalb keine besonderen Schwierigkeiten. Allerdings wird häufig nicht bekannt sein, wie der vorherige Zustand beschaffen war, so dass Zweifel entstehen, welchen Grad von Sauberkeit des Bodens der Verursacher wieder herstellen muss. Ähnlich kann es sich bei Wasserschäden verhalten. Auch bei der Biodiversität wird selten dokumentiert sein, welcher Ausgangszustand vorhanden war. Bei ihren Anordnungen werden die Behörden eher zu viel als zu wenig verlangen.

Die meisten Sanierungen werden eine gewisse Zeit beanspruchen. Dies gilt für die Wiederherstellung des früheren Zustandes ebenso wie für die Ausgleichssanierung, die in der Vornahme gleichwertiger Maßnahmen besteht. In dieser Zeit kann eine natürliche Ressource, etwa ein Waldstück, nicht wie zuvor genutzt werden. Die Allgemeinheit erleidet deshalb eine Einbuße. In Anhang II (2.4) der Richtlinie heißt es, dass auch solche „zwischenzeitlichen Verluste" kompensiert werden müssen. Zivilrechtlich spricht man in unserem Recht vom Nutzungsausfall.

Hier geht es um Geld. Wie berechnet man diesen Teil des Schadensersatzes? Wenn Geldbeträge aufgewendet werden müssen, um Gegenstände ständig nutzen zu können, ist die Rechnung verhältnismäßig einfach. Deshalb gibt es auch bei der Beschädigung von Kraftfahrzeugen die bekannte Tabelle, aus der entnommen werden kann, was es kostet, ständig ein Auto in der Garage verfügbar zu haben. Bei einem Waldstück oder bei der Beobachtung einer bestimmten Tierart ist dies anders. Hier muss man schätzen, und dies bringt Unsicherheit.

Trotz eingehender Studien hat die Kommission nämlich keine plausible Methode zu Tage gefördert, mit der ein solcher Nutzungsausfall berechnet werden kann. Letztlich hat die Behörde das Recht der Schätzung (2.1.8). In den USA gibt es Methoden, die aber ziemlich bedenklich sind. Eine Gruppe von Personen wird gefragt, was sie für eine bestimmte Nutzung zahlen würde, etwa für einen Waldspaziergang oder für einen

Strandaufenthalt. Man berechnet auch die Fahrtkosten zum nächsten intakten Waldstück oder Strand. Dabei kommt man mitunter zu absonderlichen Resultaten. Aus den USA wird berichtet, dass bei einer solchen Umfrage nach Ausgaben für eine bestimmte Tierart ein Betrag herauskam, der ein Mehrfaches größer war als der Gesamtbetrag aller Spenden für den Tierschutz im gesamten Land.

Die Versicherungswirtschaft sagt zu Recht, dass sie kein solches Risiko versichern wird, dessen Bewertung durch die Behörden in einem solchen Ausmaß unklar ist. Aus der Sicht der Unternehmen besteht damit eine Deckungslücke. Bei den Beratungen in Brüssel ist hier leider in diesem Punkt noch nichts verbessert worden.

VII. Verteidigungen der Unternehmen

Es gibt gute Gründe, die es verbieten, dass Unternehmen zu Maßnahmen herangezogen werden. Zwei davon sind unstreitig: Kriegsrisiko und höhere Gewalt. Zwei andere hingegen haben großen Streit verursacht. Soll sich ein Unternehmen auf Entwicklungsrisiken berufen dürfen? Darf das Unternehmen einwenden, dass der Schaden entstanden ist, obwohl es eine erteilte behördliche Genehmigung beachtet und eingehalten hat?

Das Entwicklungsrisiko ist aus der Produkthaftung bekannt und in der Richtlinie von 1985 als Verteidigung gegen Ersatzansprüche anerkannt worden. Auch die Kommission hat für die Richtlinie vorgeschlagen, ein Unternehmen sei nicht heranzuziehen, wenn die Emissionen oder Tätigkeiten zur Zeit der Schädigung nach dem Stand von Wissenschaft und Technik als unschädlich angesehen wurden. Es geht hier letztlich um die Frage, wer das Risiko des technischen Fortschritts tragen soll: die Allgemeinheit (in Gestalt der öffentlichen Hand) oder der Verursacher?

Dies ist ein altes Problem, das immer wieder erörtert wird und auch unterschiedlich gelöst worden ist. In der allgemeinen Produkthaftung wird das Entwicklungsrisiko als Verteidigung anerkannt, in unserem Arzneimittelgesetz hingegen nicht. Dabei geht es aber um den Ausgleich unter privaten Rechtssubjekten, nämlich dem Unternehmen auf der einen, dem Geschädigten auf der anderen Seite. Bei der Umweltsanierung steht das Unternehmen aber dem Staat gegenüber. Macht dies einen Unterschied?

Ich will die Frage offen lassen, aber für die wirtschaftlichen Konsequenzen der Richtlinie ist die Antwort schon mitentscheidend. Nach den Erfahrungen im Haftungsrecht dürften die Fälle allerdings eher selten vorkommen, denn der Stand von Wissenschaft und Technik bildet eine hohe Hürde, die nicht leicht überwunden wird. Aber angesichts langer Haftungszeiträume ist jedenfalls ein Fall des Entwicklungsrisikos nicht völlig ausgeschlossen.

Ganz anders liegt es bei der zweiten Verteidigung. Ein Unternehmen hält die Genehmigung ein, und dennoch entsteht ein Schaden, jedoch durch eine genehmigte Emission. In unserem Deliktsrecht befreit dies nicht von einer Ersatzpflicht. Kurz gesagt, die behördliche Genehmigung oder Überprüfung gibt kein Recht zur Schädigung Dritter. In der Richtlinie steht aber die Behörde, die eine Genehmigung erteilt hat, dem Empfänger der Genehmigung unmittelbar gegenüber.

Die Unternehmen setzen sich damit nicht dogmatisch, sondern praktisch auseinander. Hier stehen zwei Erwägungen im Vordergrund. Zunächst sagt man ganz einfach, dass die Genehmigungsbehörde an ihre Entscheidung gebunden ist und nicht mit der linken Hand nehmen darf, was sie mit der rechten gegeben hat, nämlich Rechtssicherheit. Dies ist die Meinung der ganz überwiegenden Mehrheit in der Industrie.

Es sind allerdings auch noch andere Folgen zu bedenken. Wenn die Genehmigung Sicherheit vor Inanspruchnahme bietet, fällt die Sanierung der öffentlichen Hand zur Last. Es könnte dann sein, dass die Genehmigungsbehörden noch genauere Prüfungen anstellen, bevor sie eine Anlage oder eine Tätigkeit genehmigen. Es könnte zu einer längeren Genehmigungsdauer und zu schärferen Auflagen führen, damit auch noch das letzte Schadensrisiko ausgeschlossen wird. Völlig unrealistisch dürfte ein solches Szenario nicht sein.

Bei den Verhandlungen in Brüssel neigt sich die Waage hin und her. Zunächst hatten diejenigen die Oberhand, die möglichst wenig Verteidigungen zulassen wollten, zum Schutz der Umwelt und zum Wohl des Fiskus. Mittlerweile hat sich der Wind wieder etwas gedreht, aber die Sache bleibt prekär. Sicher ist nur, dass jede Verteidigungsmöglichkeit die Versicherbarkeit der Risiken verbessern würde.

VIII. Haftungshöchstgrenzen

Ein weiteres Mittel, die Inanspruchnahme von Unternehmen nicht ausufern zu lassen, sind Haftungshöchstgrenzen. Wir kennen sie aus unseren Gesetzen über die Produkthaftung und die Umwelthaftung, auch aus dem Arzneimittelgesetz. Wenn man die Erfahrungen überblickt, haben sie aber keine große Rolle gespielt. Dies liegt daran, dass sie sehr hoch angesetzt werden, damit möglichst jeder denkbare Schaden unterhalb einer solchen Grenze bleibt. Dies mindert den praktischen Wert natürlich ganz erheblich. Wenn dennoch viele darauf bestehen, so tun sie dies hauptsächlich mit Blick auf die USA. Man möchte in Europa jedenfalls davor geschützt werden, dass bei uns ähnliche Schadenshöhen erreicht werden wie in den USA. Wenn man an die ungeklärte Berechnung des Nutzungsausfalls denkt, ist diese Haltung nicht völlig unberechtigt.

Neuerdings wird überlegt, Haftungshöchstgrenzen in Form einer gleitenden Skala einzuführen. Für kleine Unternehmen soll die Grenze niedriger als für große sein. Kriterien wären dafür Prozentsätze des Jahresumsatzes oder die Zahl der Beschäftigten. Man kann zweifeln, ob dies große Chancen hat. Schließlich sollte es aus der Sicht des Geschädigten keinen Unterschied machen, ob sein Schädiger reich oder arm ist, jedenfalls nicht von Rechts wegen. Solche Versuche sind in gewisser Weise auch die Anerkennung der Doktrin von der „deep pocket", der Heranziehung großer Unternehmen zu einem besonders hohen Schadensersatz, was wir in den USA zu Recht beklagen.

IX. Versicherung

Ohne einige Bemerkungen zur Versicherbarkeit wäre mein Überblick unvollständig. Warum es schwierig ist, die aus der Richtlinie erwachsenden Risiken in vollem Umfang zu versichern, wird der nächste Vortrag im Detail beleuchten. Die Industrie befindet sich in keiner guten Lage. Auf der einen Seite wird die Richtlinie besonders im Bereich der Biodiversität die Unternehmen mit neuen Risiken konfrontieren und den Behörden neue Eingriffsmöglichkeiten verschaffen. Auf der anderen Seite hört die Industrie von der Versicherungswirtschaft, dass bestimmte Risiken nicht oder kaum zu versichern sein werden. Man darf hinzufügen: wenn sie versicherbar sein sollten, wird dies jedenfalls seinen Preis haben, denn Unsicherheiten bei der Risikobewertung wirken sich selten zugunsten der Versicherungsnehmer aus.

Angesichts der Zahl der betroffenen Unternehmen und der heutigen wirtschaftlichen Situation nicht nur in Deutschland überrascht es doch etwas, dass Ministerrat und Europäisches Parlament über diese Schwierigkeiten mit einer gewissen Gelassenheit hinweggehen. Die Mehrheit, auch die Bundesregierung, befürwortet ohne weiteres eine Zwangsversicherung binnen fünf Jahren. Ist dies wirklich eine effiziente Lösung?

Einziger Vorteil wäre, dass die öffentliche Hand nicht belastet wird, wenn der Verursacher eines Umweltschadens zahlungsunfähig ist. Dies kann vorkommen, wird sich aber nicht oft ereignen. Regelfall ist, dass die Unternehmen sich freiwillig versichern oder ein Risiko, das ihnen geringfügig erscheint, ohne Versicherung selbst tragen. Gerade dies kann wichtig sein, denn wenn alle beruflichen Tätigkeiten erfasst werden, trifft die Versicherungspflicht nach dem Buchstaben der Richtlinie doch auch jeden Kleinbetrieb, obwohl das tatsächliche Risiko gering ist oder vernachlässigt werden kann. Wenn dennoch ein Zwang zur Versicherung besteht, wird letztlich Geld unnütz ausgegeben.

X. Fazit

Nach diesem Durchmarsch durch die Richtlinie bleibt das Gesamturteil aus der Sicht der Industrie ambivalent. Manches entspricht dem deutschen Recht – dies gilt besonders mit Blick auf das Wasserrecht und das Bodenrecht –, aber einiges geht doch darüber erheblich hinaus, nämlich bei der Biodiversität. Diesen Überschuss richtig abzuschätzen, fällt gegenwärtig schwer. Zunächst ist noch ungewiss, was der europäische Gesetzgeber am Ende beschließt. Noch sehr viel mehr wird es darauf ankommen, wie die Behörden in den Mitgliedstaaten die Vorschriften handhaben. In Deutschland kann man sich darauf verlassen, dass dies akribisch geschieht. Schließlich sind wir im Umweltrecht, und dort geht es nicht so sehr um Interessenausgleich als um die Gewährleistung des höchstmöglichen Schutzniveaus. Das mag gut und richtig sein, aber man muss auch wissen, dass dies nicht zum Nulltarif erhältlich ist, sondern dass die Unternehmen dafür Geld aufwenden müssen. Was angemessen ist, muss letztlich politisch entschieden werden, und dies bleibt abzuwarten.

Diskussion im Anschluss an den Beitrag von Dr. Friedrich Kretschmer

Europäische Umwelthaftung und Problemlagen aus Sicht der deutschen Wirtschaft

Dr. O. Hendrischke, Bundesamt für Naturschutz, Bonn

Wir hatten vorhin schon kurz über die Stellung der Umweltverbände gesprochen und Sie hatten betont, dass die Industrie bereits in den Vorentwürfen zur Richtlinie die starke Stellung der Verbandsklage kritisiert hatte. In der jetzigen Fassung der Umwelthaftungsrichtlinie ist vorgesehen, dass die Verbände die Behörden in Anspruch nehmen können, um nachzuprüfen, ob und inwieweit Umweltschäden eingetreten sind. Was halten Sie davon?

F. Kretschmer

Bei der zivilen Haftung war es ja so, dass die Umweltverbände sich unmittelbar mit dem Unternehmen auseinandersetzen durften, bis hin zum Klagerecht gegen das Unternehmen, Auskunftsansprüchen usw. Hier – Sie haben es selbst erwähnt – ist das Szenario anders. Die Umweltverbände können letztlich die Behörde zum Handeln auffordern und dieses Handeln im Extremfall auch durch Klage erzwingen. Das Unternehmen steht also erst in zweiter Linie zur Disposition. Insofern ist das Verhältnis kein so unmittelbares. Das entschärft aus unserer Sicht die Problematik etwas. Es kann aber durchaus sein, dass – je nachdem, wie dieses Instrument nachher gehandhabt wird – auf diese Weise ein Druck auf die Behörden erzeugt wird, gegen bestimmte Unternehmen vorzugehen. Wir sehen die Verbandsklage daher als ein Instrument an, das bedenkliche Seiten hat; das will ich hier durchaus unterstreichen. Verbände sind im Grunde genommen demokratisch nicht legitimierte Einheiten. Darin tun sich Leute zusammen, die letztlich auch nicht demokratisch kontrolliert werden. Sie betreiben Rechtsverfolgung, die an sich normalerweise dem Staat obliegt, setzen sich also sozusagen an die Stelle der Staatsanwälte, wenn ich das einmal so untechnisch ausdrücken darf. Des Weiteren ist natürlich bedenklich, dass solche Verbände nur eine bestimmte Kategorie von Fällen aufgreifen werden, nämlich solche, die „rechtlich einfach" sind und in der Öffentlichkeit ein hohes Profilierungspotential bieten.

Denn natürlich werden die Verbände auch tätig, um Mitglieder und Spenden einzuwerben. Sie werden sich also nicht um die „kleine Münze" kümmern, sondern eher um Großunternehmen, nach dem Motto „viel Feind, viel Ehr". Man kann hier natürlich viel mehr Publicity erreichen. Wir haben in Deutschland bereits schlechte Erfahrungen im unlauteren Wettbewerbsrecht machen müssen. Dort waren sog. qualifizierte Einheiten oder qualifizierte Persönlichkeiten – wir nannten sie damals Abmahnvereine – tätig, die die kleinsten Kleinigkeiten verfolgt haben, einfach nur, um Gebühren zu „schinden". Das hat in der deutschen Industrie nachhaltigen Eindruck hinterlassen, denn weder die Rechtsprechung noch der Gesetzgeber haben es im ersten Schritt geschafft, dieses Unwesen abzuschalten. Es hat zwanzig Jahre lang gedauert, bis das wieder im Griff war. Natürlich prägt so etwas unseren Erfahrungshorizont. Man kann das natürlich nicht unmittelbar auf das Umweltrecht übertragen, aber man sollte zumindest im Hinterkopf haben, dass die Klagerechte der Naturschutzverbände nicht ganz unbedenklich sind.

Dr. O. Hendrischke, Bundesamt für Naturschutz, Bonn

Ihrem Einwand, dass Verbände nicht demokratisch legitimiert seien und die Verbandsklage deswegen kritisch zu sehen sei, kann ich nicht zustimmen. Letztlich entscheidet doch die Gerichtsbarkeit. Die Verbände haben doch lediglich ein „Initiativrecht". Wir leben in einer pluralistischen Gesellschaft. Auch die Industrie betreibt Lobbyarbeit, hat erheblichen Einfluss und kann gewisse gesellschaftliche Prozesse initiieren. Da ist es doch gerade im Bereich der Umweltpolitik nur sinnvoll, wenn hier „Anwälte für die Umwelt" tätig werden. Wer außer dem Staat soll das sonst tun? Ich sehe das Problem der demokratischen Legitimierung nicht. Diese ist doch in erster Linie dann zu fordern, wenn es um Entscheidungskompetenzen geht, aber die sind hier doch gerade nicht gegeben.

F. Kretschmer

Gut, das ist die herrschende Lehre. Ich weiß das und ich bin Ihnen dankbar, dass Sie das noch nachgetragen haben. Insofern ist meine durchaus einseitige Stellungnahme Ihrer einseitigen Stellungnahme gegenüber zu stellen. Vielleicht liegt die Wahrheit in der Mitte?

L. Knopp

Ich meine, das Verbandsklagerecht ist so ein Novum nicht. Wir kennen es bereits aus dem Naturschutzrecht, wo die Verbandsklage im Prinzip zugelassen ist. Insoweit müsste man natürlich auch einmal fragen: Gibt es in diesem Bereich schon Erfahrungen, dass das Verbandsklagerecht zu einem Anstieg von Klagen geführt hat oder dass mit diesem Instrument sorgfältig umgegangen wird?

Dr. O. Hendrischke, Bundesamt für Naturschutz, Bonn

Aus aktuellen Untersuchungen geht hervor, dass die Verbände eigentlich sehr rücksichtsvoll mit diesem Instrument umgehen und dass sich die Befürchtungen, die immer wieder gegenüber der Verbandsklage vorgebracht werden, nicht bestätigt haben. Die Verbände prüfen natürlich sehr genau, in welchen Fällen sie Erfolgschancen haben, und konzentrieren sich auf diese wenigen Fälle. Ich gebe Ihnen, Herr Dr. Kretschmer, zwar Recht, dass das dann vielleicht auch entsprechend publikumswirksame Fälle sind, aber dass jetzt eine Schwemme von Verbandsklagen zu verzeichnen wäre, ist nicht ersichtlich.

F. Kretschmer

Ich kenne die Studie nicht, nehme das aber gern als Information entgegen. Wir reden hier jedoch nicht über die Vergangenheit und auch nicht allein über Deutschland, sondern wir reden über eine Regelung, die für Europa gemacht wird und die in allen Ländern gelten soll. Da mag es durchaus so sein, dass es in anderen Ländern andere Entwicklungen gibt als in Deutschland. Daher ist nicht zu erwarten, dass stets maßvoller Gebrauch von der Verbandsklage gemacht wird. Insofern mögen wir in Deutschland vielleicht etwas ruhiger agieren. Ob das in anderen Ländern ähnlich ist, kann ich nicht beurteilen. Zumindest besteht die Gefahr, dass es in anderen Ländern anders läuft. Wir haben mit der Verbandsklage in der Richtlinie jedoch weniger Probleme als an vielen anderen Stellen, das muss ich ganz deutlich sagen.

Dr. M. Weigand, Bayerisches Staatsministerium für Landesentwicklung und Umweltfragen, München

Herr Kretschmer, ich habe den Eindruck, dass Sie die öffentlich-rechtliche Natur der Haftungsrichtlinie so verstehen, dass hier an erster Stelle die öffentliche Hand gefordert sei. Wie sich dann die öffentliche Hand mit der Wirtschaft auseinandersetzt, sei eine zweite Frage. Wir sehen das, ehrlich gesagt, ganz anders. Das war auch das tragende Element der Bundesratsentschließung im April des vorigen Jahres. Deshalb hat man sich auch gegen die „Auffanghaftung" oder „Ersatzhaftung" der öffentlichen Hand gewendet, vielmehr stand das Verursacherprinzip im Vordergrund. Das Verursacherprinzip steht auch im Zentrum dieser Richtlinie und muss im Zentrum bleiben, d. h. die Haftung der Verursacher – und das ist eben nun mal in manchen Fällen die Privatwirtschaft – ist das Vorrangige; die öffentliche Hand muss mit dieser Haftung der Privatwirtschaft „irgendwie" umgehen. Wir sollten nicht der Gefahr unterliegen, dass wir durch die „Ersatzhaftung" der öffentlichen Hand zu dem Ergebnis kommen, dass alles öffentlich-rechtlicher Natur ist.

F. Kretschmer

Ich glaube, wir haben gar keinen Dissens. Sie fragen, wer als Erster am Zuge ist. Sie haben völlig Recht, das sind natürlich die Unternehmen. Aber wenn Sie die Richtlinie lesen, ist sie natürlich so angelegt, dass die Behörde die Unternehmen veranlasst, bestimmte Handlungen vorzunehmen. Das ist das Konzept der Richtlinie, das ist öffentliches Recht, und zwar in der Weise, dass die Behörde das Unternehmen auffordert, für Sanierung zu sorgen oder Präventivmaßnahmen zu ergreifen, wenn sie dafür Anlass sieht. Nach der Richtlinie geht der erste rechtliche Impuls also von der Behörde aus. Dass faktisch das Unternehmen vielleicht aus eigenem Ermessen schon früher in irgendeiner Weise tätig wird, ändert daran nichts. Die Auffanghaftung ist für Sie – das verstehe ich – ein monetäres Problem. Jeder versucht, soweit wie möglich ungeschoren davon zu kommen. Natürlich kann es die öffentliche Hand nicht ablehnen, tätig zu werden, wenn eine öffentliche Gefahr besteht. Natürlich muss sie dann auch die Kosten dafür tragen. Dafür haben wir doch den Staat, es ist eine Staatsaufgabe, für die Sicherheit der Bürger zu sorgen. Wenn Umweltgefahren drohen, deren Verursacher nicht ermittelt werden kann, kann sich die Behörde nicht darauf berufen, dass sie niemanden findet, der ihre Aufwendungen ersetzt. Ich habe die von Ihnen angeführte Bundesratsentschließung auch so verstanden, dass das nicht in Frage gestellt wird.

L. Knopp

Das Stichwort ist hier das „Gemeinlastprinzip". Es handelt sich vorliegend auch um keine staatliche Ausfallhaftung im eigentlichen Sinn, sondern beschrieben wird damit, was wir im Öffentlichen Recht bereits aus dem Altlastenrecht kennen, das Gemeinlastprinzip. D. h., wo niemand mehr in die Verantwortung genommen, also kein Verursacher ausfindig gemacht werden kann, ist es Aufgabe des Staates, tätig zu werden. Wie das in der Praxis umgesetzt wird, darauf hatte ich ja bei den Altlasten hingewiesen. Ich habe da so meine Zweifel, denn die staatlichen Kassen sind bekanntlich leer.

Dr. M. Weigand, Bayerisches Staatsministerium für Landesentwicklung und Umweltfragen, München

Bei Gefahren für Leben und Gesundheit – keine Frage – sind wir schon sicherheitsrechtlich gehalten, hier als „Auffanghaftender" tätig zu werden. Aber soweit nicht Sicherheitsinteressen angesprochen sind, muss es für die öffentliche Hand beim Opportunitätsprinzip bleiben, das war auch Sinn der vorliegenden Bundesratsentschließung.

Kriterien der Versicherbarkeit

Natascha Sasserath

I. Einleitung

Die Frage der Versicherbarkeit von Umweltschäden ist einer der zentralen Punkte in der Diskussion zum Entwurf der Kommission für eine Richtlinie über Umwelthaftung betreffend die Vermeidung von Umweltschäden und die Sanierung der Umwelt (KOM(2002)17). Die Mehrheit der Beteiligten in Ministerrat und Europäischem Parlament setzt sich für die Einführung einer Deckungsvorsorgeverpflichtung auf europäischer Ebene ein. Durch eine Versicherungspflicht der Betreiber soll sichergestellt werden, dass die eingetretenen Schäden auch tatsächlich vom Verursacher bezahlt werden. Das leuchtet auf den ersten Blick ein und entspricht auch dem Verursacherprinzip, dem Prinzip, das hinter der Richtlinie steht. Aus Sicht der Mitgliedstaaten ist die Forderung nach einer verpflichtenden Deckungsvorsorge des Betreibers ebenfalls verständlich. Denn ist der Betreiber zahlungsunfähig, muss der Staat die Sanierungskosten im Wege der Ausfallhaftung übernehmen.

In Gesprächen mit Politikern und Ministerien hören wir oftmals, dass wir uns eigentlich doch über dieses neue Geschäftsfeld freuen müssten. Die Richtlinie trifft praktisch den gesamten Bereich der gewerblichen Tätigkeiten im Umgang mit umweltgefährdenden Stoffen. Große Industrieunternehmen wie kleine Handwerksbetriebe werden möglicherweise zum Abschluss einer Sanierungskostenpolice für Schäden am Boden, Gewässer und der biologischen Vielfalt verpflichtet. Freuen können wir uns jedoch nur, wenn die Haftungsgrundlage, auf deren Basis wir unsere Versicherungsprodukte entwickeln, solide ist und die Voraussetzungen der Versicherbarkeit erfüllt sind. Die zu erwartenden Schäden müssen in Art und Umfang im vorhinein kalkuliert werden können. Gegenwärtig erfüllt der Richtlinienentwurf diese Voraussetzungen jedoch nicht.

Dass der Richtlinienentwurf konkretisierungsbedürftig ist, ist den meisten Beteiligten durchaus bewusst. In einem Fachgespräch im Bundesumweltamt Ende Januar 2003 wurde angemerkt, dass die Qualität der Richtlinie an der Versicherbarkeit der dort geregelten Haftungsrisiken gemessen werden kann. Zusammengefasst wurde das Gespräch mit der Feststellung: „Es gibt viel zu tun, packen wir es an." Vermehrt wird deshalb die Kooperation mit der Versicherungswirtschaft gesucht. Wir sind gerne bereit, unsere Erfahrungen aus dem Bereich der Umwelthaftpflichtversicherung in die Diskussion einzubringen und im Rahmen des Möglichen neue Versicherungslösungen für die Deckung reiner Umweltschäden zu entwickeln.

Die Abstimmung im Umwelt- und Verbraucherausschuss des Europäischen Parlamentes über den vorgelegten Papayannakis-Bericht Ende Januar 2003 stellt die Entwicklung von Versicherungslösungen jedoch ernsthaft in Frage: Die Änderungsanträge des Umweltausschusses zielen ab auf eine Ausdehnung der Haftung für alle gefährlichen Tätigkeiten und eine weitere Verschärfung des Haftungstatbestandes zum Nachteil der Wirtschaft. Notwendige Voraussetzung für die Kalkulierbarkeit der im Entwurf vorgesehenen Umweltrisiken ist jedoch eine Einschränkung und Konkretisierung des Haftungstatbestandes – also genau das Gegenteil des vom Umweltausschuss Beschlossenen. Vielleicht handelt es sich bei den Anträgen auch nur um einen politischen Schachzug, um die Verhandlungsmasse zu verbessern. Zweifelhaft ist jedenfalls, ob der Umweltschutz dadurch verbessert wird, wenn möglichst lückenlos alle denkbaren Fälle in der Richtlinie erfasst werden, die Finanzierung der Sanierungskosten jedoch nicht sichergestellt werden kann. Der Gesichtspunkt des wirtschaftlich Machbaren sollte nicht vollständig aus den Augen verloren werden. Entscheidend ist letztlich, dass die eingetretenen Schäden – konnten sie nicht verhindert werden – auch tatsächlich saniert werden. Hier kann manchmal weniger mehr sein.

Vor diesem Hintergrund möchte ich meinen Vortrag wie folgt gliedern:

– In einer Bestandsaufnahme werde ich kurz an Hand eines Beispielsfalls skizzieren, welche Schäden durch vorhandene Produkte wie Umwelthaftpflichtversicherung und Bodenkaskoversicherung bereits versichert werden können. Deutlich wird, dass die vom Richtlinienentwurf geregelten Schäden durch diese Produkte teilweise erfasst werden. Für den größeren Teil wird jedoch Neuland betreten, so dass neue Produkte entwickelt werden müssen.

– In einem zweiten Schritt werde ich der Frage nachgehen, ob der Richtlinienentwurf ausreichende Basis für die Entwicklung von Versicherungslösungen ist. Wie Sie ja bereits aus meinem Eingangsbemerkungen wissen, handelt es sich hierbei um eine rhetorische Frage. Welche Punkte aus Sicht der Versicherungswirtschaft verbesserungswürdig sind, werde ich Ihnen natürlich auch nicht vorenthalten.

– Auch wenn noch viele Fragen des Haftungtatbestandes ungeklärt sind, machen wir uns natürlich bereits heute Gedanken über die Möglichkeiten und Grenzen der Versicherbarkeit von Umweltschäden nach der Richtlinie. Die Eckpunkte einer möglichen Versicherungslösung werde ich Ihnen am Ende meines Vortrages vorstellen.

II. Bestandsaufnahme: Umwelthaftpflicht- und Bodenkaskoversicherung

Auf der Suche nach Lösungen werden wir von Politikern und ausländischen Versicherern häufig auf das deutsche Umwelthaftpflichtmodell des Verbandes angesprochen. Die Umwelthaftpflichtversicherung wird bereits seit zehn Jahren auf dem deutschen Markt angeboten. Sie ist im Vergleich zu anderen europäischen Ländern schon sehr weit entwickelt. So wird etwa in Großbritannien das Risiko für Personen- und Sachschäden als Folge von plötzlichen und unvorhergesehenen Umweltbeeinträchtigungen bislang nur pauschal im Rahmen der Betriebshaftpflichtversicherung gedeckt, Spezialversicherungen werden von britischen Versicherungen nicht angeboten.

Führt das Umwelthaftpflichtmodell aber wirklich weiter bei der Frage der Versicherung von Umweltschäden nach dem Richtlinienentwurf? In den Vorträgen meiner Vorredner wurde bereits darauf hingewiesen, dass die Richtlinie ausschließlich die *öffentlich-rechtliche* Kostentragungspflicht des Betreibers gegenüber der Behörde zur Sanierung von Umweltschäden und der Kosten ihrer Vermeidung betrifft. Anders als noch im Weißbuch und Arbeitspapier vorgesehen, wurde die zivilrechtliche Haftung für Schäden Dritter, die durch Umwelteinwirkungen verursacht werden, bewusst ausgeklammert. Privatrechtliche Ansprüche bleiben aus Gründen der Subsidiarität ausschließlich dem nationalen Recht vorbehalten (d.h. in Deutschland Haftung nach UHG, § 22 WHG, § 823 BGB).

Dementsprechend wurde bei Veröffentlichung des Kommissionsentwurfs vor gut einem Jahr auch von unseren Mitgliedsunternehmen oftmals die Frage gestellt, ob die geplante Richtlinie für die Haftpflichtversicherung überhaupt noch relevant ist. Denn Gegenstand der Haftpflichtversicherung ist die Inanspruchnahme aufgrund gesetzlicher Haftpflichtbestimmungen *privatrechtlichen* Inhalts (§ 1 AHB). Öffentlich-rechtliche Sanierungskosten werden nur gedeckt, wenn sie zur Abwendung eines drohenden Personen- oder Sachschadens erforderlich waren. Doch das Europarecht kümmert sich wenig um die strikte Unterscheidung zwischen öffentlichem und privatem Recht oder um den versicherungsrechtlichen Grundsatz der Spartentrennung. Nicht unerwähnt bleiben sollte jedoch, dass durch die Richtlinie neben dem Bereich der Allgemeinen Haftpflichtversicherung auch die Sparten Sach- und Kraftfahrzeugversicherung betroffen sind. Aufgrund des aufsichtsrechtlichen Grundsatzes der Spartentrennung bereitet die Entwicklung eines einheitlichen Pauschalkonzeptes für Umweltrisiken nach dem Richtlinienentwurf deshalb Schwierigkeiten.

Richtig ist, dass die bereits in Deutschland vorhandenen Versicherungskonzepte die im Richtlinienentwurf vorgesehenen Umweltschäden zum Teil decken. Angesprochen sind dabei insbesondere die bereits erwähnte Umwelthaftpflichtversicherung und die Bodenkaskoversicherung. Der Richtlinienentwurf geht jedoch im Sanierungsumfang für Boden- und Gewässerschäden weit über die angebotene Deckung hinaus. Bei der Versicherung von Schäden an der biologischen Vielfalt wird völliges Neuland betreten. Lassen Sie mich kurz die vorhandenen Überschneidungen und Lücken an einem Beispiel verdeutlichen:

1. Beispielsfall: Denkbare Schäden

Vielleicht erinnern Sie sich noch an den Rhein-Unfall vom November 1986. In der Nacht kam es zum Brand einer Lagerhalle für Agrochemikalien. Mit dem Löschwasser – es waren 10 000 bis 15 000 Kubikmeter – gelangten über 10 Tonnen Insektizide in den Rhein. Chemiealarm wurde ausgelöst. Der Bestand an Fischen und Kleinstlebewesen wurde stark geschädigt. Zum Schutz der Bevölkerung wurde während 18 Tagen aus dem Rhein kein Wasser für die Trinkwasserversorgung entnommen. Den anliegenden Fischern blieben die Erträge aus.

Um zu verhindern, dass Regenwasser durch den kontaminierten Boden des Betriebsgeländes ins Grundwasser drang, wurde unmittelbar nach dem Brand eine Asphaltdecke über den Brandplatz gezogen. Die Verunreinigung des Grundwassers hätte eine ernsthafte Gefahr für die Einwohner der Stadt Basel dargestellt. Die spätere Bodensanierung des Betriebsgrundstücks dauerte inklusive der umfangreichen Vorbereitungsarbeiten fünf Jahre.

Denkbar bei einem solchen Industrie-Störfall sind weitere Schäden, die in der folgenden Übersicht zusammengestellt sind:

– Hautreizungen, Atembeschwerden, Kopfschmerzen.
– Bodenkontamination des Nachbargrundstücks.
– Der private Teich, der durch das Flusswasser gespeist wird, kippt um.
– Dem Restaurant am Fluss bleiben die Gäste aus.
– Die Grundstückswerte der Anlieger sinken.
– Die Wohnqualität der Anlieger sinkt wegen der Geruchsbelästigung
  und der störenden Aussicht auf tote Fische und zerstörte Uferbepflan-
  zung.
– Das ökologische Gleichgewicht im Fluss (d. h. Wasserqualität, Mikro-
  organismen, Schnecken etc.) und den angrenzenden Naturschutzge-
  bieten (z. B. Auenwälder) wird zerstört/beeinträchtigt.

2. Gedeckte Schäden

Von diesen Schäden wird bereits heute ein großer Teil durch die vorhandenen Policen gedeckt.

a) Umwelthaftpflichtversicherung

Wie bereits erwähnt, ist Gegenstand der Umwelthaftpflichtversicherung
die Deckung von zivilrechtlichen Drittschäden, d. h. Personen-, Sach-
oder teilweise mitversicherten Vermögensschäden, die durch Umwelteinwirkungen verursacht werden. Die Umwelthaftpflichtversicherung
wurde in Anlehnung an das Umwelthaftungsgesetz (UHG) als Modell
vom GDV entwickelt und ist seit 1992 auf dem Markt. Das Deckungs-
konzept ist anlagenbezogen ausgestaltet, d. h. die gefährlichen Anlagen
des Betreibers werden einzeln versichert (Bausteinprinzip). Für die Industrie wird eine Spezialversicherung angeboten, kleine und mittlere
Unternehmen können im Rahmen der Betriebshaftpflichtversicherung
einen Zusatzbaustein vereinbaren (Umwelt-Basisversicherung). Obwohl
im UHG vorgesehen, ist eine Deckungsvorsorgeverpflichtung für den
Betrieb besonders gefährlicher Anlagen noch nicht in Kraft. Zwölf Jahre
nach Verabschiedung des UHG fehlt es noch immer an der konkretisie-
renden Deckungsvorsorge-Verordnung, die Versicherungssummen und
den gesetzlich geforderten Bedingungsrahmen verbindlich vorgibt.

Für die auf freiwilliger Basis abgeschlossenen Versicherungen wird regelmäßig eine Versicherungssumme von 2 Millionen Euro pauschal für
Personen-, Sach- und mitversicherte Vermögensschäden vereinbart. Diese reicht im Regelfall zur Deckung der Schäden aus. Nach oben ist die
vereinbarte Summe natürlich offen. Industriekonzerne wie Bayer oder

Novartis werden natürlich angesichts des größeren Risikos, das von ihren Chemieanlagen ausgeht, in ihren Versicherungspolicen ganz andere Summen vereinbaren.

Im Mittelpunkt der Umwelthaftpflichtversicherung steht also die Deckung von zivilrechtlichen Drittschäden, die durch Umwelteinwirkungen (Luft, Boden, Wasser) verursacht werden. Erfasst werden damit zunächst die Kosten für die Behandlung von Gesundheitsschäden (z.B. Krupphusten, Atembeschwerden). Umweltschäden als solche werden jedoch ebenfalls gedeckt. Voraussetzung ist allerdings, dass der Boden im fremden Eigentum stand – also das Nachbargrundstück – oder wasserrechtliche Nutzungs- und Benutzungsrechte betroffen sind. Im Fall des damaligen Rhein-Unglücks wurde etwa den geschädigten Fischern ein Nutzungsausfall gezahlt, Fische wurden wieder angesiedelt. Auch der Eigentümer des privaten Teichs bekommt seinen Schaden ersetzt.

Letztlich werden die Sanierungskosten gedeckt, die zur Verhinderung bzw. Beseitigung eines ansonsten eintretenden Drittschadens notwendig waren. Diese Sanierungskosten werden als Aufwendungen vor Eintritt des Versicherungsfalls ersetzt (Ziff. 5 UHV). Hier kommen wir dem Anwendungsbereich des Richtlinienentwurfs schon am nächsten. Herr *Dr. Kretschmer* hat in seinem Vortrag bereits darauf hingewiesen, dass die Betriebe bereits heute nach dem WHG die öffentlich-rechtlichen Kosten der Gewässersanierung tragen müssen. Von den Haftpflichtpolicen gedeckt werden diese Kosten allerdings nur, wenn ein Drittschadensbezug nachgewiesen ist. Die Kosten der reinen Wiederherstellung der ursprünglichen Wasserqualität werden hingegen nicht erfasst. Das Gleiche gilt für die Wiederherstellung des ökologischen Gleichgewichts. Dementsprechend beschränkt sich der übernommene Schadensumfang auch auf die Kosten, die zur Beseitigung der bestehenden Gesundheitsgefahr notwendig waren. Beim damaligen Rhein-Unfall etwa reinigten Taucher die Rheinsohle auf einer Fläche von mehreren Tausend Quadratmeter durch Absaugen, wobei über 1000 kg Chemikalien aus dem Rhein entfernt wurden.

Da der Rhein auf einer Länge von 250 km geschädigt war, wurden aus der Schweiz, Frankreich, Deutschland und den Niederlanden insgesamt 1100 Drittschadenfälle gemeldet. Ein Jahr nach dem Brand waren bereits 70% der eingegangen Fälle erledigt, drei Jahre später nahezu 94%. In keinem der Fälle wurde ein Prozess geführt. Die Gesamthöhe der Schadensersatzzahlungen von 42 Millionen Schweizer Franken wurde von den Haftpflichtversicherungen nahezu vollständig gedeckt.

Natürlich gab es auch eine Vielzahl von Fällen, in denen Ansprüche abgelehnt werden mussten. Das lag jedoch nicht am fehlenden Versicherungsschutz, sondern an der fehlenden Haftungsgrundlage. Das gilt zum einen für reine Vermögensschäden wie etwa den Gewinnausfall des Restaurants, dem die Gäste ausbleiben. Zum anderen spreche ich immaterielle Schäden an wie die sinkende Wohnqualität der Anlieger oder den eingeschränkten Naturgenuss des Spaziergängers. Der Anblick des Rheins muss kurz nach dem Unglück wirklich schockierend gewesen sein: Überall lagen tote Fische herum. Hinzu kam der nächtliche Katastrophenalarm. Hätte man unmittelbar nach dem Störfall eine Umfrage in Basel-Stadt durchgeführt, um die „vorübergehenden Verluste" zu bewerten, die durch die Verunreinigung des Rheins entstanden sind, wären sicherlich astronomische Summen herausgekommen.

Das Ausmaß der Umweltkatastrophe sah allerdings schlimmer aus, als es tatsächlich war. Dank der intakt gebliebenen Mikroorganismen und der durchgeführten Wiederansiedelung der Fische war bereits nach 18 Monaten der Tierbestand im Rhein wieder praktisch normal. Durch die sofort eingeleiteten Maßnahmen zur Gefahrenabwehr verbunden mit den Kräften der natürlichen Wiederherstellung konnte erreicht werden, dass in Basel 1,5 Jahre nach der Katastrophe das Fischfangverbot wieder aufgehoben werden konnte.

b) Bodenkaskoversicherung

Einen großen Teil des Schadens machte die Verunreinigung des Betriebsgrundstücks aus. Dieser Schaden wird, da es sich um einen Eigenschaden handelt, nicht von der Umwelthaftpflichtversicherung gedeckt. Hierfür gibt es Spezialversicherungen. Abgesehen von der Versicherung der Kosten für die Dekontamination des eigenen Grundstücks als Folge eines Feuerereignisses im Rahmen der Feuerversicherung, handelt es sich dabei aber um Nischenprodukte. So wird die Bodenkaskoversicherung in Deutschland nur unter der engen Voraussetzung angeboten, dass die Verunreinigung des Bodens durch einen Störfall auf dem eigenen Grundstück verursacht wird. Weiterhin werden für die Bodenkaskoversicherung nur geringe Deckungssummen mit hohen Selbstbehalten angeboten, das Risiko wird nur sehr restriktiv gezeichnet. Es ist deshalb nicht anzunehmen, dass sich dieses Nischenprodukt zu einem eigentlichen Versicherungsstandard entwickeln wird.

3. Neue Haftung durch geplante Richtlinie zur EU-Umwelthaftung

Warum haben wir dann aber angesichts unserer breiten Erfahrungen mit der Sanierung von Umweltschäden eigentlich solche Probleme mit dem Richtlinienentwurf? Wie bereits von Herrn *Prof. Dr. Knopp* ausführlich dargestellt, steht im Zentrum der Richtlinie der Schutz der Umwelt als solcher. Gewählt wurde ein öffentlich-rechtlicher Ansatz. Als Umweltschaden definiert wird die Gewässer- und Flächenkontamination sowie die Schäden an der biologischen Vielfalt. Wie weit der Schutzbereich der biologischen Vielfalt gezogen werden soll, darüber herrscht in Brüssel derzeit noch rege Uneinigkeit: Während die einen möglichst lückenlos alle geschützten Gebiete und Arten einbeziehen wollen, die durch europäische, nationale oder sogar auch regionale Vorschriften geschützt werden, vertreten andere die Auffassung, dass man zunächst mit den einheitlich in Europa geschützten Natura 2000-Gebieten und den dort lebenden Arten anfangen soll. So könnten Behörden, Betriebe und Versicherungen in einem ersten Schritt Erfahrungen im Umgang mit Schäden an der biologischen Vielfalt sammeln. Denn diese wird bislang in Europa gar nicht bzw. nur lückenhaft geschützt.

Zurück zu unserem Beispielsfall: Bei Geltung des Richtlinienentwurfs wäre der Betreiber über die bereits durchgeführten Aufwendungen hinaus in Zukunft verpflichtet, den ökologischen Ausgangszustand des beeinträchtigten Auenwaldes wiederherzustellen. Für den Gewässerschaden bedeutet die geplante Haftungsverschärfung durch die Richtlinie, dass über die Beseitigung der Gefahr hinausgehend im Rhein das ökologische und chemische Gleichgewicht wiederhergestellt werden müsste. Die Kräfte der natürlichen Wiederherstellung sollen auch nach dem Richtlinienentwurf genutzt werden können. Ist die Wiederansiedelung von Algen, Schnecken und Mikroorganismen jedoch nicht möglich oder unverhältnismäßig, soll eine Entschädigung für die vorübergehenden Verluste gezahlt werden. Wie diese ergänzend zu zahlenden vorübergehenden Verluste aber zu berechnen sind, ist eine weitere ungeklärte Frage in der Diskussion in Brüssel. Wie die Summen ausfallen könnten, wenn sich nach dem Vorbild der USA für die kontingente Bewertungsmethode entschieden wird, können Sie sich ja selbst ausrechnen.

III. Der Richtlinienentwurf: Ausreichende Basis für die Entwicklung von Versicherungslösungen?

Nun bin ich Ihnen ja eine Antwort schuldig auf die Feststellung, dass nach dem gegenwärtigen Stand der Diskussion die im Richtlinienentwurf vorgesehenen Umweltschäden nicht versicherbar sind. Welche Grundvoraussetzungen müssen für die Versicherbarkeit von Schäden erfüllt sein?

1. Kriterien der Versicherbarkeit

Herkömmlicherweise werden als Kriterien der Versicherbarkeit folgende Punkte angesehen:

– Verteilung des Risikos auf homogene Gruppe
– Kalkulierbarkeit: klar definiertes Risiko
– Eindeutig bestimmbarer Schadensumfang
– Schätzbarkeit: Eintrittswahrscheinlichkeit und durchschnittlicher Schaden
– Vorstellung/Begrenzung des größtmöglichen Schadens
– Zufall
– Unabhängigkeit der Risiken (Kumulationsproblematik)
– Akzeptanz: marktverträgliche Prämie
– Rückversicherungsschutz.

Probleme bereiten insbesondere die Schätzbarkeit, die Wirtschaftlichkeit und die Homogenität der im Richtlinienentwurf vorgesehenen Risiken:

a) Schätzbarkeit

Die Eintrittswahrscheinlichkeit und das Schadenausmaß wird von den Versicherern auf Basis ihrer Erfahrungswerte und Statistiken der Vergangenheit berechnet. Bei Umweltbeeinträchtigungen sind zwei Bereiche zu unterscheiden:

Die Eintrittswahrscheinlichkeit von plötzlichen und unfallmäßigen Umweltbeeinträchtigungen (z. B. durch Explosion oder Feuer) lassen sich in der Regel aus den vorliegenden Statistiken der Versicherer berechnen. Berücksichtigt werden ferner die Haftpflichtgesetzgebung, die gesetzlichen Vorschriften bzgl. Bau und Betrieb von Anlagen und Installationen sowie die Kenntnisse über die chemischen, physikalischen und biologischen Eigenschaften bekannter Stoffe (z. B. Chemikalien). Allerdings liegt auch in diesem Bereich ein nicht zu unterschätzendes Änderungsrisiko vor. Zu denken ist etwa an neue Erkenntnisse über die Auswirkungen von bestimmten Stoffen auf die menschliche Gesundheit. Diese Unsicherheit in der Kalkulation der Versicherungsprämie wird mittels Zuschlägen berücksichtigt. Komplexer wird die Berechnung der Eintrittswahrscheinlichkeit von bisher unbekannten Schäden oder neuartigen Schadenskategorien, wie z. B. den ökologischen Schäden, auch wenn diese auf einen Störfall zurückzuführen sind. Da hier wenige bis keine Erfahrungen vorliegen, ist es zunächst nahezu unmöglich, eine risikoadäquate Prämie zu berechnen.

Anders ist die Situation bei Ereignissen, die nicht auf einen Störfall zurückzuführen sind. Es handelt sich hierbei um Emissionen, die allmählich im Rahmen des normalen, störungsfreien und bewilligten Betriebs von Anlagen und Installationen erfolgen. Das schadenstiftende Ereignis als solches ist nicht feststellbar und kann somit auch nicht einem bestimmten Zeitpunkt zugeordnet werden. In der Regel führt erst die Kumulation der Schadstoffe in einem Medium (z. B. Grundwasser) zu einem gefährlichen Zustand für die menschliche Gesundheit. Bei derartigen Ereignissen fehlen den Versicherern regelmäßig die notwendigen statistischen Erfahrungen, da diese Ereignisse vom Versicherungsschutz regelmäßig ausgeschlossen sind und somit in keiner Schadenstatistik erfasst werden. Das noch geringe Wissen über das Umweltverhalten vieler Stoffe und Substanzen erschwert zudem die Schätzbarkeit der Umweltrisiken.

Noch komplexer ist die Situation im Bereich der Schätzung des Schadensausmaßes. Steht es im freien Ermessen der zuständigen Behörde, den Umfang der Ersatzleistung festzulegen, ist die Kalkulation besonders unsicher. Dafür gibt es Beispiele aus der früheren Praxis zum Wasserhaushaltsgesetz. Die Behörden in Baden-Württemberg gingen mit besonderer Strenge vor. Sie forderten vom Schädiger die Beseitigung jeglicher Schadstoffe im Grundwasser. Das hatte zur Folge, dass mit fortschreitenden Reinigungsmaßnahmen die Konzentration von Schadstoffen im Grundwasser abnahm – bis zu einem gewissen Punkt, wo die allgemeine Verunreinigungsschwelle des Grundwassers erreicht war. Von diesem Punkt an führten weitere Reinigungsmaßnahmen nicht mehr zum Absinken der Messwerte, da ständig neue Schadstoffe im zufließenden Grundwasser herantransportiert wurden. Dennoch wurde weiter gereinigt, da das Ziel noch nicht erreicht war. Die Maßnahmen endeten erst dann, als die Versicherungssumme verbraucht war. Hier wurde Geld ausgegeben, ohne dass es Nutzeffekte für die Umwelt gegeben hätte.

b) Wirtschaftlichkeit

Problematisch ist weiterhin die unabdingbare Voraussetzung der Wirtschaftlichkeit. Neben der langfristigen Gewinnentwicklung spielen auch versicherungsaufsichtsrechtliche Vorschriften (z. B. Solvenzvorschriften) eine große Rolle bei der Prämienkalkulation. Die Versicherer sind von Gesetzes wegen verpflichtet, technisch korrekte, dem versicherten Risiko gerechte Prämien zu berechnen. Aus den vorstehend dargestellten Gründen ist dies im Bereich der ökologischen Schäden mit den traditionellen versicherungstechnischen Methoden kaum möglich.

c) Homogenität

Weiter braucht man für eine Kalkulation auch die ungefähre Zahl der Betroffenen. Denn man muss wissen, auf wie viele Betroffene der ermittelte Schadensbetrag verteilt werden kann, um eine risikogerechte Beitragshöhe zu erhalten. Diese Versichertengemeinschaft ließ sich bisher im deutschen Umwelthaftungsgesetz recht einfach ermitteln. Es wurde nur eine bestimmte Anzahl von Umweltanlagen erfasst. Es ist bekannt, welche Betriebe solche Anlagen haben und wer daher als Teil der Gefahrengemeinschaft für Schäden mitzahlen muss.

In der Richtlinie wird dagegen ein neuer Weg beschritten. Jede gewerbliche Tätigkeit wird erfasst, die einen Umweltschaden hervorrufen kann. Das ist kaum zu begrenzen und trifft theoretisch Millionen von Betrieben mit extrem unterschiedlichen Schadenseintrittwahrscheinlichkeiten. Diese Risiken werden sich kaum in eine Gefahrengemeinschaft bringen lassen. Ein Handwerksbetrieb, der gelegentlich eine Büchse Farbe einsetzt, wird schwerlich bereit sein, für Schäden der Chemieindustrie mit einzutreten. Aus Sicht der Versicherer ist es erforderlich, die Haftung auf Risiken mit vergleichbarer Gefährlichkeit zu beschränken. Das lässt sich aber nur über die Anknüpfung an bestimmte Anlagen oder an solche Betriebsarten mit hohem Risiken erreichen. Die Einbeziehung jeglicher gewerblichen Tätigkeit führt dagegen zu kaum lösbaren Schwierigkeiten.

2. Flexible Entwicklung von Versicherungslösungen

Die fehlende Homogenität ist auch einer der Hauptgründe, warum wir gegen die Einführung einer Pflichtversicherung sind. Denn Pflichtversicherungen finden im Grunde nur dann Zustimmung, wenn sie gleichartige Risiken mit hohem Gefährdungspotential zusammenfassen. Eine solche Homogenität liegt beispielsweise im Bereich der Kraftfahrzeugversicherung vor.

Weiterhin stellt sich die Frage, wie eine Pflichtversicherung ohne zur Verfügung stehende Produkte überhaupt angeboten werden soll. Wie bereits erwähnt, gibt es gegenwärtig in ganz Europa keine Policen für die Versicherung von reinen Umweltschäden, die flächendeckend angeboten werden können. Die Entwicklung von Speziallösungen braucht Zeit. Insofern sollte die Einführung von Versicherungslösungen dem freien Wettbewerb überlassen werden.

3. Notwendige Konkretisierung und Eingrenzung des Haftungstatbestandes der Richtlinie: Forderungen des GDV

Grundvoraussetzung für die Entwicklung von Versicherungslösungen ist aber das Vorhandensein einer soliden Haftungsgrundlage. Der Richtlinienentwurf muss konkretisiert und eingegrenzt werden. Die Arbeit ist nicht damit getan, wenn eine Deckungsvorsorge eingeführt und mit strengen Zeitvorgaben verknüpft wird. Die als notwendig erkannten Konkretisierungen müssen jetzt und vor Verabschiedung der Richtlinie umgesetzt werden. Sie dürfen nicht in ungewisse Zukunft verschoben werden, nur weil man das Thema vom Tisch haben und einen politischen Erfolg für den Umweltschutz verbuchen möchte. Insofern hilft auch der Kompromissvorschlag der griechischen Ratspräsidentschaft von Mitte Dezember 2002 (2002/0021 (COD)) nicht wirklich weiter. Danach soll die Deckungsvorsorgeverpflichtung zeitlich gestreckt in Drei-Jahres-Abschnitten schrittweise eingeführt werde. Eine echte inhaltliche Auseinandersetzung mit den umweltgefährdenden Tätigkeiten in Anhang I findet auch in diesem Papier nicht statt.

Welche Schwerpunkte sollten nun aber bei der inhaltlichen Überarbeitung des Kommissionsentwurfs gesetzt werden, um die Entwicklung von Versicherungslösungen zu fördern? Welche Punkte sind aus Sicht der Versicherungswirtschaft verbesserungswürdig?

a) Eingrenzung des Anwendungsbereichs in Anhang I: besonders umweltgefährdenden Tätigkeiten und Betrieb von High-Risk-Anlagen (vergleichbar Seveso-II-Richtlinie)

Zunächst sollte sich unseres Erachtens die Kostentragungspflicht der Betreiber auf die Risiken konzentrieren, die den wesentlichen Teil der Umweltschäden ausmachen. Im Vordergrund der Überlegungen sollte deshalb nicht eine Erweiterung des Anwendungsbereichs – wie vom Umweltausschuss des Europäischen Parlamentes gefordert – sondern vielmehr die Konzentration auf die Risiken sein, die die Umwelt am nachhaltigsten schädigen. Zu denken ist etwa an High-Risk-Anlagen nach der europäischen Seveso-II-Richtlinie. Behörden wie Versicherungsunternehmen könnten zunächst in diesem Bereich Erfahrungen sammeln. Diese könnten dann möglicherweise später sukzessive auf andere denkbare umweltgefährliche Tätigkeiten ausgeweitet werden.

b) Konkretisierung Anhang I: Enumerative Aufzählung der Tätigkeiten/ Anlagen in Katalog

Die Kalkulierbarkeit könnte zudem deutlich verbessert werden, wenn die umweltgefährdenden Anlagen und Tätigkeiten in einem Katalog enumerativ aufgezählt würden. Der dynamische Verweis auf eine Vielzahl von Richtlinien ist unübersichtlich und in der Praxis für die verschiedenen Rechtsanwender nicht praktikabel. Es besteht die Gefahr, dass Systematik und Definitionen der aus unterschiedlichen Jahren stammenden Vorschriften nicht aufeinander abgestimmt sind. Das Problem der fehlenden Homogenität der einzelnen Vorschriften besteht insbesondere bei nachträglicher Änderung einer Vorschrift (vgl. dazu z.B. die Anpassungsschwierigkeiten bei UHG-Haftung nach Änderung von AbfG und BImSchVO). Hinzu kommt, dass eine einheitliche Umsetzung der Richtlinien in den Mitgliedstaaten nicht sichergestellt ist. Der haftungsrechtlich sanktionierte Umweltstandard ist damit unterschiedlich und führt zu Wettbewerbsverzerrungen.

Lücken im Umweltschutz müssen bei einem Haftungskatalog ebenfalls nicht befürchtet werden. Denn bei Neufassung oder Änderung von umweltrelevanten Richtlinien kann der Katalog an die neue Rechtslage angepasst werden. Bei einer solchen Vorgehensweise wäre auch sichergestellt, dass die jeweilige umweltgefährdende Tätigkeit bzw. der Betrieb einer bestimmten Anlage bewusst in die erweiterte Haftung nach der EU-Richtlinie aufgenommen wird. Schließlich entspricht es rechtsstaatlichen Grundsätzen, dem Betreiber sein gesteigertes Haftungsrisiko klar vor Augen zu führen.

c) Haftungsausschluss für Entwicklungsrisiken und für genehmigte Emissionen

Einer der Hauptstreitpunkte ist der Haftungsausschluss für Schäden, die durch genehmigte Emissionen verursacht wurden oder die nach dem Stand der Technik zum Zeitpunkt der Emission nicht als schädlich einzuschätzen waren. Im Kommissionsentwurf werden diese Schäden von der Haftung ausgenommen. Die Ausschlüsse sind ein wichtiger Schritt hin zu einer möglichen Versicherbarkeit von Umweltrisiken und unverzichtbar für die Entwicklung eines Versicherungsmarktes.

Allerdings wird im Ministerrat und den Ausschüssen des Europäischen Parlamentes die Streichung dieser Haftungsausschlüsse gefordert. Derjenige, der einen Umweltschaden verursacht – rechtswidrig wie rechtmäßig, vermeidbar wie unvermeidbar – soll der verschuldensunabhängigen Haftung der geplanten Richtlinie unterliegen. Dies entspreche dem Veranlasserprinzip. So ganz verständlich ist mir diese Begründung ehrlich gesagt nicht. Soll es tatsächlich so sein, dass der Umweltsünder nach den gleichen Maßstäben wie das umweltgerecht und verantwortungsvoll handelnde Unternehmen haftet? Eine solche Regelung stellt keinen Anreiz für die Unternehmen dar, die Umweltvorschriften und behördlichen Auflagen einzuhalten oder die Wirkungsforschung zur Vermeidung unerkannter Umweltrisiken zu intensivieren. Neben der Veranlasserhaftung ist aber auch die Vermeidung von Umweltschäden eines der Hauptziele der Richtlinie.

d) Beweislastverteilung entsprechend dem verwaltungsrechtlichen Amtsermittlungsgrundsatz (insbesondere Ausgangszustand, Kausalität)

Der Kommissionsentwurf sieht vor, dass die Haftung für Altlasten ausgeschlossen ist und der Betreiber den Ausgangszustand wieder herstellen muss. Sein Verursachungsbeitrag für die Verschmutzung der Umwelt soll wieder rückgängig gemacht werden. Diese Voraussetzungen werden von der Versicherungswirtschaft ausdrücklich begrüßt.

Was sich aber in der Theorie so einfach anhört, ist angesichts der bekannten Beweisprobleme im Umweltbereich oftmals praktisch schwer durchzuhalten. Voraussetzung für eine Versicherungslösung ist aber, dass auch in der Praxis eine rückwirkende Haftung für Altlasten auch tatsächlich ausgeschlossen wird. Deshalb ist Voraussetzung für die Entwicklung einer Versicherungslösung, dass der Betreiber nur dann haftet, wenn die Behörde den Verursachungsbeitrag und Ausgangszustand nachweisen kann. Dieses entspricht dem öffentlich-rechtlichen Amtsermittlungsgrundsatz.

e) Möglichkeit anteiliger Kostenanlastung bei mehreren Verursachern

In die gleiche Richtung geht die Forderung der Versicherungswirtschaft für den Fall, dass ein Umweltschaden durch mehrere Betreiber verursacht wird. Der Einzelne muss die Möglichkeit haben, die Kosten auf den selbst verursachten Teil begrenzen zu können. Die Anteilshaftung schafft eine wesentliche Voraussetzung dafür, bezahlbaren Versicherungsschutz bieten zu können.

f) Anhang II: Begrenzung des Umfangs der Sanierungspflicht

Das Interesse aller beteiligten Parteien (Behörden, Betreiber von Anlagen, Versicherer und Umweltschutzorganisationen) sollte auf die Vermeidung von Umweltbeeinträchtigungen und – wenn eine solche dennoch eingetreten ist – auf die rasche und effiziente Wiederherstellung der geschädigten Ressource gerichtet sein. Dass in diesem Bereich schon viel möglich ist, wurde im ersten Teil am Beispiel des Rhein-Unfalls dargelegt.

Was die Vermeidung durch den Anlagenbetreiber angeht, möchte ich noch einmal auf den eben erwähnten Beispielsfall zurückkommen. Der Brand und die Verschmutzung des Rheins machten deutlich, dass die Risiken der Lagerung von chemischen Stoffen und die Gefahr des Löschwassers aus der Brandbekämpfung unterschätzt wurden. In der Folge wurde ein neues Lagerkonzept erstellt, das für verschiedene Risikokategorien getrennte Lagerabschnitte, maximale Lagermengen, Schutz- und Löscheinrichtungen sowie Löschwasser-Rückhalteeinrichtungen vorschreibt. Hier leisten auch die Versicherungsunternehmen mit ihrem Fachwissen Hilfe. Weiterhin wurde die Produktion von besonders gefährlichen Stoffen eingestellt und eine spezielle Krisenorganisation eingerichtet, um im Schadensfall möglichst schnell und effektiv reagieren zu können.

Ist ein Umweltschaden dennoch eingetreten, sollten langwierige und teure juristische Auseinandersetzungen nach Möglichkeit vermieden werden. Die praktische Erfahrung in den anderen Rechtskreisen und insbesondere in den USA zeigt aber, dass bei der definitiven Festlegung der Sanierungsziele und Sanierungsmethoden sehr viel Zeit verstreichen kann. Vor allem entstehen mitunter bereits sehr hohe Kosten, bevor die erste Maßnahme überhaupt erst ergriffen werden kann. Neben den Kosten diverser Gutachten stehen die Kosten für die juristische Auseinandersetzung im Vordergrund. Als ein Beispiel mag das Unglück der „Exxon Valdez" dienen. Für die Bestimmung des Schadens an der Umwelt und für die Untersuchung der Auswirkungen dieser Ölverschmutzung auf die Umweltmedien Flora und Fauna wurden im Jahre 1989 66 Studien in Auftrag gegeben. Allein die Kosten für diese Studien beliefen sich auf USD 35 Millionen.

Um sicherzustellen, dass das Geld auch tatsächlich für die Sanierung der Umweltschäden eingesetzt wird, sollte deshalb gemeinsam nach sinnvollen und verhältnismäßigen Maßnahmen gesucht werden, um den ursprünglichen Zustand wiederherzustellen. Zudem sollte den Behörden die notwendige Flexibilität eingeräumt werden. Die Entscheidung über Durchführung und Umfang der angeordneten Sanierungsmaßnahmen sollte weiterhin im Ermessen der Behörden liegen.

Der Ersatz für zwischenzeitliche Verluste und irreversible Schäden (z. B. das Aussterben einer Tierart) bereitet vor diesem Hintergrund aber erhebliche Probleme. Gegenwärtig bestehen noch Unsicherheiten, wie eine solche Entschädigung überhaupt festgesetzt werden soll. Die Vorschläge basieren zumeist auf subjektiven Kriterien. Für die Versicherungskalkulation sind sie damit ungeeignet. Hinzu kommt, dass die Umfragen sehr zeit- und kostenaufwendig sind, Verzerrungen der Bewertungsergebnisse können nicht ausgeschlossen werden. Die Folge sind langwierige Prozesse und Rechtsstreitigkeiten.

g) Absolute Verjährungsfrist zur Begrenzung des Spätschadenrisikos

Letztlich erhöhen Verjährungsbestimmungen, welche die Haftung in zeitlicher Hinsicht beschränken, die Kalkulierbarkeit. Der Kommissionsentwurf sieht bislang nur eine Frist von fünf Jahren ab dem Zeitpunkt der Durchführung der Maßnahme vor. Dieser Zeitpunkt ist zu unbestimmt und müsste präzisiert werden. Fraglich ist, ob der Beginn oder die Beendigung der Maßnahme gemeint ist.

Entscheidend ist, dass eine absolute Ausschlussfrist fehlt, die quasi im Hintergrund unabhängig von der Kenntnis eines bereits eingetretenen

Umweltschadens gilt. Denn die Entdeckung eines Umweltschadens kann durchaus erst 40 Jahre nach dessen Verursachung erfolgen. Die anschließenden Sanierungsmaßnahmen können weitere 10 Jahre dauern. Erst danach würde die im Kommissionsentwurf erwähnte 5-Jahres-Frist zu laufen beginnen. Schäden, die sich vor 55 Jahren (40 + 10 + 5) ereignet haben, müssten saniert werden. Das würde die Sanierungspflicht der Wirtschaft überstrapazieren.

Der GDV schlägt deshalb vor, für die Kostenerstattung zur Begrenzung des Spätschadenrisikos eine absolute Verjährungsfrist von höchstens 10 Jahren vorzusehen. Diese sollte – entsprechend der Erfahrungen mit der Umwelthaftpflichtversicherung – mit der ersten nachprüfbaren Feststellung des Schadens beginnen.

h) Verbandsklagerecht: Ausschluss von Missbrauchsmöglichkeiten

Letztlich ist darauf hinzuweisen, dass die Kontrolle der Behörden nicht durch einen größtmöglichen Kreis der klageberechtigten Personen verbessert wird. Im Gegenteil, eine unkontrollierte Erweiterung der Klagebefugnis gefährdet die Funktionsfähigkeit der Verwaltung. Effektiv ist die Kontrolle nur, wenn sie durch einen klar abzugrenzenden Kreis qualifizierter Rechtspersonen – wie z. B. Umweltschutzverbände – ausgeübt wird. Sie verfügen über die einschlägigen Erfahrungen auf dem Gebiet des Umweltschutzes – eine notwendige Voraussetzung für eine sachliche und zügige Auseinandersetzung mit den Behörden.

IV. Möglichkeiten und Grenzen der Versicherbarkeit von Umweltschäden nach dem Richtlinienentwurf

Im Mittelpunkt der Gespräche mit den Ministerien und Politikern steht stets die Frage, ob und im welchen Umfang die im Richtlinienentwurf vorgesehenen Risiken versicherbar sind. Die Beantwortung der Frage bereitet Schwierigkeiten, da wesentliche Fragen des Haftungstatbestandes noch offen bzw. umstritten sind. Das gilt insbesondere für die Frage der Haftungsausschlüsse und den Umfang von Anhang I und II.

Auf welcher Basis wir uns überhaupt nur eine Versicherungslösung vorstellen können, habe ich Ihnen gerade im zweiten Teil dargelegt. Zusammenfassend lässt sich festhalten, dass die Tätigkeiten nach Anhang I auf die besonders umweltgefährdenden Tätigkeiten und der Sanierungsumfang auf Wiederherstellungsmaßnahmen konzentriert werden sollten. Vorübergehende Verluste können als immaterielle Schäden ohne objektiv bestimmbare Bemessungskriterien nicht übernommen werden.

1. Allgemeine Erwägungen

Bevor ich nun auf die Möglichkeiten und Grenzen der Versicherbarkeit von Umweltschäden, d. h. von Boden-, Gewässerschäden sowie Schäden an der biologischen Vielfalt zu sprechen komme, erlauben Sie mir kurz einige grundsätzliche Erwägungen zur Versicherbarkeit von Umweltschäden.

a) Störfälle

Bei der Darstellung der Kriterien der Versicherbarkeit habe ich bereits darauf hingewiesen, dass der Störfall für die Versicherungswirtschaft einen klaren Anknüpfungspunkt für die Risikokalkulation darstellt. Potentielle Gefährdungen in der Umgebung des versicherten Anlagenbetreibers können ex ante eingeschätzt und berechnet werden. Der Schadensfall wird zumeist direkt erkannt, Verursachungsbeitrag und Haftung des versicherten Betreibers können somit leichter bestimmt werden. Die notwendigen Sanierungsmaßnahmen können zügig eingeleitet werden. So wird auch in den USA, die von der Kommission gerne zum Beweis für die Versicherbarkeit von Umweltschäden herangezogen wird, grundsätzlich nur die „sudden and accidental pollution", also der Störfall, versichert.

b) Anlagen-, Betriebsstättenbezug: Keine Versicherbarkeit von Anwendung und Freisetzung umweltgefährdender Stoffe (Verwendungsrisiko)

Ein klarer Ansatzpunkt für die Kalkulation des versicherten Risikos ist weiterhin der Bezug zu einer Anlage oder Betriebsstätte. In vielen Fällen ist das bei den umweltgefährdenden Tätigkeiten, die in Anhang I aufgezählt werden, mit etwas Phantasie auch möglich.

Die Probleme fangen jedoch dort an, wo allgemein auf den Umgang mit gefährlichen Stoffen verwiesen wird. So sollen z. B. alle Gewerbetreibenden, die Pflanzenschutzmittel herstellen, anwenden, lagern, verarbeiten, abfüllen, freisetzen und verwenden, in Zukunft einer strikten Gefährdungshaftung unterliegen. In einem Atemzug wird also eine Vielzahl von Personen mit unterschiedlichem Gefährdungspotential genannt: Zu beginnen ist mit dem Chemieunternehmen, das die Pflanzenschutzmittel herstellt und lagert, über den Transporteur und den Händler, der die Produkte vertreibt, hin bis zum Anwender, z. B. dem Bauern, der das Pflanzenschutzmittel auf seinen Acker und die Obstwiese versprüht. Der Kreis potentieller Haftungssituationen ist damit denkbar weit gefasst und somit kaum zu kalkulieren. Dass hier differenziert werden muss, liegt auf der Hand. Aus unserer Sicht wäre bereits viel damit geholfen, wenn die beiden letzten Handlungsalternativen – das Freisetzen und Verwenden – gestrichen würden.

Eine Versicherungslösung jedenfalls kann für das Anwendungs- und Verwendungsrisiko nicht angeboten werden. Bestimmte Risiken sind nicht versicherbar. Soll es bei der Gefährdungshaftung auch für diesen Bereich bleiben, müssen andere Lösungen gefunden werden. Dies gilt insbesondere für die Land- und Forstwirtschaft, wo in den Versicherungspolicen das Verwendungsrisiko regelmäßig ausgeschlossen wird (vgl. Ziff. 2 des speziell für diesen Bereich entwickelten Umwelthaftpflichtmodells des GDV). Die schädigende Wirkung z. B. von Biozid-Produkten ist allgemein bekannt. Sie tritt in der Regel allmählich ein. Das Verwendungsrisiko wird von der Gesellschaft als notwendig in Kauf genommen.

c) Versicherungsübliche Einschränkungen wie z. B. zeitliche
Begrenzung des Spätschadenrisikos

Weiterhin gibt es versicherungsübliche Einschränkungen wie z. B. den Ausschluss für vorsätzliches Handeln oder die Begrenzung der Nachhaftung, wenn das Versicherungsverhältnis nach Einstellung des Betriebs oder wegen Insolvenz des Betreibers endet.

d) Umsetzung ins nationale Recht:
Keine Kumulierung mit zivilrechtlicher Haftung nach UHG

Wird die Richtlinie ins nationale Recht umgesetzt, müssen die Versicherungssummen letztlich für zivilrechtliche Schäden nach dem Umwelthaftungsgesetz und öffentlich-rechtliche Sanierungskosten aufeinander abgestimmt werden. Denn durch einen Störfall können Personen-, Sach- und reine Umweltschäden gleichzeitig verursacht werden. Eine Kumulierung der Versicherungssummen muss dringend ausgeschlossen werden.

2. Flächenschädigungen

Kommen wir nun zu den Umweltschäden im Einzelnen: Die geringsten Schwierigkeiten haben wir mit der vorgesehenen Sanierung von Flächenschäden. Sichergestellt werden soll, dass die Schadstoffe beseitigt, vermindert oder zumindest kontrolliert werden, damit eine Beeinträchtigung der menschlichen Gesundheit ausgeschlossen wird. Damit wird der Schadensumfang durch die Beseitigung von Gefahren für die menschliche Gesundheit bestimmt. Dies entspricht dem System der Umwelthaftpflichtversicherung.

Positiv ist auch, dass die Behörde die natürliche Wiederherstellung bei ihrer Entscheidung ebenfalls berücksichtigen soll. So kann auch dem Verhältnismäßigkeitsgrundsatz Rechnung getragen werden. Zur Bestimmung des Sanierungsumfangs sollte jedoch nicht jede künftige Nutzung, sondern nur die planungsrechtlich zulässige Nutzung relevant sein.

3. Gewässerschäden

Bei den Gewässerschäden und Schäden an der biologischen Vielfalt hingegen fehlt ein vergleichbarer Drittschadensbezug, wie er für den Bodenbereich vorgesehen ist. Anders als bislang soll es nach dem Richtlinienentwurf nicht mehr ausreichend sein, die Gefahrenquelle zu beseitigen und auf die natürlichen Wiederherstellungskräfte zu vertrauen. Vorgesehen ist vielmehr, dass in Zukunft aktiv versucht werden soll, den chemischen und ökologischen Ausgangszustand wieder herzustellen. Die Sanierung geschädigter Flussabschnitte dürfte jedoch nur bei besonders geschützten Gewässern und Flussläufen mit hohem ökologischen Potential überhaupt verhältnismäßig sein.

Aus Sicht der Versicherungswirtschaft besonders problematisch ist, dass es sich bei Wasser um ein flüchtiges Gut handelt. Das von einem Betreiber ausgehende Risiko einer Gewässerschädigung kann angesichts der hohen Vorschädigung und der Vielzahl der Nebeneintragungen nicht eindeutig festgestellt werden. Neben dieser ungewissen individuellen Risikoeinschätzung macht der unüberschaubare Schadensumfang bei der Sanierung des ökologischen Gleichgewichts eine Kalkulation nahezu unmöglich.

4. Schäden an der biologischen Vielfalt

Notwendige Voraussetzung für die Versicherbarkeit von Schäden an der biologischen Vielfalt ist die Kalkulierbarkeit solcher Schäden. Unabdingbar ist, dass sich die Sanierungsmaßnahmen und -ziele an objektiven Entscheidungskriterien orientieren. Die Kriterien müssen bereits vor Eintritt des schädigenden Ereignisses bestimmt werden können.

Derartige Kriterien und Erfahrungen sind aber derzeit nicht vorhanden. Dabei bleibt festzuhalten, dass die Bestimmung dieser Kriterien weniger ein versicherungstechnisches als vielmehr ein gesellschaftspolitisches Problem ist. Die Frage, welcher Wert einzelnen Umweltgütern zuzuordnen ist, kann nicht durch die Versicherungswirtschaft beantwortet werden. Damit können derzeit Schadensausmaß und Eintrittswahrscheinlichkeit des Schadens an der biologischen Vielfalt weder nach den bestehenden gesetzlichen Grundlagen noch mit den in Anhang II des Richtlinienentwurfs vorgesehenen Maßnahmen und Zielen quantifiziert werden.

Nicht unerwähnt bleiben sollte, dass auch in den gern zitierten USA nach Auskunft der Swiss Re von einem allgemeinen Versicherungsmarkt für die Deckung von ökologischen Schäden nicht gesprochen werden kann. Entweder besteht in den Unternehmen keine hinreichende Sensibilisierung. Wird das Risiko hingegen erkannt, werden die speziellen Deckungen für Umweltschäden nur unter sehr eingeschränkten Konditionen und restriktiver Risikoprüfung des Unternehmens gezeichnet.

V. Fazit

Welches Fazit kann nun gezogen werden? Die Feststellung, dass Schäden an der biologischen Vielfalt an Land und im Wasser derzeit nicht flächendeckend versichert werden können, mag deprimierend klingen, macht sie doch gerade das Kernstück der Richtlinie aus. Dass dieses Kernstück fallen gelassen wird, ist ebenso illusorisch wie die Vorstellung, dass in fünf Jahren ein flächendeckender Markt in Europa für die Versicherung von Schäden an der biologischen Vielfalt angeboten werden kann.

Stellt die Einrichtung eines Fonds damit den goldenen Mittelweg dar, drohende Deckungslücken zu vermeiden? Immer wieder wird in der politischen Diskussion auf den US-Superfund in den USA oder vereinzelte Fonds- und Poollösungen in Schweden oder Spanien verwiesen.

Falls Interesse besteht, gehe ich in der Diskussion gerne noch auf diese Lösungen ein. Zum Abschluss meines Vortrags über die Versicherbarkeit von Umweltrisiken nach dem Richtlinienentwurf möchte ich an dieser Stelle jedoch nur erwähnen, dass die genannten Fonds in der Regel nur subsidiär die Sanierung finanzieren, d. h. wenn die Versicherung des Betreibers nicht eingreift, der (nicht versicherte) Betreiber insolvent ist oder die Kausalität nicht nachgewiesen wird. Ein großer Teil des Geldes wird darum auch für die Klärung der Frage aufgewendet, ob der Verursacher bzw. dessen Versicherung oder der Fonds die Kosten zu tragen hat. Effektiv im Sinne des Umweltschutzes ist das nicht. Dass ein Fonds letztlich mit dem Verursacherprinzip schwer zu vereinbaren ist, darauf hat Herr *Dr. Kretschmer* in seinem Vortrag bereits hingewiesen. Denn in der Regel bestimmt sich die Finanzierung nicht nach dem individuellen Verursacherbeitrag, sondern nach dem Marktanteil. Vorsorgemaßnahmen werden durch ein Fondsmodell – im Gegensatz zu Versicherungslösungen – nicht honoriert. Der umweltbewusst handelnde Betreiber muss die Umweltschäden mitfinanzieren, die durch nachlässige Betreiber verursacht wurden.

Abschließen möchte ich meinen Vortrag mit vier Thesen:

1. Versicherungslösungen sind kein Allheilmittel zur Vermeidung bzw. Sanierung von Umweltschäden. Im Mittelpunkt sollte die Schadensprävention stehen – freiwillig durch den Unternehmer oder durch den Maßnahmenkatalog des öffentlichen Umweltrechts (Zulassung, Auflagen, Schwellenwerte etc.).
2. Versicherungslösungen können aber durchaus einen Beitrag zur Vermeidung (Anreizeffekt) bzw. Sicherstellung der Sanierung von Umweltschäden leisten. Sie entsprechen im Gegensatz zu Fonds eher dem Veranlasserprinzip.
3. Den Möglichkeiten und Grenzen der Versicherbarkeit von Umweltschäden sollten deshalb bereits bei der Abfassung der Richtlinie Rechnung getragen werden.
4. Eine Deckungsvorsorgeverpflichtung ohne einen versicherbaren Haftungstatbestand droht hingegen leer zu laufen.

Diskussion im Anschluss an den Beitrag von Frau Dr. Natascha Sasserath

Kriterien der Versicherbarkeit

L. Knopp

Stichwort „Finanzierungsfonds". Ich bin nicht unbedingt ein Freund von Finanzierungsfonds, nur, wenn es hier um die Frage von Lösungen oder Lösungsversuchen gerade im Bereich der „staatlichen Ausfallhaftung" geht – wir haben ja vorhin darüber gesprochen –, wäre es vielleicht doch eine Möglichkeit, einen entsprechenden Versuch wieder zu starten. Ob dieser Versuch schief läuft, wie die Erfahrungen bei den Altlastenfonds teilweise zeigen, das müsste dann eben abgewartet werden. Eine Frage jetzt aber noch an Sie, Frau Dr. Sasserath. Sie haben seitens des GDV verschiedene Forderungen aufgestellt im Hinblick auf die Frage der Versicherbarkeit der einzelnen Risiken, wie sie der EU-Richtlinienvorschlag gegenwärtig vorsieht. Ist Ihnen hier bekannt, wie der aktuelle Diskussionsstand auf europäischer Ebene ist bzw. ob diesen Forderungen nachgekommen werden soll?

N. Sasserath

Wir haben gehört, dass die Auffassungen im Ministerrat und auch im Europäischen Parlament hier sehr weit auseinandergehen. Wir haben dort den Umweltausschuss; die hören unsere Forderungen natürlich nicht so gerne. Im Rechtsausschuss dagegen scheinen unsere Auffassungen schon auf nahrhaftaren Boden zu stoßen. Gegen eine Pflichtversicherung, was ein Hauptanliegen von uns ist, setzt sich die Bundesrepublik zwar nicht ein, aber die Front wächst. Großbritannien, Frankreich und Irland sind gegen eine Pflichtversicherung. Ich habe auf das Beispiel der Entwicklung der Umwelthaftpflichtversicherung in Großbritannien hingewiesen, weil dort noch mehr als bei uns die entsprechende Basis fehlt. Was unsere Hauptforderung „Weniger ist mehr" angeht, gibt es im Moment einen Kompromissvorschlag der griechischen Ratspräsidentschaft, der jetzt Anfang März diskutiert wird, und der geht von einer stufenweisen Einführung einer Pflichtversicherung in 3-Jahres-Abständen aus. Was wir aber vermissen, ist eine echte inhaltliche Auseinandersetzung mit den hier anstehenden Problemen.

L. Knopp

Wäre es dann richtig, die Schlussfolgerung zu ziehen, wenn der Richtlinienvorschlag in der jetzt geltenden Fassung oder jedenfalls ohne wesentliche Einschränkungen, die Sie aber verlangen, als endgültige Richtlinie beschlossen würde, dass wir hier – worauf auch schon Dr. Kretschmer hingewiesen hat –, eine eindeutige Deckungslücke hätten, d. h. die Unternehmen ein Problem hinsichtlich eines kompletten Versicherungsschutzes hätten?

N. Sasserath

Ja, wir haben aber darauf hingewiesen.

P. Braun, VCI, Frankfurt a. M.

Wenn ich dies nur ganz kurz kommentieren darf. Es ist sehr deutlich geworden, dass die Regelungen in der Umwelthaftungsrichtlinie für die Unternehmen schon im Hinblick auf die künftigen Versicherungen einige Probleme mit sich bringen werden. Das ist auch der Grund, warum wir uns gegen eine Pflichtversicherung wenden, die Dinge sind schon so kompliziert genug. Sie bewältigen zu können, benötigen wir ein Instrument, das in wirtschaftlicher Weise funktioniert, und das ist eben der Markt. Auch wenn wir eine Haftungsregelung bekommen, die vielleicht nicht 100%ig durch die Modelle, die man anbieten kann, abgedeckt wird, so kann sich doch am Markt eine Situation entwickeln, die für die einzelnen Unternehmen individuell zugeschnittene Lösungsmöglichkeiten erlaubt. Eine Pflichtversicherung kann das nicht, im Gegenteil, sie ist ein regulatorischer Eingriff des Staates, denn es muss dann zumindest in einem gewissen Umfang festgelegt werden, was als angemessene Versicherung gelten soll. Eine Pflichtversicherung muss vollzogen werden, sie muss überwachbar sein und hat von daher auch die Voraussetzung, dass sie ziemlich eng vorschreibt, unter welchen Bedingungen dies erfolgen soll. Denn es kann wohl kaum den Behörden überlassen werden, im einzelnen Fall zu entscheiden, ob eine gewerbliche Tätigkeit angemessen versichert ist oder nicht. Das ist im Übrigen auch das Problem, das wir mit der Deckungsvorsorge nach dem geltenden Umwelthaftungsgesetz haben. Denken Sie nur an die Schwierigkeiten seitens des Gesetzgebers festzulegen, welche Deckungssumme ausreichend sein soll, das muss vielmehr individuell passieren. Das Zweite, was uns bei der Pflichtversicherung unheimlich stört, ist der Bürokratismus, der bürokratische Aufwand. Denken Sie daran, für jeden Gewerbetreibenden, der unter die Umwelthaftungsrichtlinie fällt, müsste dieser Aufwand betrieben werden, genauso wie auch für unsere Kraftfahrzeuge, das kann einfach aus unserer Sicht nicht sein.

L. Knopp

Ich meine, dies war wohl auch einer der Gründe, weshalb man letztendlich die Deckungsvorsorgeverordnung nach dem Umwelthaftungsgesetz nicht erlassen hat und wieso auch, nachdem die Umwelthaftpflichtpolice entwickelt worden ist, das Umwelthaftungsgesetz weitgehend an praktischer Bedeutung verloren hat und entsprechende Fälle heute weitgehend außergerichtlich erledigt werden.

Ist „Umwelthaftung" für Unternehmen noch versicherbar? – Aspekte aus der Beratungspraxis

Joachim Vogel

I. Entwicklungen in den Betrieben mit Relevanz für die Umwelthaftung

Zahlreiche Entwicklungen der letzten Jahrzehnte haben eine Relevanz auch für die Haftungssituation von Industrie- und Gewerbebetrieben:

1. Verschärfung gesetzlich normierter Umweltstandards: Der Stand der Technik als Maßstab für Umweltsicherheit ist u.a. im Immissionsschutz-, Wasser- und Abfallrecht sowie im Gerätesicherheitsgesetz festgeschrieben; die Novellierung der Anlagenverordnung hat zu einer massiven Nachrüstung von Tankstellen und (Öl)lägern geführt; die BImSchV-Novellierungen verminderten die Emissionen aus Tankstellen, Chemischreinigungen und beim Umgang mit Lösemitteln; die Installation eines Fachbetriebssystems (WHG-Fachbetriebe, Entsorgungsfachbetriebe) sorgte für Qualität und Sicherheit.
2. Die Mitteilungspflichten der Unternehmen zur Betriebsorganisation gemäß § 52a BImSchG und § 53 Krw-/AbfG fokussiert die (strafrechtliche) Verantwortlichkeit in der Geschäftsleitung und erhöhte damit die Motivation zu handeln.
3. Die Verpflichtung zur Ernennung von Betriebsbeauftragten im Umweltschutz stellt sicher, dass die Geschäftsleitung stets über die aktuellen Anforderungen informiert ist.
4. Zertifizierungen von Umweltmanagementsystemen nach EMAS und DIN ISO 14001 (sowie indirekt auch Qualitätsmanagementsysteme) stärken die eigenverantwortliche und kontinuierliche Verbesserung des betrieblichen Umweltschutzes.
5. Engagierten Unternehmen bieten sich vielfältige Aktionsmöglichkeiten wie z.B. B.A.U.M (Bundesdeutscher Arbeitskreis für umweltbewusstes Management), Umweltpakte, ÖkoProfit, P.I.U.S. (Produktionsintegrierter Umweltschutz).
6. Nicht zuletzt das gesetzlich vorgeschriebene Risikomanagement gemäß KonTraG muss auch sicherheitstechnische Aspekte berücksichtigen. In diesem Zusammenhang sind die zukünftigen Ratings der

Kreditinstitute (Stichwort „Basel II") sowie Umweltaktivitäten aufgrund von Kundenanforderungen von Relevanz.

II. Entwicklung des Umwelthaftungsrechts

Die Haftung für Umweltschäden hat sich aus Sicht der Praxis wie folgt entwickelt: § 823 BGB und § 22 WHG sind nach wie vor die „Klassiker" der Umwelthaftung. Die verschuldensunabhängigen Ansprüche aus § 906 BGB (Aufopferung) und § 1004 BGB (Beseitigung) wurden durch die Rechtsprechung im Sinne von Schadenersatzansprüchen massiv ausgeweitet. Hingegen ist das Umwelthaftungsgesetz fast völlig bedeutungslos. Gleiches gilt für das Haftpflichtgesetz (§ 2: Schäden aus Rohrleitungsanlagen).

Innerhalb der vertraglichen Haftung ist derzeit keine bedeutende Änderung durch die Schuldrechtsreform festzustellen.

Das Bundesbodenschutzgesetz (BBodSchG) als öffentlich-rechtliche Haftungsnorm hat hingegen eine relevante Ausstrahlung auf die Umwelthaftung. Strenger gegenüber der Behörde „haftende" Zustandsstörer treten im Regresswege verstärkt als Anspruchsteller auf.

III. Entwicklungen in der Umwelthaftpflichtversicherung

Die Anfang der 90er Jahre von den Versicherern entwickelte Umwelthaftpflichtversicherung hat zwischenzeitlich eine hohe Marktdurchdringung erfahren. Allerdings kommt es in der Praxis durch die Komplexität des Bedingungswerkes und zwischenzeitlicher Gesetzesänderungen (Kataloganlagen gemäß UmweltHG und BImSchG) zu massiven Falschdeklarationen! Beispielsweise sind hier die WHG-Anlagen (Versicherer meint § 22 WHG, Versicherungsnehmer meint § 19g WHG) zu nennen. Die UmweltHG-Anlagen sind den Versicherungsnehmern i. d. R. unbekannt. Bei den „sonstigen deklarierungspflichtigen Anlagen" besteht selbst bei den Versicherern abseits der BImSchG-Anlagen große Irritation. Zudem erschwert die Prüfung der Genehmigungspflichtigkeit statt der Abfrage der tatsächlichen Genehmigung sowie die Trennung von haftungsrechtlichen vs. versicherungsrechtlichen Regressrisiken die Kommunikation zwischen den Vertragspartnern. Trotz des hohen Streitpotenzials gibt es aber kaum Rechtsstreitigkeiten.

Die Begründung von Versicherungspflichten für bestimmte Betriebe (Entsorgungsfachbetriebe, Abfalltransporteure, WHG-Sachverständige) stellt in der Praxis kein Problem dar.

Schadenseitig ist das Ausbleiben dramatischer Entwicklungen (CKW, Asbest, Elektrosmog, Tankstellen) zu konstatieren. Nicht zuletzt deshalb scheint das Interesse der Versicherer an einer adäquaten Risikoermittlung zu erlahmen.

Das In-Kraft-Treten des Bundesbodenschutzgesetzes hat zu keiner wesentlichen Änderung der Versicherung von Umweltrisiken bzw. Schadenabwicklung geführt. Die in diesem Zusammenhang entwickelten Bodenkaskoversicherungen (Versicherungsschutz für Schäden am eigenen Grund und Boden) haben sich bislang nicht durchgesetzt. Unter dieser Bezeichnung tauchen verschiedenartigste Konzepte mit entsprechend weiter oder z. T. sehr begrenzter Deckung auf.

Am Rande sei noch die Kommunikationskultur Betrieb – Versicherer erwähnt. Im Gegensatz zum Bankgeschäft, wo bei Kreditverhandlungen der Betrieb auf seine Kosten die Kreditwürdigkeit beweisen muss, gehen die Kosten der versicherungstechnischen Risikoermittlung zu Lasten des Versicherers. Seine Recherchen werden häufig nur geduldet.

IV. Determinanten der Versicherbarkeit von Umweltrisiken aus Sicht der Praxis

Während die Versicherungstheorie Aspekte wie Zufälligkeit, Eindeutigkeit usw. als Kriterien der Versicherbarkeit von Risiken definiert, gliedert sich die Versicherbarkeit von Umweltrisiken in der Praxis in das

– objektive Risiko (Stoffliche Risiken inkl. Strahlen, Lärm, EMF; Anlagentechnik; Standort)

und das

– subjektive Risiko (Motivation der Unternehmensleitung; umweltrisikobezogene Aufbau- und Ablauforganisation, Information und Kommunikation; wirtschaftliche Situation; Vorschäden).

Der Vergleich mit anderen bedeutenden Haftpflichtrisiken zeigt die überragende Bedeutung der betrieblichen Organisation für die Versicherbarkeit:

	Geplante EU-Richtlinie	Umwelthaftung	Produkthaftung	IT-Haftung	Arzthaftung
Vorschäden	+	+	+ +	+ +	+ +
Stoffliche Risiken	+ +	+ +	+	O	O
Sicherheitstechnik	+ +	+ +	+	+ +	+
Standort	+ +	+ +	O	O	O
Organisation	+ +	+ +	+ +	+ +	+ +
Rechtliches Umfeld	O	O	+ +	+ +	O
Ökonomisches Umfeld	+	+	+ +	+ +	+

+ + = sehr wichtig   + = wichtig   O = weniger wichtig

Detaillierte Prüfkriterien für die einzelnen Faktoren sind nachfolgend beispielhaft aufgeführt:

Faktor Stoffrisiken

- Eingesetzte Stoffe (und damit physikalische, chemische und biologische Eigenschaften)
- Maximal/durchschnittlich gelagerte/verwendete Mengen
- Gefahrenpotential aus dem Vorhandensein mehrerer Stoffe
- Gefährdete Bereiche oder Gefahrstoffe in der Nachbarschaft
- Stoffströme; Freisetzung von Stoffen im Normalbetrieb und im Störungsfall
- Abwasser: Art und Menge
- Abfall: Art und Menge
- Abluft: Art und Menge

Faktor Technische Sicherheit

- Sicherung der Läger: doppelwandige Behälter, Leckanzeige, Überfüllsicherung, Gaspendel, Anfahrschutz, Brand-/Explosionssicherheit, gesicherte Abfüllfläche

136

– Sicherung der Produktionsanlagen: Aufstellungsort, offene/geschlossene Systeme, Mengen
– Vernetzung von Anlagen; Anlieferung und innerbetrieblicher Transport
– Schutzeinrichtungen gegen Feuer, Sturm, Überschwemmung, Sabotage
– Interne/externe Kontrollen der Anlagentechnik, regelmäßige Nachrüstung
– Abwasser: kontinuierliche/diskontinuierliche Einleitung, Pufferbecken, Behandlungsanlagen, Sicherheitsvorkehrungen/Alarmsysteme, Direkt-/ Indirekteinleitung
– Abfall: zentrale/dezentrale Sammelstellen; Entsorgungssicherheit
– Abluft: Leistungsfähigkeit, Störanfälligkeit, Art der Reinigung, Wartung, interne und externe Überwachung

Faktor Standort

   Nachbarschaft des Betriebes (Wohnbebauung, Krankenhaus, landwirtschaftliche Versuchsfelder, Industriebetriebe, Gebiete gemäß FFH- und Vogelschutzrichtlinie, Naturschutzgebiete)
– Einwirkungen auf/durch die Nachbarschaft (auch Rohrleitungen, Kabel)
– Risiko der Fremdeinwirkung (Brandstiftung, Vandalismus, Sabotage)
– Altlasten: Vornutzung, Überbauung von Altlasten, Auffälligkeiten (z.B. Verfärbung des Bodens, abgestorbene Vegetation, ungesicherte Abfalllagerung, Leergutläger, Lagerung von Verbrennungsrückständen, Stellplätze für Altfahrzeuge und ausgediente Maschinen)
– Bodenverhältnisse, Grund- und Oberflächenwassersituation, Brunnen, Unterlieger
– Topographie
– Eigentums-/Nutzungsverhältnisse
– Grundstücksgröße (beengt, unübersichtlich)
– Einfriedung, Zugang

Faktor Organisation

– Tätigkeitsspektrum
– Notwendige Genehmigungen/Nachweise vorhanden?
– Zuständigkeit für betriebliche Umweltbelange (gesetzliche Mitteilungspflichten, Bestellung von Betriebsbeauftragten)
– Personelle und sächliche Ausstattung

- Qualifikation der Mitarbeiter, die mit Gefahrstoffen umgehen bzw. gefahrenträchtige Anlagen bedienen/überwachen
- Dokumentation umweltrelevanter Daten (Betriebstagebuch)
- Regelmäßige Eigenüberprüfung der umweltrelevanten Anlagen/ Beauftragung von Sachverständigen gemäß den gesetzlichen Bestimmungen
- Mitgliedschaft in Güte- oder Überwachungsgemeinschaften
- Sauberkeit und Ordnung
- Motivation und Kenntnisse
- Kongruenz zwischen betrieblicher Tätigkeit und Organisationsstand?

Faktor Wirtschaftliches Umfeld

- Investitionsbedarf zur Verbesserung der Umweltsicherheit?
- Investitionsfähigkeit
- Investitionswille
- Vermutliche Entwicklung.

V. Versicherbarkeit der Umwelthaftung aus Sicht der Beratungspraxis

Für die Beurteilung der Versicherbarkeit von Umweltschäden *nach* Umsetzung der EU-Umwelthaftungsrichtlinie in bundesdeutsches Recht soll zunächst die heute übliche Regulierung von Umweltschäden betrachtet werden.

1. Schadenberechnung für Pflanzen gemäß Methode Koch

    Entfernen/Entsorgen der Altpflanze
+ Kaufpreis Neupflanze
+ Transport und Anpflanzung
+ Anwachspflege
+ Pflege bis zur Funktionserfüllung
./. Alterswertminderung
./. Abzüge für Vorschäden
= Sachwert vor dem Schaden

    Berücksichtigung: Totalschaden oder Teilschaden
                       Schaden ohne/mit dauernde(r) Grundstückswertbeeinträchtigung

2. Schädigung von Kulturflächen

Private Gärten	Wiederherstellungsmaßnahmen
Landwirtschaft	Wiederherstellungsmaßnahmen, Ertragsausfall
Forstwirtschaft	Wiederherstellungsmaßnahmen, Ertragsausfall

3. Schädigung von Gewässern

Teiche	Wiederherstellungsmaßnahmen, z. B. Absaugen von Schlämmen oder Belüftung
	ggf. Ertragsausfall
Fließgewässer	Aufräumungskosten
	ggf. Ertragsausfall
Grundwasser	Beobachtung
	Belüftung
	Abpumpen

4. Bodenkontaminationen

Wiederherstellungsmaßnahmen, z. B. Absaugen
Beobachtung (natural attenuation)
Förderung natürlichen Schadstoffabbaus z. B. durch Belüftung
In situ-Sanierung (Bodenluftabsaugung, mikrobiell)
Bodenaustausch

Die aktuelle Umwelthaftung hat sich – mit dem Deckungsumfang der UHV – als versicherbar erwiesen. Mit der EU-Umwelthaftungsrichtlinie betreten Behörden als „Anspruchsteller", Betriebe und deren Versicherer allerdings Neuland.

Die von der Versicherungswirtschaft (GDV) für die Richtlinie geforderten Konkretisierungen (der Haftung unterfallende Betriebe, Begriff des ökologischen Schadens, Verfahren für die Bewertung von Schäden) sind auch aus Sicht der Beratungspraxis ausdrücklich zu begrüßen. Eine solche Konkretisierung ermöglicht eine Abschätzung von Kosten und Nutzen und erhöht damit die Motivation des Betreibers für Vorsorgemaßnahmen.

Beim Abschluss und während des Bestehens von Versicherungsverträgen ist zu beachten:

- Umweltbedingungen sind nicht statisch.
- Allgemeine Umwelteinflüsse und ubiquitäre Umweltbelastungen sind zu berücksichtigen.
- Hilfsmittel zur Risikoabschätzung sind vorhanden, z.b. Raumordnungspläne, Umweltverträglichkeitsprüfungen, die planungsrechtlich zulässige Nutzung, detaillierte Gewässergütekarten, detaillierte Angaben zu den FFH-Gebieten, Auskünfte der Naturschutzbehörden zu anderen vorhandenen oder geplanten Eingriffen in die Natur.

Entscheidend ist eine individuelle, integrierte und systematische Betrachtung der *konkreten* Risikosituation des betreffenden Betriebes.

Schadenseitig wird die konsequente Steuerung derartiger Schäden sowie die Unterstützung der Versicherer durch Ökologen (Bodenkundler, Botaniker, Zoologen, Limnologen, evtl. Toxikologen) erforderlich. Dies gilt insbesondere für die Bewertung der Sanierungsoptionen gemäß Anhang II Nr. 3.2 der Richtlinie (Erfolgsaussichten, zukünftige Schadenverhütung, Nutzen für natürliche Ressource, Kosten).

Versicherungsschutz für ökologische Schäden anzubieten erscheint aus Sicht der Praxis insgesamt aber als weniger gefährlich als die Versicherung z.b. von Rückrufkosten, von manchen IT-Betrieben oder D&O-Risiken (Vermögensschadendeckungen für Unternehmensleiter).

VI. Resümee

Risikomanagement im Sinne systematischer, transparenter und zukunftsorientierter Unternehmensführung wird weiter an Bedeutung gewinnen. Die Ursache vieler (Umwelt-)Schäden liegt bei genauer Prüfung in einer fehlerhaften Organisation. Das technische oder menschliche Versagen steht nur scheinbar im Vordergrund. Die Prüfung der Organisation eines Betriebes wird daher für Versicherer zunehmend interessant.

Durch Input bezüglich haftungsmindernder Maßnahmen kann der Versicherer die Qualitätsbemühungen seiner Kunden effektiv unterstützen. Gerade bei schwierigen Themen wie dem Umgang mit ökologischen Risiken stellt das vorhandene Instrumentarium des Risikomanagements eine geeignete Plattform dar.

Idealerweise wird sich die Kultur im Zusammenspiel „Betrieb – Versicherer" in Richtung einer Risikopartnerschaft entwickeln. Diese wäre auch für andere Versicherungssparten hilfreich.

Diskussion im Anschluss an den Beitrag von Dipl.-Ing. Joachim Vogel

Ist „Umwelthaftung" für Unternehmen noch versicherbar? –
Aspekte aus der Beratungspraxis

P. Braun, VCI, Frankfurt a. M.

Was uns Probleme bereitet, sind Schäden an der Biodiversität. Ich will Ihnen ein Beispiel nennen. Vor Jahren beschäftigte sich ein Experte damit, bei Planfeststellungen Biotope zu bewerten und in diesem Zusammenhang Ausgleichsmaßnahmen – das ist ja auch ein Thema der Richtlinie – vorzuschlagen. Er hat z.B. eine bestimmte Sorte von Fischen in Rheinland-Pfalz aufgeführt, die durch einen Umweltunfall ausgestorben ist, sog. Huchen. Deswegen wurde eine verwandte Art aus Bayern in diesen Bach ausgesetzt. Hier stellt sich die Frage, ob der Ökoschaden nunmehr beseitigt oder aber erst dann beseitigt ist, wenn die bayerischen Huchen wie die rheinland-pfälzischen Huchen Käfer fressen, was man möglicherweise nur durch Dressur oder gentechnische Veränderungen erreichen kann. Haben Sie sich schon mit der Frage dieses „Interim-Losses", wie es im Richtlinienentwurf heißt, also des Schadensersatzes für den Ausfall von Funktionen in Biotopen oder an natürlichen Ressourcen beschäftigt? Ist der Verlust einer Funktion eines Biotops mit positiven Wirkungen auf ein anderes Biotop tatsächlich in Geld zu bewerten?

J. Vogel

Ein entsprechendes Bewertungsverfahren gibt es nicht, jedenfalls kein gesichertes. Wenn es in der Richtlinie nicht selbst über eine Flächenpauschale zu einer Lösung kommt, wird man genau diese Fragen im konkreten Schadensfall und im Dialog mit den Ansprechstellen bei den Behörden klären müssen. Das ist meines Erachtens auch sinnvoll so. Denn wenn Sie versuchen, hier durch einen theoretischen Ansatz ein Ergebnis zu erzielen, dann haben Sie entweder das Problem, dass dieser Ansatz angreifbar ist, oder Sie haben das Problem, dass Sie zu horrenden Zahlen pro Quadratmeter geschädigter Fläche kommen. Der vernünftigere Weg – und das kennen wir eigentlich aus zwanzig Jahren Regulierungspraxis bei Umweltschäden – wird sein, im konkreten Fall im Gespräch mit denen, die Ansprüche stellen, zu versuchen, eine Lösung zu finden.

Joachim Vogel

N. Sasserath

Auf der anderen Seite – Sie haben es erwähnt – gibt es die „Methode Koch", die objektive Kriterien bereithält, anhand deren man im Voraus den Schaden berechnen kann. Und das ist genau das, was wir brauchen. Es stimmt natürlich, wenn Sie sagen, dass das zu einer Erhöhung der Schadenssumme führen kann. Die von Ihnen eben vorgeschlagene flexible Regelung im Einzelfall, die weiterhin notwendig ist, löst aber nicht das Problem der Versicherbarkeit. Sie bleibt immer eine Ad-hoc-Regelung, die zwar bei der Schadensregulierung, aber nicht bei der Prämienkalkulation hilft.

L. Knopp

Dem stimme ich aus dem Blickwinkel der Rechtssicherheit zu. Einem Betroffenen muss natürlich, wenn er wegen eines Umweltschadens in Anspruch genommen wird und sich herausstellt, dass es sich um einen sog. irreparablen Umweltschaden handelt oder es um einen Interimsschaden geht, von Anfang an klar sein, nach welcher Bewertungsmethode eine Berechnung zu erfolgen hat. Man muss dabei nicht unbedingt die Koch'sche Methode nehmen, die zwar objektive Bewertungsmaßstäbe enthält, die aber per se unternehmensfeindlich ist. Ich glaube, hier eine interessengerechte Bewertungsmethode einzuführen bzw. zu entwickeln, ist das Hauptproblem.

J. Vogel

Ich kann aus meiner Praxis bei der Regulierung zahlreicher Umweltschäden nur betonen, dass wir sehr gute Erfahrungen damit gemacht haben, mit den Geschädigten in Kommunikation zu treten. Man wundert sich häufig, welche bescheidenen Wünsche – vielleicht auch aus Unkenntnis dessen, was maximal „herauszuholen" wäre – geäußert werden. Sicherlich, je nach Umfang des Schadens wird manchmal auch ein bisschen mehr Geld ausgeschüttet. Man muss aber auch einmal die Verfahrenskosten sehen, gerade, wenn es um größere Schäden geht, die Publicity machen. Sie haben dann Druck durch die Presse, durch Interessenverbände und Sie haben den sozialen Neid verschiedener Betroffener. Das sind letztendlich psychologische Faktoren, die eine rechtliche Beurteilung völlig zunichte machen können. Wir kennen das bereits aus anderen

Bereichen. Wenn ein Unternehmen erst einmal vor die Flinte von Journalisten gerät, wenn man hört, dass in einer Babynahrung Glassplitter sind – diese können schon längst entfernt worden sein –, kauft man das Produkt trotzdem nicht. Das ist einfach so. Deswegen – so mein Plädoyer – versuchen Sie, aktiv zu sein, versuchen Sie, mit den Leuten zu reden und konkrete Ergebnisse zu erzielen.

N. Sasserath

Insoweit sprechen Sie mir aus dem Herzen. Es ist notwendig, dass auch die Richtlinie Raum für flexible Lösungsmöglichkeiten belässt, d. h. dass eine schnelle pragmatische Schadensbearbeitung in Kooperation von Betreiber, Versicherungsunternehmen und Behörden ermöglicht wird.

K. Junghanns, IHK Cottbus

Wir haben heute von Herrn Dr. Kretschmer gehört, dass vorbildlich arbeitende Unternehmen und sog. schwarze Schafe oftmals in einen Topf geworfen werden. Es gibt nach wie vor das Problem, dass freiwillige Leistungen der Unternehmen im Umweltbereich keine Anerkennung finden. Würden Sie die diesbezüglich einschlägigen Zertifikate – EMAS, ISO-14001, ISO-9000 – gleichwertig behandeln, oder gibt es da vielleicht auch wieder einen Unterschied? Das ist auch ganz wichtig für die freiwilligen Leistungen der Unternehmen.

J. Vogel

Um Ihre Frage beantworten zu können, muss ich zunächst einen Schritt zurückgehen. Viele Betriebe haben aus bestimmten Gründen mit dem Qualitätsmanagement angefangen, vielleicht, weil sie dazu gezwungen waren oder aber weil sie mit einem Unternehmer über Qualitätsfragen, auch über Produkthaftung, ganz anders reden können als über Umwelthaftung. Mein Eindruck ist, dass zertifizierte Betriebe nicht per se ein besseres Haftungsrisiko ausweisen als nicht zertifizierte. Ich kann Ihnen auch keine pauschale Antwort darauf geben, ob ich die einschlägigen Zertifikate als gleichwertig betrachte. Was ich aber glaube, ist, dass man über die Organisationsqualität eines Unternehmens auch Aussagen zum Haftungsrisiko dieses Unternehmens herleiten kann. Insoweit sehe ich

einen Trend, aber eine Bewertung der Systeme in Bezug auf das Haftungsrisiko würde mir äußerst schwer fallen. Denn es gibt natürlich bei
jeder Zertifizierung gute und schlechte Betriebe.

Aktueller Stand der Umweltrechtsentwicklung in Polen vor dem EU-Beitritt

Konrad Nowacki

I. Vorarbeiten und allgemeiner Ausgangspunkt

1. Einleitung

Die Verhandlungen über Umweltschutzfragen, die kürzlich im Hinblick auf den Prozess des EU-Beitritts Polens zum Abschluss gebracht wurden, geben weitere entsprechende Handlungsrichtungen vor. Dies ist für Polen notwendig, erstens, um sich künftig einen angemessenen Platz innerhalb der EU-Strukturen, darunter auch den Zugang zu EU-Fonds, zu sichern, und zweitens, um die ökologische Politik des Staates, den Stand der Verwaltung und die Finanzierungsmaßnahmen für den Umweltschutz zu beurteilen. Letzteres ist von besonderer Bedeutung, weil die praktische Erfüllung unserer Verbindlichkeiten gegenüber der Union nicht nur erheblicher Finanzmittel bedarf, sondern auch den Markt für umweltschutzbezogene Dienstleistungen und Produkte für ausländische Investoren erweitern wird.

Die Entscheidung der Europäischen Union über die Erweiterung nach Osten bedeutete, dass ein Verhandlungsprozess mit den mitteleuropäischen Ländern in Angriff zu nehmen war. Diesen Staaten wurde auch die politische und wirtschaftliche Hilfeleistung im Rahmen des Europaabkommens[1], d.h. des Assoziierungsvertrages, gewährt, das einen politischen Dialog, die Integration wie auch die wirtschaftliche, gesellschaftliche und kulturelle Kooperation vorsah. Das Europaabkommen wurde mit Polen 1991, mit der Tschechischen Republik, der Slowakei, Rumänien und Bulgarien 1993, und mit Estland, Lettland und Litauen 1995 unterzeichnet. Es wurde zu einem grundlegenden Dokument, das die Richtlinien für die Vorbereitung mitteleuropäischer Länder zur Aufnahme in die EU-Mitgliedschaft festlegte. Fortschritte, die mitteleuropäische Länder bei der Erfüllung dieser Kriterien gemacht hatten, boten die Möglichkeit, mit den am weitesten fortgeschrittenen dieser Länder –

---

1 Das Europaabkommen hat eine Assoziation zwischen der Republik Polen einerseits und den Europäischen Gemeinschaften und ihren Mitgliedstaaten andererseits zustande gebracht.

sog. Luxemburger Gruppe –, d.h. mit der Tschechischen Republik, Estland, Polen, Slowenien und Ungarn, auch Zypern, über eine Mitgliedschaft in Verhandlungen zu treten. Auf der EU-Gipfelkonferenz in Helsinki vom Dezember 1999 wurde dann die Entscheidung getroffen, auch Bulgarien, Litauen, Lettland, Rumänien und die Slowakei in diese Verhandlungen mit einzubeziehen; dieser Gruppe wurde auch ein weiteres Mittelmeerland, Malta, zugeordnet. Um die Mitgliedschaft bewirbt sich gegenwärtig ebenfalls die Türkei.

Die endgültige Entscheidung über die Aufnahme der 10 Länder, darunter Polen, in die Europäische Union ab 2004 wurde am 13. 12. 2002 beim Gipfeltreffen der EU-Staatschefs in Kopenhagen getroffen. Die eigentlichen Verhandlungen in allen, in 29 thematische Abschnitte gegliederten Fachbereichen des *„acquis communautaire"*, also des gemeinschaftlichen Besitzbestandes, wurden im März 1998 aufgenommen. Sie betrafen die Aufnahme dieses gemeinschaftlichen Besitzbestandes durch die Kandidatenstaaten und die Darstellung, in welcher Weise dieser Besitzbestand künftig zu implementieren ist. Dies bedeutet, dass die Kandidaten die Bestimmungen europäischer Abkommen, Richtlinien, Verordnungen und Entscheidungen der EU-Organe wie auch alle völkerrechtlichen Verträge, die von der EU geschlossen worden waren, zu billigen und in nationales Recht zu integrieren haben. Betroffen hiervon sind alle Rechtsakte, die bis zu dem Tag, an dem ein Kandidatenland die Mitgliedschaft erwirbt, in Kraft getreten sind.

Für die polnische Beitrittsbewerbung waren zwei strategische Regierungsdokumente ausschlaggebend: „Die nationale Integrierungsstrategie" von 1997 und „Das nationale Programm zur Mitgliedschaftsaufnahme" von 1998. Da das Umweltschutzrecht der EU kompliziert ist und einen anderen Geltungsbereich hat als in Polen, waren für die Vorbereitung der Verhandlungen und deren Verlauf nicht nur das Umweltministerium, das alle Maßnahmen koordinierte, verantwortlich, sondern auch das Wirtschaftsministerium, das Landwirtschaftsministerium und das Gesundheitsministerium sowie die Agentur für Kernenergietechnik und der Außenminister. So wurden z.B. bei den Verhandlungen über die Probleme der Forstwirtschaft im Rahmen des Abschnitts Landwirtschaft die Verhandlungspartner des Landwirtschaftsministeriums in ihren Handlungen von den Vertretern des Umweltministeriums unterstützt.[2]

---

2 Vgl. *Radziejowski*, Przebieg dotychczasowych negocjacji o członkostwo w Unii Europejskiej w zakresie ochrony środowiska – Referat in der Konferenz des Zentrums für Ökologisches Recht in Wrocław, Januar 2001, S. 4 ff.

2. Bedingungen der polnischen EU-Mitgliedschaft und die Implementierung getroffener Bestimmungen im Bereich des Umweltschutzes

Eines der großen Probleme ist der Zustand unserer Verwaltung und die ihr zur Verfügung stehenden Gelder. Die Schwierigkeit liegt darin, dass die polnische Verwaltung im Vergleich zu den Verhältnissen der EU-Länder, im Ganzen gesehen, zahlenmäßig relativ schwach ist, während der nach englischem Vorbild und von der laufenden Politik unabhängig berufene Staatsdienst („civil service") immer noch im Stadium der Organisation begriffen ist und nicht auf so alte Traditionen blicken kann wie etwa in England oder Frankreich. Darüber hinaus war die Umstrukturierung unserer Verwaltung 1998 ein „Schock" auch für die regionalen Umweltschutzbehörden und erschwerte die Beziehungen zwischen der regionalen und zentralen Verwaltung.

Für die Verabschiedung des neuen Umweltschutzrechts ist es erforderlich, neue Verwaltungsstrukturen ins Leben zu rufen, z.B. zur Überwachung der Anwendung genetisch modifizierter Organismen oder chemischer Stoffe. Vorhandene Verwaltungsorgane sind zu stärken, gerade um neue Aufgaben erfüllen zu können, wie z.B. den Zugang zu Umweltinformationen für die Bürger sicherzustellen, mit der Europäischen Umweltschutzagentur zusammenzuarbeiten, gesellschaftliche Organisationen an Entscheidungsabläufen mitwirken zu lassen und eine effiziente Berichterstattung im Hinblick auf die Implementierung des EU-Rechts zu sichern. Im Großen und Ganzen ergibt sich aus den äußerst vorsichtig durchgeführten Kalkulationen, dass die gesamte öffentliche Verwaltung, vor allem aber die Selbstverwaltung, vor dem EU-Beitritt an die 1000 neue Stellen bekommen soll. Nach Angaben des EUROSTAT (des statistischen Amtes der EU) von 2001 trägt Polen den größten Investitionsaufwand und die größten laufenden Kosten – als prozentualer Anteil am Bruttoinlandsprodukt gerechnet – für den Umweltschutz von allen anderen Ländern Europas.

Land	Prozentualer Anteil am Bruttoinlandsprodukt für den Umweltschutz
Polen	2,4
Niederlande	1,9
Ungarn	1,6
Tschechische Republik	1,5
Deutschland	1,0
Großbritannien	0,9

Die Bereitschaft, in den Umweltschutz zu investieren, ist für Polen ein sehr wichtiger Bestandteil der Bewerbung um die EU-Mitgliedschaft. Die Kosten unserer Anpassung an gemeinschaftsrechtliche Umweltschutzanforderungen wurden auf 90 bis 180 Mrd. Zl geschätzt. Es wird angenommen, dass sich diese Kosten auf 40 bis 45 Mrd. €, also auf 160 bis ca. 175 Mrd. Zl, beziffern werden. Es ist dabei noch einmal daran zu erinnern, dass von den gesamten Investitionsmitteln für den Umweltschutz immer noch 95% polnischer Herkunft sind.[3] Die hohen Kosten im Zusammenhang mit der Anpassung an Umweltschutznormen der EU sind nicht nur eine Belastung für die Wirtschaft, sondern auch eine große Entwicklungschance für sie. So entsteht auf unserem Boden ein großer Markt für umweltfreundliche Investitionen, und zwar in Bezug auf Investitionsgüter wie auch Dienstleistungen und den Arbeitsmarkt.

3. Stand der Gesetzgebungsarbeiten und des Rechts – ein Abriss

Die Arbeiten an der Anpassung des polnischen Rechts an europäische Normen gehen seit Mitte der 90er Jahre voran. In den Jahren von 1995 bis 1998 wurde ein Entwurf zur Entwicklung des neuen Umweltschutzrechts in Gestalt eines einheitlichen Rechtsaktes („das grüne Gesetzbuch") ausgearbeitet. Diese von einer Expertengruppe erarbeitete Vorlage wurde jedoch nicht gebilligt. Es stellte sich nämlich heraus, dass es angesichts einer so umfassenden Rechtsproblematik wenig Aussichten gab, einen einheitlichen Rechtsakt zum Umweltschutz im Rahmen interministerialer Abstimmungen zustande zu bringen. In der ersten Jahreshälfte 1998 wurden die meisten Gesetzgebungsarbeiten nicht darauf

---

3 Nach *Radziejowski*, op. cit. S. 4. Zu den Beitrittsbedingungen vgl. auch *Boć, Nowacki, Samborska-Boć*; Ochrona środowiska, Wrocław 2002, S. 158 ff.

konzentriert, unser Recht dem EU-Recht anzugleichen, sondern das alte Recht den Anforderungen der Verwaltungsreform anzupassen. Hier ist auch zu erwähnen, dass in den Jahren 1995 bis 1997 das alte Recht durch neue Rechtsakte novelliert wurde, die jedoch nicht immer mit dem EU-Recht übereinstimmten, wie z. B. das Abfallgesetz von 1997.[4] Erst seit Herbst 1998 wurde mit intensiven Arbeiten an neuen Rechtsakten begonnen bei gleichzeitiger Verwendung zuvor ausgearbeiteter Materialien und Analysen. Im Ergebnis entstand in Polen in den Jahren 2000 bis 2001 schließlich ein neues Rechtssystem, dem das Umweltschutzrecht der EU zugrunde liegt.

Die wichtigsten Rechtsakte in diesem Bereich sind:

- Umweltschutzgesetz vom 27. 4. 2001[5];
- Abfallgesetz vom 27. 4. 2001[6];
- Wassergesetz vom 18. 7. 2001[7];
- Naturschutzgesetz vom 16. 10. 1991[8];
- Gesetz über Verpackungen und Verpackungsabfälle vom 11. 5. 2001[9];
- Gesetz über die Pflichten der Unternehmer zur Verwertung bestimmter Abfälle wie auch über die Produktgebühr und die Depotgebühr[10];
- Gesetz über genetisch modifizierte Organismen vom 22. 6. 2001[11];
- Gesetz zur Verfahrensweise mit ozonschichtschädigenden Substanzen[12];
- Atomgesetz vom 29. 11. 2000[13].

Vorher erlassene Rechtsakte, wie das Waldgesetz von 1991, das Raumordnungsgesetz und das Baurecht von 1994, das Geologie- und Bergrecht von 1994 oder das Tierschutzgesetz wie auch andere Gesetze sind überwiegend an die von Polen ratifizierten völkerrechtlichen Verträge und das Europarecht angepasst worden. Ein Teil dieser Regelungen und

---

4 *Górski*, Aktualne problemy prawa ochrony środowiska [w:] *Kozłowski* [Red.:] Ochrona środowiska wybrane zagadneinia, Łodż 2001; vgl. auch *Korzeniowski*, Prawo i polityka ochrony środowiska w procesie integracji z Unią Europejską, Łodż 2001, S. 127 ff.
5 GBl. Nr. 62 Pos. 627 mit Änderungen.
6 GBl. Nr. 62 Pos. 628.
7 GBl. Nr. 115 Pos. 1229 mit Änderungen.
8 Einheitstext GBl. Nr. 99 Pos. 1079 mit Änderungen.
9 GBl. Nr. 63 Pos. 638.
10 GBl. Nr. 63 Pos. 639.
11 GBl. Nr. 76 Pos. 811.
12 GBl. Nr. 52 Pos. 537.
13 GBl. von 2001 Nr. 3 Pos. 18.

ihre grundlegenden Rechtsinstrumente zum Umweltschutz werden in diesem Referat in Grundzügen dargestellt.

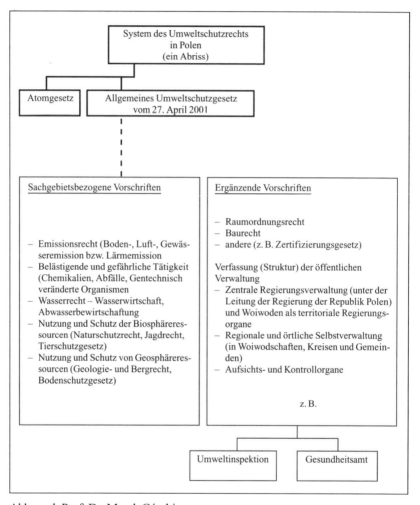

Abb. nach Prof. Dr. Marek Górski

II. Das neue polnische Umweltschutzgesetz – ein Umweltgesetzbuch „sui generis"

1. Stellung des USG im polnischen Rechtssystem und Rezeption des Europarechts

a) Überblick und Inhalt

In der vorstehenden Übersicht über polnische Rechtsakte wurde bereits das Umweltschutzgesetz vom 27. 4. 2001 (USG)[14] erwähnt. Ab 1. 10. 2001 in Kraft, gilt dieses für unser Rechtssystem zum Schutz der Umwelt grundlegende Gesetz als ein führender und besagtes System ordnender Rechtsakt, obwohl Rechtsakte im Gesetzesrang in Polen formell gleichgestellt sind und die Verfassung der Republik Polen von 1997 den absoluten Vorrang hat. Innerhalb einer sehr umfangreichen Sammlung von Rechtsvorschriften, die aus vielen, vor allem verwaltungsrechtlichen, aber auch strafrechtlichen, zivilrechtlichen und anderen Rechtsakten besteht, ist das USG von 2001 ein Rechtsakt „sui generis", also eine „eigene" Verfassung des Umweltschutzrechts in Polen.

Die Rolle des USG in der Rezeption und Umsetzung der europäischen Rechtsnormen des „*acquis communautaire*", also des gemeinschaftlichen Besitzbestandes, ist auf diesem Gebiet nicht zu unterschätzen. Im Gegensatz zum Gesetz über Schutz und Gestaltung der Umwelt von 1980, dem in unserem Rechtssystem eine ebenso führende Rolle zukam und das in Polen über 20 Jahre mit Änderungen in Kraft war, wird von dem neuen Gesetz in nahezu jedem der geregelten Problembereiche eine durchaus neue Rechtsordnung eingeführt, der ein anderes Konzept zugrunde liegt als dem Gesetz von 1980. Abgesehen davon, dass zahlreiche juristische Institute und Lösungen, die zuvor unbekannt waren und die dem EG- und internationalen Recht anzugleichen sind, eingeführt wurden, sind diese rechtlichen Regelungen ganz anders aufgebaut. Mit dem zugleich verabschiedeten Gesetz zur Einführung des USG und zur Änderung verschiedener Gesetze vom 22. 7. 2001 enthält diese Verfassung „sui generis" weit über 500 Artikel. Damit wurde sie zu einem spezifischen „Umweltgesetzbuch", das einen allgemeinen und besonderen Teil beinhaltet. Die Mitautoren einzelner Teile dieses Gesetzbuches und die ersten Kommentatoren des USG – J. Jendrośka, M. Górski und M. Bar –

---

14 GBl. Nr. 62 Pos. 627, nachfolgend als USG bezeichnet. Nach dem Gesetz zur Einführung des Umweltschutzgesetzes, des Abfallgesetzes und zur Änderung verschiedener Gesetze v. 27. 7. 2001 traten einige Vorschriften zu verschiedenen Zeitpunkten in Kraft.

weisen auf die ziemlich klare Konstruktion des Gesetzes hin, der das Konzept eines Rechtsaktes für ein rechtliches System zum Schutz der Umwelt zugrunde liegt.

Das Gesetz ist in 9 Titel gegliedert:

1. Titel: Allgemeine Vorschriften
2. Titel: Schutz der Umweltressourcen
3. Titel: Verschmutzungsverhütung
4. Titel: Große Störfälle
5. Titel: Finanzrechtliche Umweltschutzmittel
6. Titel: Verantwortlichkeit im Umweltschutz
7. Titel: Für den Umweltschutz zuständige Verwaltungsorgane und Verwaltungseinrichtungen
8. Titel: Anpassungsprogramme
9. Titel: Schlussvorschrift.

Diese Titel sind dann in Abschnitte und Kapitel untergliedert. Eine solche Gliederung ist auch unerlässlich, da das Gesetz eine umfangreiche Materie regelt.[15]

b) Implementierung des europäischen Umweltrechts

Eines der Hauptziele dieses Gesetzes ist es, das polnische Recht gemeinschaftsrechtlichen Anforderungen anzugleichen. Hierbei geht es im Einzelnen um:

aa) Verfahrensrechtliche und organisatorische Vorschriften, wie z. B.

- Richtlinie Nr. 85/337/EWG des Rates über die Umweltverträglichkeitsprüfung bei bestimmten öffentlichen und privaten Projekten, einschließlich der Änderungsrichtlinie von 1997[16];
- Richtlinie Nr. 90/313/EWG des Rates über den freien Zugang zu Informationen über die Umwelt.[17]

---

15 Nowe regulacje prawne ochrony środowiska w Polsco – dostosowanic do wymagań Unii Europejskiej [Neue umweltschutzrechtliche Regelungen in Polen – Angleichung an EU-Anforderungen], Red. Jendrośka, Wrocław 2001, S. 103 ff.; siehe auch Ustawa – Prawo ochrony środowiska. Komentarz [Umweltschutzgesetz. Kommentar]. Red. Jendrośka, Centrum Prawa Ekologicznego, Wrocław 2001, S. 29.
16 ABl. EG L 175 v. 5. 7. 1985, 40, berichtigt ABl. EG L 216 v. 3. 8. 1991, 40.
17 ABl. EG L 158 v. 23. 6. 1990, 56.

bb) Vorschriften zur Bestimmung der vorgeschriebenen Luftqualität, wie z. B.

– Richtlinie Nr. 96/62/EG des Rates über die Beurteilung und die Kontrolle der Luftqualität[18];
– Richtlinie Nr. 80/779/EWG des Rates über Grenzwerte und Leitwerte der Luftqualität für Schwefeloxid und Schwefelstaub[19];
– Richtlinie Nr. 85/203/EWG des Rates über Luftqualitätsnormen für Stickstoffdioxid[20];
– Richtlinie Nr. 99/30/EG des Rates über Grenzwerte für Schwefeldioxid, Stickstoffdioxid und Stickstoffoxide, Partikel und Blei in der Luft.[21]

cc) Vorschriften über die Emission von Schadstoffen in die Luft, wie z. B.

– Richtlinie Nr. 84/360/EWG des Rates zur Bekämpfung der Luftverunreinigung durch Industrieanlagen[22];
– Richtlinie Nr. 89/369/EWG des Rates über die Verhütung der Luftverunreinigung durch neue Verbrennungsanlagen für Siedlungsmüll[23];
– Richtlinie Nr. 94/67/EWG des Rates über die Verbrennung gefährlicher Abfälle[24] und andere.

Rechtsakte, die Grundanforderungen an die Vermeidung und Begrenzung von Störfallauswirkungen festlegen, wie die sog. Seveso-II-Richtlinie von 1996[25] und die für die Begrenzung negativer Umwelteinwirkung durch stark emittierende Industrieanlagen grundlegende Richtlinie Nr. 96/61/EG über die integrierte Vermeidung und Verminderung der Umweltverschmutzung (IVU- bzw. IPPC-Richtlinie)[26] sind dabei von besonderer Bedeutung.

---

18 ABl. EG L 296 v. 21. 11. 1996, 55.
19 ABl. EG L 229 v. 30. 8. 1980, 30.
20 ABl. EG L 87 v. 27. 3. 1985, 1.
21 ABl. EG L 163 v. 29. 6. 1999, 41.
22 ABl. EG L 188 v. 16. 7. 1984, 20.
23 ABl. EG L 163 v. 14. 6. 1989, 32, berichtigt ABl. EG L 192 v. 7. 7. 1989, 40.
24 ABl. EG L 365 v. 31. 12. 1994, 34, berichtigt ABl. EG L 23 v. 30. 1. 1998, 39 EN; siehe auch Nowe regulacje prawne ochrony środowiska w Polsco – dostosowanic do wymagań Unii Europejskiej [Neue umweltschutzrechtliche Regelungen in Polen – Angleichung an EU-Anforderungen], Red. Jendrośka, Wrocław 2001, S. 105.
25 Richtlinie 96/82/EG des Rates v. 9. 12. 1996 zur Beherrschung der Gefahren bei schweren Unfällen mit gefährlichen Stoffen, ABl. EG L 10 v. 14. 1. 1997, 13, berichtigt ABl. EG L 124 v. 16. 5. 1997, 56 und ABl. EG L 73 v. 12. 3. 1998, 51.
26 ABl. EG L 257 v. 10. 10. 1996, 26, berichtigt ABl. EG L 302 v. 26. 11. 1996, 28.

Die Anforderungen des EU-Rechts werden in charakteristischer Weise auf polnisches Recht übertragen. Meist handelt es sich nicht um eine mechanische Übertragung einer gemeinschaftsrechtlichen Regelung, sondern um den eher gelungenen Versuch, gemeinschaftsrechtliche Anforderungen im polnischen Rechtssystem unter Bewahrung seiner Traditionen und Werte umzusetzen.

2. Allgemeine Übersicht über umweltschutzrechtliche Regelungen

a) Allgemeine Vorschriften

„Allgemeine Vorschriften" in Titel I des Gesetzes von 2001 beziehen sich auf die gesamten umweltschutzrechtlichen Regelungen, die aus mehreren Gesetzen bestehen. In Titel I wird der allgemeinrechtliche Systemrahmen gesetzt. Hier ist neben grundlegenden umweltschutzrechtlichen Prinzipien auch eine umfassende Sammlung von 50 Legaldefinitionen vorhanden, die für die Auslegung und Anwendung des gesamten Umweltschutzsystems von entscheidender Bedeutung sind. Im USG verwendete Definitionen, die auf alle Schutzvorschriften Anwendung finden, dürfen in anderen Gesetzen nicht abweichend verwendet werden.

Zu den grundlegenden umweltschutzrechtlichen Prinzipien gehören vor allem

aa) Integrationsprinzip (Art. 5)

Dieses Prinzip besagt, dass beim Schutz eines oder mehrerer Elemente der Natur andere Schutzgüter zu berücksichtigen sind. Es betont die integrierte Einstellung zum Naturschutz, die dem gesamten Gesetz ein besonderes Gepräge verleiht.[27]

bb) Vorsorge- und Vorbeugeprinzip (Art. 6 Abs. 1 und Abs. 2)

In Art. 6 Abs. 1 heißt es u.a.: „Wer eine Tätigkeit aufnimmt, die auf die Umwelt negativ einwirken könnte, hat dieser Einwirkung vorzubeugen."

---

27 Vgl. auch *Boć, Nowacki, Samborska-Boć*, Ochrona środowiska [Umweltschutz], Wrocław 2002, S. 141.

cc) Verursacherprinzip – „Polluter pays principle"

Nach diesem Prinzip hat jeder, der die Umwelt verunreinigt, die Kosten für die Beseitigung von Umweltschäden und jeder, der die Umwelt verunreinigen könnte, die Kosten für die Vermeidung der Umweltbelastung zu tragen. Mit diesem Grundsatz wird das Prinzip der Verantwortlichkeit für Umweltschäden nach Art. 86 der Verfassung der Republik Polen verwirklicht. Die Anwendung dieses Prinzips ist mit einer umfangreichen Verantwortlichkeitsproblematik verbunden. In der Literatur wird darauf hingewiesen, dass bei einer erfolgten Umweltverunreinigung mit Kosten für die Beseitigung von Umweltschäden und bei einer potenziellen Verunreinigung mit Kosten für die Vermeidung der Umweltbelastung zu rechnen ist. Letzterer Fall begründet gewissermaßen die nach dem Gesetz erweiterten Überwachungs- und Berichterstattungspflichten von Unternehmen mit potenziell umweltschädlichen Tätigkeiten.[28]

b) Umweltnutzung

Im USG sind nach Tradition des polnischen Wasserrechts drei Umweltnutzungsarten vorgesehen:

aa) Allgemeine Umweltnutzung

Diese steht kraft Gesetzes jedem zu und umfasst die Umweltnutzung ohne Verwendung von Anlagen, die Umweltnutzung zur Befriedigung des persönlichen und des Haushaltsbedarfs, aber auch zur Erholung und z. B. zum Sporttreiben. Sie betrifft die Einführung von Stoffen und Energie in die Umwelt und die allgemeine Wassernutzung nach Maßgabe des Wasserrechts.

bb) Besondere Umweltnutzung

Sie geht über die allgemeine Umweltnutzung hinaus und bedarf kraft Gesetzes einer von der zuständigen Umweltschutzbehörde erteilten Genehmigung über Umfang und Bedingungen dieser Nutzung.

---

28 Nowe regulacje prawne ochrony środowiska w Polsco – dostosowanic do wymagań Unii Europejskiej [Neue umweltschutzrechtliche Regelungen in Polen – Angleichung an EU-Anforderungen], Red. Jendrośka, Wrocław 2001, S. 107.

cc) Übliche Umweltnutzung

Sie geht über die allgemeine Umweltnutzung, die nach dem Gesetz genehmigungsfrei ist, hinaus und umfasst die übliche Wassernutzung nach Maßgabe des Wasserrechts.

c) Ökopolitik, Umweltschutz und Sanierungsprogramme

Die Ökopolitik des Staates, vom Umweltminister entwickelt, vom Ministerrat gebilligt und vom Parlament verabschiedet, ist nach dem neuen USG ein grundlegender Umweltschutzakt. Die Ökopolitik wird jeweils für vier Jahre ausgearbeitet, nach ihr vorgesehene Maßnahmen beziehen sich indes auf weitere 4-Jahres-Zeiträume, wobei die Anforderungen an die Ökopolitik gesetzlich festgelegt werden. Der Umweltminister hat alle vier Jahre Berichte über die Erfüllung der Ökopolitik dem Parlament vorzulegen. Zur Erfüllung der staatlichen Ökopolitik werden auch Umweltschutzprogramme auf Woiwodschaft-, Kreis- und Gemeindeebene verabschiedet; über die Implementierung dieser Programme sind ebenfalls Berichte zu erstatten. Programme zur Wiederherstellung der vorgeschriebenen Qualität von Umweltelementen werden von Woiwoden entwickelt, soweit festgestellt wird, dass ein Verstoß gegen Anforderungen an ein bestimmtes Umweltgut erfolgt ist, z. B. die vorgeschriebene Luftqualität im Hinblick auf die Konzentration bestimmter Stoffe im jeweiligen Gebiet nicht erreicht wird. Ein solches Programm wird durch Beschluss angenommen, so dass es als ein normativer Akt örtlichen Rechts gilt, aus dem sich bestimmte, innerhalb einer festgelegten Frist zu erfüllende Pflichten ergeben.

d) Zugang zu Informationen über die Umwelt

Der Zugang zu Informationen über die Umwelt steht jedem ungeachtet seiner Staatsangehörigkeit oder seines rechtlichen Interesses zu. Behörden und andere Einrichtungen, die kraft Gesetzes oder nach entsprechenden Verträgen zur Erfüllung öffentlicher Umweltschutzaufgaben bestellt sind, sind verpflichtet, auf Antrag in ihrem Besitz befindliche Informationen über die Umwelt einem Interessierten, d. h. einer natürlichen oder juristischen Person oder einer anderen Organisationseinheit, zugänglich zu machen. Der Informationsbegriff wird weit verstanden und umfasst u. a. Informationen über den Umweltzustand, Tätigkeitspläne und Programme, Emissionsgenehmigungen. Das Gesetz sieht die Errichtung öffentlich zugänglicher Register vor, in denen Informationen über solche

Dokumente wie Politikvorgaben, Strategien oder Pläne sowie umweltschutzbezogene Beschlüsse und Bescheide geführt werden. Für das Zugänglichmachen von Informationen können Gebühren erhoben werden, um Recherche-, Kopier- und Versandkosten zu kompensieren; die Höhe der Gebühren wird durch Verordnung festgelegt. Das Gesetz schafft auch rechtliche Grundlagen für das Funktionieren der staatlichen Umweltüberwachung, die als ein System zur Sammlung, Verarbeitung und Verbreitung von Informationen über die Umwelt zu verstehen ist.

e) Beteiligung der Öffentlichkeit am Umweltschutzverfahren

Ziel dieser Regelung ist es, Verfahrenskategorien zur Annahme oder Erteilung des jeweiligen Dokuments, normativen Aktes oder Verwaltungsbescheides zu nennen, an denen die Beteiligung der Öffentlichkeit zu sichern ist.

Zu Entscheidungsverfahren, die der Beteiligung der Öffentlichkeit bedürfen, zählen

– Entwicklung von Politikvorgaben, Strategien, Plänen und Programmen, die eines Verfahrens der Umweltverträglichkeitsprüfung bedürfen;
– Entscheidungsfindungen, die eines Verfahrens der Umweltverträglichkeitsprüfung bedürfen;
– Erteilung integrierter ökologischer Genehmigungen;
– Ausarbeitung eines externen Plans für Vorgehensweise und Rettungsmaßnahmen bei Störfällen.

Dem ist hinzuzufügen, dass es auch im Gesetz über genetisch modifizierte Organismen vom 22. 6. 2001[29] vorgesehen ist, hier bezeichnete Vorschriften über die Beteiligung der Öffentlichkeit entsprechend anzuwenden. Diese grundlegende Beteiligungsform berechtigt dazu, hinsichtlich des konkreten Projekts – im Rahmen des Verfahrens zur Umweltverträglichkeitsprüfung – Einwendungen zu erheben und Anträge zu stellen, die von einem zuständigen Organ zu prüfen und zu beurteilen sind.[30]

---

29 GBl. Nr. 76 Pos. 811.
30 Nowe regulacje prawne ochrony środowiska w Polsce – dostosowanic do wymagań Unii Europejskiej [Neue umweltschutzrechtliche Regelungen in Polen – Angleichung an EU-Anforderungen], Red. Jendrośka, Wrocław 2001, S. 109 f.

f) Umweltverträglichkeitsprüfung

Nach EU- und internationalem Recht ist die Umweltverträglichkeitsprüfung als eine rechtlich vorgeschriebene Prozedur zu verstehen, bei der ein Verfahren zur Umweltverträglichkeitsprüfung durchgeführt wird in Bezug auf einen Konzeptentwurf zur Raumordnungspolitik des Landes, in Bezug auf Entwürfe zu Bauleitplänen, Politikvorgaben, Strategien sowie Plänen oder Programmen für die Entwicklung und Umstrukturierung, sog. strategische Verträglichkeitsprüfungen, wie auch in Bezug auf geplante Vorgaben, die auf die Umwelt erheblich einwirken können. Die Beteiligung der Öffentlichkeit am Verfahren ist zu sichern. Vorhaben, auf die sich das Verfahren zur Umweltverträglichkeitsprüfung bezieht, werden in zwei Klassen eingeteilt: für die Erstere ist ein Bericht über die Umweltverträglichkeit verpflichtend, für die Letztere kann sich die Berichterstattungspflicht aus dem Beschluss des zuständigen Organs ergeben. Beide Verfahrenskategorien werden durch eine Rechtsverordnung des Umweltministers festgelegt. Im USG wird besonderes Gewicht auf die Fälle gelegt, die grenzüberschreitenden Charakter haben und für die nach dem Übereinkommen von Espoo (1991) eine grenzüberschreitende UVP erforderlich ist.

Von Bedeutung sind hier auch Vorschriften über Anforderungen, die bei Bauarbeiten zu beachten sind, und über Bedingungen für die Inbetriebnahme einer baulichen Anlage. Eine der grundlegenden Voraussetzungen ist hier, dass vor Inbetriebnahme der baulichen Anlage gesetzlich vorgeschriebene Genehmigungen zur Umweltnutzung einzuholen sind. Diese Vorgaben gehen auf die Erfordernisse der IVU- bzw. IPPC-Richtlinie[31] zurück.

3. Schutz der Umweltressourcen (Titel II USG)

Dieser Teil des USG enthält sowohl allgemeine Bestimmungen über den Schutz aller Ressourcen, in denen je nach Sachgebiet auf Fachgesetze verwiesen wird, wie z. B. auf das Wasserrecht, das Naturschutzgesetz sowie auch detaillierte Regelungen für den Schutz verschiedener Ressourcen, insbesondere die Luft und die Erdoberfläche. Inhaltlich gesehen unterscheiden sich die neuen Vorschriften weitgehend von den alten und berücksichtigen neue Konzeptionen des internationalen und des EU-

---

31 S. Fn. 26.

Rechts. Die Regelungen der Fachgesetze sind diesen Vorschriften untergeordnet.

Drei Elemente sind hier besonders neuartig und einer näheren Betrachtung wert:

– das allgemeine Konzept des Ressourcenschutzes;
– neue Einrichtung von Programmen zur Erzielung von Qualitätsstandards;
– eine völlig neue Einstellung zur Rekultivierung der Erdoberfläche.

Als Schutz der Umweltressourcen gelten insbesondere

– Festlegung und Kontrolle von Umweltqualitätsstandards, ferner Maßnahmen zur Sicherung oder Wiederherstellung dieser Standards (auch durch Programme nach Art. 84);
– Emissionsminderung, darunter
  – Festlegung von Emissionsstandards,
  – Genehmigungspflichten,
  – Meldepflichten für Anlagen.

Umweltqualitätsstandards sind Anforderungen, die zu einem bestimmten Zeitpunkt im Hinblick auf die Umwelt als Ganzheit oder auf einzelne Elemente der Natur zu erfüllen sind.

a) Programm zum Erreichen der Qualitätsstandards

Wie bereits erwähnt, sind die Programme zum Erreichen der Qualitätsstandards, sog. Sanierungsprogramme, örtliche Rechtsakte, die in den Woiwodschaftsamtsblättern veröffentlicht werden. Gegebenenfalls können in einem solchen Programm Pflichten der Rechtssubjekte zur Begrenzung der Umweltnutzung festgelegt werden, wie z. B. verpflichtende Messungen der Emissionsintensität, obligatorische Weitergabe von Ergebnissen vorgenommener Messungen, Verkürzung der Zeitdauer von Genehmigungen, die im Besitz der jeweiligen Rechtssubjekte sind, jedoch auf nicht weniger als zwei Jahre.

b) Luftqualitätsschutz

Luftqualitätsschutzfragen sind im Gesetz unter Einschluss von Problemen des Lärmschutzes und der elektromagnetischen Felder komplex geregelt. Lösungen zum Luftschutz wurden vor allem auf den Anforderungen, die sich aus den hier vorliegenden Rechtsakten der EU ergeben,

Konrad Nowacki

d. h. der Richtlinie 96/62/EG[32] über die Beurteilung und die Kontrolle der Luftqualität und der Richtlinie 99/30/EG[33], aufgebaut. Mit diesen Rechtsakten werden einige neue Pflichten geschaffen, von denen die wichtigsten die Pflicht zur Festlegung von Immissionsstandards für aufgelistete Schadstoffe und deren Kontrolle sind. Um die letztgenannte Pflicht zu verwirklichen, ist das gesamte Staatsgebiet in „Bereiche" einzuteilen, was im Gesetz durch die Bestimmung erfüllt wurde, dass der „Bereich" und der Kreis zusammenfallen. Eine Ausnahme von diesem Grundsatz stellen Ballungsräume dar, die nach der gesetzlichen Definition als „Stadt oder mehrere Städte mit gemeinsamen Verwaltungsgrenzen" gelten und den Status eines Bereichs haben.

c) Lärmschutz

Für die Zwecke des Lärmschutzes sieht das Gesetz vor, durch Erstellung von akustischen Expertisen den Status quo im Hinblick auf Lärmbelastungen zu beschreiben und über Monitoring-Maßnahmen Änderungen in diesem Bereich festzustellen. Die Vornahme dieser Prüfung ist für Ballungsräume[34] und für Gebiete, in denen der Lärmpegel zulässige Grenzwerte übersteigt, obligatorisch vorgeschrieben. Um die Umwelt auf Lärmbelastung hin zu überprüfen, werden alle fünf Jahre Lärmkarten erstellt. Für Gebiete, in denen zulässige Lärmwerte überschritten werden, ist vom Kreisrat ein Sanierungsprogramm zu erstellen, um den Lärmpegel auf den gesetzlich zulässigen Wert zu bringen.

d) Bodenschutz und Rekultivierung

Eine der wichtigsten Änderungen im neuen Gesetz betrifft die neuartige Bestimmung des für die Rekultivierung der Erdoberfläche Verantwortlichen. Bisher galt als Verantwortlicher der Umweltverschmutzer, was in Anbetracht der Beweisschwierigkeiten und der Systemtransformation der Wirtschaft wie auch der damit verbundenen eigentumsrechtlichen Veränderungen praktisch zur Folge hatte, dass sich die Verantwortlichkeit „verwischte" (Staat, Gemeinden, privatisierte Firmen usw.). Nach dem Gesetz ist derjenige verantwortlich, der die Erdoberfläche in Besitz hat, es sei denn, dass gesetzlich vorgeschriebene Voraussetzungen vorliegen, die ihn von dieser Verantwortlichkeit befreien.

---

32 S. Fn.18.
33 S. Fn. 21.
34 Siehe zum Begriff des Ballungsraums oben die Vorschriften über den Luftschutz.

e) Schutz sonstiger Umweltressourcen

Vorschriften zum Schutz sonstiger Bestandteile der Umwelt haben einen allgemeineren Charakter. Das Gesetz verweist hier grundsätzlich auf die Vorschriften von Fachgesetzen. Eine gewisse Ausnahme stellen einige Bestimmungen im Kapitel über den Naturschutz dar. Im USG wurden bestimmte Vorschriften zum Tier- und Pflanzenschutz eingeführt, z. B. bei Militärübungen auf Truppenübungsplätzen, während die Problematik der botanischen und zoologischen Gärten wie auch der Schutz von Grünanlagen in Städten und Dörfern durch das Einführungsgesetz zum USG[35] auf das Naturschutzgesetz übertragen wird.[36]

4. Schutz vor Verschmutzungen

Die Probleme des Schutzes vor Verschmutzungen werden überwiegend in Titel III des Gesetzes behandelt. Unter die Verschmutzungsverhütung fällt das Verbot, Gase oder Staub in die Luft zu emittieren, Abwasser in Gewässer oder in die Erde abzuleiten, Abfälle zu produzieren, Lärm und elektromagnetische Felder zu erzeugen; sie betrifft also „qualifizierte" Emissionen in die Umwelt. Die Vorschriften dieses Titels werden daher allgemein als „Emissionsrecht" bezeichnet, da sie zum Ziel haben, allgemeine Anforderungen an Emissionen, d. h. an in die Umwelt emittierte Stoffe oder Energien zu stellen, so dass diese Emissionen nicht schädlich werden, d. h. die Umwelt nicht verunreinigen. Die Regelungen nach Titel III lassen sich in zwei Gruppen einteilen:

a) solche, die Verunreinigungen aus besonders bezeichneten Quellen betreffen, wie Anlagen, Vorrichtungen, Stoffe und Produkte sowie auch Straßen, Eisenbahn- und Straßenbahnlinien, Flugplätze oder Häfen;

b) solche, die materielle und verfahrensrechtliche Grundanforderungen an die Erteilung von Genehmigungen zur Emission von Stoffen und Energien in die Umwelt festlegen.

Als Ergänzung gelten allgemeine Vorschriften, die vor allem Ziele und grundlegende Prinzipien für den Verunreinigungsschutz bestimmen, wie auch der gesetzliche Teil, der ökologische Inspektionen betrifft.

---

35 S. Fn. 14.

36 Nowe regulacje prawne ochrony środowiska w Polsco – dostosowanic do wymagań Unii Europejskiej [Neue umweltschutzrechtliche Regelungen in Polen – Angleichung an EU-Anforderungen], Red. Jendrośka, Wrocław 2001, S. 113 ff.; vgl. auch *Boć, Nowacki, Samborska-Boć,* Ochrona środowiska [Umweltschutz], Wrocław 2002, S. 243 ff.

Die Vorschriften des erörterten Gesetzes zielen auch darauf ab, zahlreiche Anforderungen, die an Genehmigungen nach verschiedenen Richtlinien, insbesondere nach der IVU-, bzw. IPPC-Richtlinie 96/61/EG[37] festgelegt werden, in unser Recht umzusetzen. Nach Art. 1 ist Ziel dieser Richtlinie, die integrierte Vermeidung und Verminderung der Verschmutzung, die in Wasser und Boden verursacht wird, sicher zu stellen, um die Umwelt als Ganzes in höchstem Grade zu schützen. Dabei betrifft die Richtlinie nur bestimmte, im Anhang I genannte, industrielle Tätigkeiten. Außerdem gilt die Emissionskontrolle nur für bestimmte Schadstoffe, die im Anhang III genannt sind. In den Vorschriften der Richtlinie werden einige Grundanforderungen festgelegt, denen eine Genehmigung zu entsprechen hat.

Das polnische Gesetz sieht sechs Genehmigungsarten vor, die sich in zwei Gruppen einteilen lassen:

a) integrierte Genehmigung;
b) sachgebietsbezogene Genehmigungen:
   – Genehmigung zur Emission von Gasen und Staub in die Luft;
   – Genehmigung zur Ableitung von Abwasser in Gewässer oder Erde;
   – Genehmigung zur Erzeugung von Abfällen;
   – Genehmigung zur Lärmemission in die Umwelt;
   – Genehmigung zur Emission elektromagnetischer Felder.

Eine Genehmigung wird auf Antrag erteilt, der die im USG festgelegten Anforderungen zu erfüllen hat. Darüber hinaus werden in diesem Gesetz weitere gemeinsame Grundanforderungen, die z. B. den Inhalt der Genehmigung betreffen, an jede dieser Genehmigungen festgelegt.

Neu in diesem System sind integrierte Genehmigungen, die unter Berücksichtigung der Anforderungen in der IVU- bzw. IPPC-Richtlinie eingeführt wurden, die in dieser Form selbst neu im EU-Recht sind. Daher liegen auch noch keine großen Erfahrungen mit der Anwendung dieser Richtlinie vor. Die Hauptidee bei integrierten Genehmigungen ist, alle Auswirkungen der jeweiligen Anlage auf die Umwelt in einem Bescheid zu erfassen, was verhindern soll, dass das Verschmutzungsproblem von einem Umweltgut auf ein anderes abgewälzt wird. Damit soll ein optimaler Umweltschutz gewährleistet werden, wobei im USG wie in der Richtlinie nur bestimmte Anlagen einer integrierten Genehmigung bedürfen.

---

37 S. o. Fn. 26.

5. Finanzrechtliches Instrumentarium

Schließlich möchte ich noch kurz das finanzrechtliche Instrumentarium des USG anhand der Abbildung von *M. Górski* vorstellen:

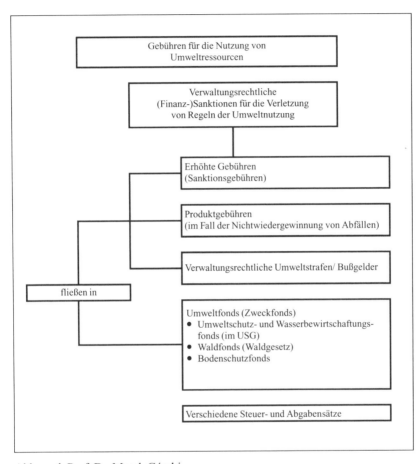

Abb. nach Prof. Dr. Marek Górski

III. Sachgebietsbezogene Vorschriften des polnischen Umweltrechts außerhalb des USG

Zunächst möchte ich hier eine Übersicht über den Inhalt des Abfallgesetzes vom 27. 4. 2001 geben sowie das neue Wasserrecht vom 28. 7. 2001 und das an europäisches Recht angeglichene Naturschutzrecht von 1991 in einem kurzen Überblick darstellen.

1. Inhalt des Abfallgesetzes

Abfallgesetz vom 27. 4. 2001[38]
Inhalt des Gesetzes

Abschnitt 1 –   Allgemeine Bestimmungen (Art. 1–4)
Abschnitt 2 –   Grundsätze für die Abfallverwertung (Art. 5–13)
Abschnitt 3 –   Abfallwirtschaftspläne (Art. 14–16)
Abschnitt 4 –   Pflichten der Abfallbesitzer (Art. 17–37)
Abschnitt 5 –   Besondere Grundsätze für die Verwertung bestimmter Abfallarten (Art. 38–43)
Abschnitt 6 –   Abfallverbrennung (Art. 44–49)
Abschnitt 7 –   Lagerung und Speicherung von Abfällen (Art. 50–63)
Abschnitt 8 –   Grenzüberschreitender Abfallverkehr (Art. 64–68)
Abschnitt 9 –   Strafvorschriften (Art. 69–79)
Abschnitt 10 –   Schlussbestimmung (Art. 80)

Anlagen:

Anlage Nr. 1 –   Klassen der Abfälle
Anlage Nr. 2 –   Klassen und Arten gefährlicher Abfälle
Anlage Nr. 3 –   Bestandteile von Abfällen, die diese zu gefährlichen Abfällen machen
Anlage Nr. 4 –   Eigenschaften von Abfällen, die diese zu gefährlichen Abfällen machen
Anlage Nr. 5 –   Maßnahmen zur ganzheitlichen oder teilweisen Verwendung von Abfällen oder zur Wiedergewinnung und Verwendung von Abfallstoffen, Abfallmaterial oder Abfallenergie
Anlage Nr. 6 –   Verfahren zur Unschädlichmachung von Abfällen.

---

38 GBl. Nr. 62 Pos. 628 mit Änderungen.

2. Grundzüge des Wasserrechts im Hinblick auf europäisches Recht

Im polnischen Wasserrecht spiegelt sich die Konzeption des Gesetzgebers wider, eine hohe Wasserqualität zu sichern. Es entspricht den Anforderungen, die in einer Reihe von EG-Richtlinien bezüglich der Wasserbewirtschaftung und des Wasserschutzes verankert sind. Diese gehören zu den frühesten EG-Richtlinien im Bereich des Umweltschutzes. Mitte der 70er und in den 80er Jahren wurden zahlreiche Richtlinien erlassen, die sich auf die Wasserqualität und den Schutz des Wassers gegen Schadstoffe beziehen.[39] In den polnischen Kommentaren zum Umweltschutz- und Gestaltungsgesetz von 1980 wird darauf hingewiesen, dass die Gesetzgebung der Europäischen Union, was den Gewässerschutz angeht, von zwei Merkmalen charakterisiert wird. Auf der einen Seite wird die erforderliche Wasserqualität definiert, auf der anderen Seite werden die zulässigen Emissionswerte festgelegt. Diese sind Ausgangspunkt für verschiedene Streitigkeiten, die sich in der EU gegenwärtig abspielen und die sich auch in der Zukunft abspielen werden.[40] Eine Brücke zwischen beiden Konzeptionen stellte der Entwurf der EG-Richtlinie vom 15. 4. 1997 dar, die die Rahmenbedingungen für eine gemeinschaftliche Politik im Bereich des Gewässerschutzes festsetzt.

a) Einfluss der Wasserrahmenrichtlinie

In der Wasserrahmenrichtlinie (WRRL)[41] vom 23. 10. 2000 wird die Notwendigkeit der Erstellung von Programmen und Analysen durch die zuständigen Organe und Institutionen, die mit der Wasserbewirtschaftung befasst sind, festgelegt. Von fundamentaler Bedeutung ist in diesem Zusammenhang der Bewirtschaftungsplan für ein Einzugsgebiet. Dieser erfasst auch nach polnischem Recht bestimmte Elemente verschiedener, durch unterschiedliche Organe erstellter Pläne. Im Einzelnen sind dies:

---

39 Zum Beispiel RL 75/440/EG v. 16. 6. 1975, ABl. EG L 194 v. 25. 7. 1975, 26, RL 76/160/EWG v. 8. 12. 1975, ABl. EG 31 v. 5. 2. 1976, 1, RL 76/464/EWG v. 4. 5. 1976, ABl. EG L 129 v. 18. 5. 1976, 23.

40 *Rotko*, Ustawa o ochronie i kształtowaniu środowiska, komentarz pod. Red. Sommera, wyd. 2 (2. Aufl.), t.I (B.I), Wrocław 1999, S. 121 ff.

41 Richtlinie 2000/60/EG des Europäischen Parlaments und des Rates v. 23. 10. 2000 zur Schaffung eines Ordnungsrahmens für Maßnahmen der Gemeinschaft im Bereich der Wasserpolitik, ABl. EG L 327 v. 22. 12. 2000, 1.

- der Umweltzustand der Einzugsgebiete;
- die Kontrolle des Zustandes der oberirdischen und der unterirdisch fließenden Gewässer im Einzugsgebiet;
- die Kontrolle der Qualität der Gewässer, die einem besonderen Schutz unterliegen;
- die Maßnahmen, die eine zufällige Verschmutzung verhindern sollen.

Es lässt sich also feststellen, dass Art. 99 des neuen polnischen USG vom 27. 4. 2001 die Anforderungen der EG-Richtlinie berücksichtigt, indem er die Instrumente des Gewässerschutzes in die bereits bestehenden hydrografischen Bewirtschaftungspläne einbezieht.

Das polnische Wasserrecht vom 18. 7. 2001 hat neben den wasserrechtlichen Genehmigungen, den Gebühren für die Nutzung von Wasser und den Wasseranlagen noch ein anderes Instrument eingeführt, nämlich „die Bedingungen der Wassernutzung in den regionalen Einzugsgebieten". Sie stellen eine Art normativen Rechtsakt (Rechtsakt „sui generis") dar, der eigentlich ein Fachplan ist. Besagte Bedingungen sollen obligatorisch in die örtlichen Raumordnungspläne miteinbezogen werden.

Die genannten „Bedingungen der Wassernutzung in den Einzugsgebieten" sollen insbesondere bestimmen

- die Beschränkungen der Nutzung von Wasser und Wasseranlagen im Einzugsgebiet oder Teilen davon sowie
- die Entwicklungsrichtungen im Bereich der Wasserwirtschaftsinvestitionen.

Die Bedingungen berücksichtigen insbesondere

- Bilanzen der Wasserwirtschaft des Einzugsgebiets;
- Anforderungen des Umweltschutzes, die in den woiwodschaftlichen und regionalen Programmen des Umweltschutzes beinhaltet sind;
- Erstellung aktueller Raumordnungspläne;
- Bestimmung der hydrogeologischen Dokumentation;
- geltende wasserrechtliche Genehmigungen und
- physiografische und wirtschaftliche Charakteristik des Einzugsgebiets.

Hinsichtlich der Maßnahmen in der Wasserpolitik wurde in der EU-Wasserrahmenrichtlinie großer Wert auf folgende zwei Strategien gelegt. Zum einen auf die Strategie der Beschränkung der Verschmutzung derjenigen Gewässer, die durch die Rahmenrichtlinie geschützt sind, indem die Emission der Schadstoffe begrenzt werden soll, zum anderen auf die Erhaltung der geforderten Wasserqualität durch die Anwendung von verschiedenen rechtlichen, organisatorischen und technischen Instrumenten. Die Verfolgung dieser Strategien erfolgt durch Einbeziehung von bereits bestehenden, vor allem auf älteren Richtlinien beruhenden Schutzinstrumenten und basiert auf dem nun geltenden einheitlichen europäischen System der Einzugsgebietsbewirtschaftung. Im Rahmen solcher Einzugsgebietseinheiten werden Bewirtschaftungs- und Schutzpläne vorbereitet, die sowohl rechtliche Mittel als auch organisatorische und technische Lösungen beinhalten.

Die angesprochenen Schutzinstrumente sind im Einzelnen:

– Wasserwirtschaftspläne;
– wasserrechtliche Genehmigungen;
– verschiedene technische Normen und Qualitätsstandards;
– Bußgelder;
– chemisch-biologische Messzahlen für Verschmutzung usw.

b) Grundprinzipien des polnischen Wasserrechts von 2001

Die grundlegenden Prinzipien der Wasserwirtschaft sind:

– das Prinzip der nachhaltigen Entwicklung;
– das Prinzip der rationalen Nutzung der Wasserressourcen sowohl der oberirdischen Gewässer als auch des Grundwassers, wobei die Erhaltung von Qualität und Quantität zu berücksichtigen ist;
– das Prinzip des gemeinsamen Interesses, das durch die Zusammenarbeit mit der öffentlichen Verwaltung, Wassernutzern und Vertretern der örtlichen Gemeinschaften verwirklicht wird; Ziel ist es, einen maximalen gesellschaftlichen Nutzen, d.h. eine optimale Nutzung zu erreichen;
– staatliche Verwaltung der Wasserressourcen nach Einzugsgebieten und Wasserregionen;
– das Prinzip der besonderen Bestimmung der unterirdischen Gewässer;
– das Prinzip der Planmäßigkeit in der Wasserbewirtschaftung;
– das Präferenzprinzip, d.h. die Verwaltung der Wasserressourcen unter Berücksichtigung der Hierarchie der Bedürfnisse, z.B. Trinkwasserversorgung, Hochwasserschutz;
– das Prinzip der Ausnutzung des Gewässerpotentials für die Energiewirtschaft.[42]

---

42 Anfertigung von Gutachten und Stellungnahmen zu dieser Thematik durch das Zentrum für Ökologierecht in Wrocław.

3. Naturschutzrecht

a) Einleitung

Die Problematik des Tier- und Pflanzenschutzes wurde in Rahmenvorschriften des Umweltschutzgesetzes von 1980 festgelegt und wird im neuen Umweltschutzgesetz vom 27. 4. 2001 geregelt.[43] Die Rahmenregelungen weisen jedoch auf Sondervorschriften hin. Zu diesen Vorschriften gehört das Naturschutzgesetz vom 16. 10. 1991[44], das Waldgesetz von 1991, das Jagdgesetz von 1995 und die Vorschriften zum Schutz von Haus- und Nutztieren, insbesondere das Tierschutzgesetz von 1997.

Im 1997 novellierten Umweltschutzgesetz[45] wird nachdrücklich betont, dass der Schutz von Fauna und Flora schon in den Richtlinien für eine örtliche Bauleitplanung zu berücksichtigen ist. Um die Aufgaben, Kompetenzen, Handlungsformen und Instrumente zum Schutz der Naturwerte zu diskutieren, ist von den Vorschriften des nunmehr geltenden Umweltschutzgesetzes auszugehen. Art. 2 Abs. 1 dieses Gesetzes von 1991 definiert den Naturschutz als Erhaltung, ordnungsgemäße Nutzung und Erneuerung von Naturressourcen und Naturbestandteilen, insbesondere von Naturkomplexen, Ökosystemen wie auch wild wachsenden Pflanzen und wild lebenden Tieren.

Ziel des Naturschutzes ist es:

- für ökologische Prozesse und die Stabilität von Ökosystemen zu sorgen;
- die Artenvielfalt zu erhalten;
- geologische Gegebenheiten zu erhalten;
- den Fortbestand von Arten und Ökosystemen zu sichern;
- die ordnungsgemäße Einstellung des Menschen zur Natur zu gestalten;
- den richtigen Zustand der Naturressourcen und der Naturbestandteile wiederherzustellen.

Umfang und Zweck des Naturschutzgesetzes von 1991 unterscheiden sich erheblich von dem, was im Naturschutzgesetz von 1949 definiert worden war. Die Stockholmer Deklaration, eine Folge internationaler Naturschutzabkommen, die Tätigkeit der UNEP und die ökologische

---

43 GBl. Nr. 62, Pos. 637.
44 GBl. Nr. 111 Position 492 mit späteren Änderungen, besonders GBl. Nr. 106 Pos. 668 und im GBl. von 2001 Nr. 99 Pos. 1079.
45 Änderungsgesetz v. 29. August 1997, GBl. Nr. 133 Pos. 885.

Politik der polnischen Regierung ab 1990 haben eine neue Orientierung hinsichtlich des Naturschutzes von 1991 mit sich gebracht. Das eindeutig anthropozentrische Naturschutzkonzept wurde verworfen.[46] Dem naturorientierten Aspekt des Naturschutzes, der heute vorherrscht, lagen nicht nur allgemeine Vorschriften des Gesetzes von 1991, des 1997 novellierten Gesetzes über den Umweltschutz von 1980 und des neuen Umweltschutzrechts, sondern auch Sondervorschriften dieser Gesetze zugrunde. Die allgemeinen Vorschriften des Naturschutzgesetzes machen es zur Pflicht, den Schutz von Nationalparks, Landschaftsparks, Naturschutzgebieten und anderen zu erhaltenden Gebieten in die örtliche Bauleitplanung aufzunehmen. Für Gebiete mit naturwissenschaftlicher Bedeutung erfolgt eine Standortbestimmung, um sicherzustellen, dass sie in die Bauleitplanung auch einbezogen werden.

b) Naturschutz – Rechtsformen und Organe

Art. 3 und 5 des Naturschutzgesetzes von 1991 verpflichten die Bürger, die Staats- und Selbstverwaltungsorgane, natürliche und juristische Personen wie auch Organisationen, die Natur zu schützen und den Naturschutz in der Öffentlichkeit zu verbreiten. Nach einem der Grundsätze ist derjenige, der örtliche Bauleitpläne ausarbeitet, verpflichtet, die Vorgaben der Naturschutzpläne zu beachten. Im örtlichen Bauleitplan sind Anordnungen des Woiwoden für das geschützte Gebiet zu berücksichtigen (Art. 4 des Naturschutzgesetzes).

Nach dem Gesetz sind der Umweltminister und der Woiwode Naturschutzbehörde. Als eines der integrierten Organe der Staatsverwaltung ist der Direktor eines Nationalparks dem Woiwoden unterstellt. Selbstverwaltungsorgane und andere Organe erfüllen auch solche Umweltschutzaufgaben, die im Umweltschutzgesetz von 1980 nicht als „Grundaufgaben" bezeichnet werden. Der Umweltminister erfüllt seine Aufgaben durch Vermittlung des Generalnaturpflegers und der Woiwode durch Vermittlung des Woiwodschaftsnaturpflegers. Was den Naturschutz im Nationalpark anbelangt, so gehört der Nationalparkdirektor zu den integrierten Staatsverwaltungsorganen (ehemalige Spezialverwaltungsorga-

---

46 Art. 1 des Umweltschutzgesetzes von 1949: Naturschutz heißt: Naturressourcen und Naturgebilde zu erhalten, wiederherzustellen und ordnungsgemäß zu nutzen, diese wegen ihrer wissenschaftlichen, ästhetischen, historischen und populären, gesundheitlichen und gesellschaftlichen Bedeutung im Interesse der Allgemeinheit zu schützen. Siehe *Nowak*, Naturschutzrecht und Naturschutzorganisation in Polen, Warszawa 1964, S. 28 ff.

ne); seine Kompetenzen werden gesetzlich bestimmt (Art. 14–16 des Naturschutzgesetzes). Zu den Begutachtungsorganen für den Naturschutz gehören:

- der staatliche Naturschutzrat beim Umweltminister;
- der Woiwodschaftsausschuss für den Naturschutz beim Woiwoden;
- der Wissenschaftsrat eines Nationalparks.

Weiterhin können auch besondere gesetzlich bestimmte sog. Naturschutzformen unter Schutz gestellt werden. In diese Kategorie fallen gebietsbezogene Formen, wie z.b. Nationalparks, Naturschutzgebiete, Landschaftsparks, Landschaftsschutzgebiete (Art. 13 Abs. 1 Ziff. 1–4 des Naturschutzgesetzes), Schutz von Tier- und Pflanzenarten und sog. Einzelformen. Zu den „Einzelformen" gehören Naturdenkmäler, Dokumentationsstellen, ökologische Nutzflächen und landschaftliche Komplexe.[47] Gebietsbezogene Naturschutzformen fallen nach Art. 13 Abs. 2 Naturschutzgesetz von 1991 ins nationale Schutzgebietsystem entsprechend der FFH-Richtlinie[48] und dem europäischen Netzwerk Natura 2000 (Art. 3 Abs. 1 FFH-RL), das obligatorisch in Gemeindebauleitplänen zu berücksichtigen ist. Rechtsgrundlage hierfür ist Art. 13 des Raumordnungsgesetzes von 1994. Dieses Schutzgebietsystem wird als Teil des Staatsprogramms durch Mechanismen des Raumordnungsgesetzes verwirklicht (u. a. Art. 55 ff. des Raumordnungsgesetzes).[49]

---

47 Vgl. *Wasilewski*, Naturschutzrecht in Polen in: Czybulka (Hrsg.), Erkennen, Bewerten, Abwägen und Entscheiden, Zweiter Warnemünder Naturschutzrechtstag, 2000, S. 137 ff.

48 Richtlinie 92/43/EWG v. 21. 5. 1992 zur Erhaltung der natürlichen Lebensräume sowie der wildlebenden Tiere und Pflanzen (FFH-RL), ABl. EG L 206 v. 22. 7. 1992, 7, berichtigt ABl. EG L 59 v. 8. 3. 1996 63.

49 Näher dazu: *Nowacki*, Planerische Bezüge im Recht des Naturschutzes und der Raumordnung am Beispiel Polens, in: Czybulka (Hrsg.), Erkennen, Bewerten, Abwägen und Entscheiden, Zweiter Warnemünder Naturschutzrechtstag, 2000, S. 153 ff.

Diskussion im Anschluss an den Beitrag von Prof. Dr. Konrad Nowacki

Aktueller Stand der Umweltrechtsentwicklung in Polen
vor dem EU-Beitritt

L. Knopp

Herr Nowacki, Ihr Vortrag hat gezeigt, dass Polen sich offensichtlich seit
einiger Zeit sehr eingehend mit Umweltschutzvorschriften beschäftigt
und diese auch entsprechend verankert hat. Sie haben immerhin ein Umweltgesetzbuch. Hier hat sich doch, was die einzelnen Bereiche Abfall,
Immissionsschutz und so weiter anbelangt, Einiges in Polen getan. Aber
vielleicht habe ich nicht alles ganz richtig verstanden. Schauen wir uns
noch einmal Ihr Beispiel „Bodenschutz" an. Wenn es um die boden-
schutzrechtlichen Verantwortlichkeiten geht, ist der Verursacher nicht
haftbar bzw. nicht Verantwortlicher?

K. Nowacki

Es gibt in Polen natürlich die Verantwortlichkeit des Verursachers. Ich
wollte das jedoch in meinem Vortrag nicht breiter ausführen, um nicht in
die nachfolgenden Referate einzugreifen. Aber es gibt die Verursacher-
verantwortlichkeit z. B. bei der Altlastenproblematik auch bei uns.

L. Knopp

Ich möchte noch darauf hinweisen, was wir im Übrigen in den vorange-
gangenen Beiträgen mehrfach gehört haben, dass im Rahmen der EU-
Politik das Verursacherprinzip stets ganz oben steht. Das Verursacherprinzip ist zugleich, was z. B. die Altlasten anbelangt, auch eine Leerformel, hierauf hatte ich bereits hingewiesen. Das Verursacherprinzip ist
nicht nur eines der umweltpolitischen Leitprinzipien der EU, sondern
auch auf nationaler Ebene, wenn ich an das deutsche Umweltrecht
denke, eines der zentralen Leitprinzipien, das in verschiedenen Gesetzen
umgesetzt worden ist. Unter „Verursacher" – jedenfalls nach deutscher,
aber auch nach EU-Umweltrechtsterminologie – fallen dabei aber nicht
solche Verantwortliche, wie wir sie, wenn ich das richtig sehe, in Polen

Konrad Nowacki

haben. Derjenige, der Besitz an der Erdoberfläche hat, also Besitzer oder möglicherweise Eigentümer ist, hat mit dem Verursacher nach deutschem Recht im Unterschied zu polnischem Recht nichts zu tun. Verantwortlicher heißt nach deutschem Umweltrecht nicht in jedem Fall Verursacher. Das muss man hier stringent trennen. Dies, Herr Nowacki, fiel mir im Übrigen auch bei Ihrer weiteren Darstellung auf, weshalb ich Sie fragen möchte, ob das Verursacherprinzip tatsächlich in dieser doch relativ ausdifferenzierten Umweltschutzgesetzgebung in Polen verankert ist. Denn es geht ja letztlich um die Frage, inwieweit die polnische Umweltschutzgesetzgebung bereits an die EU-Gesetzgebung angepasst ist bzw. sich auf sie zubewegt hat.

K. Nowacki

Die Probleme, die Sie angedeutet haben, sind in Polen traditionell verbunden mit dem Grundstückseigentum. Die Belastung des Grundstückseigentümers, aber auch die Verantwortlichkeitsproblematik in vielen Teilen des Gesetzes, sagt viel über die Verankerung des Verursacherprinzips aus. Meiner Meinung nach muss diese allgemeine verwaltungsrechtliche Verantwortlichkeit auch prinzipiell Vorrang vor der zivilrechtlichen Verantwortlichkeit haben, aber das wird im Einzelnen noch von den nachfolgenden Referenten behandelt.

F.-R. Billigmann, BDE, Berlin

Herr Nowacki, Sie haben hinsichtlich der Organisation des Umweltrechts in Polen eine Kaskade von drei Organisationsformen dargestellt. In diesem Zusammenhang haben Sie auch von der Verfassungsstruktur der öffentlichen Verwaltung gesprochen. Dabei stellt sich die Frage, wie sich diese drei Organisationsformen voneinander abgrenzen. Handelt es sich um eine Kaskade hinunter bis in den Vollzug bzw., wie Sie zum Schluss dargestellt haben, bis zu den Kontrollorganen? Außerdem stellt sich die Frage nach den von Ihnen genannten Inspektionen. Was Sie z. B. unter Umweltinspektion, Sanitätsinspektion bzw. Gesundheitsamt verstehen, leuchtet mir ein. Könnten Sie aber die anderen Inspektionen ein bisschen näher erläutern?

K. Nowacki

Die von mir genannten „Inspektionen" stellen die ganze sog. Regierungsverwaltungsstruktur in Polen dar. Die gesamte Exekutive in Polen ist aufgeteilt in Selbstverwaltung und Regierungsverwaltung. Die Regierungsverwaltung ist hierarchisch organisiert, also mit einer Zentralverwaltung, dem Ministerium für Umwelt, und einer Verwaltung auf Woiwodschaftsebene. Hier obliegt die Regierungsverwaltung den Woiwoden als Einzelorganen, die man mit der Verwaltung auf regionaler Ebene, im Vergleich zu deutschen Verhältnissen also mit der Länderebene vergleichen kann. Bei den Woiwoden existieren spezielle Abteilungen für Umwelt, für Geologierecht und z. B. für den landwirtschaftlichen Bereich als ausgebaute Regierungsgewalt auf der regionalen Ebene. Daneben gibt es auch sog. gesonderte, aber ebenfalls den Woiwoden untergeordnete Verwaltungen, nämlich spezielle Verwaltungen wie die Zollämter, die Bergämter oder die Umweltinspektionen. Das sind spezielle Organe, die hierarchisch vom Finanzminister, vom Umweltminister oder vom Gesundheitsminister organisiert und diesen untergeordnet sind. Auf Regionalebene sind sie auf der Basis der Woiwoden Hauptverwaltungsorgane der Regionalhauptverwaltung. Sie müssen den Anforderungen der Woiwoden von örtlicher Seite nachkommen, aber auch die Forderungen des Ministers als Zentralorgan ausführen. Das sind die sog. Kontrollorgane oder Aufsichtsorgane. So kann z. B. der Woiwodschaftsinspekteur bzw. der Umweltinspekteur bei Verletzung von Umweltstandards, z. B. wenn Luft- oder Lärm-Standards überschritten wurden, ein Bußgeld auferlegen. Weiterhin kann er bestimmte Entscheidungen treffen, wie z. B. die Einstellung des Anlagenbetriebes in extremen Fällen. Schließlich liegt auch das sog. Monitoring, also die Überwachung des Umweltzustandes, in seinem Aufgabenbereich. Die Sanitätsinspektion – das ist das Gesundheitsamt – sorgt für den Gesundheitszustand der Bevölkerung.

F.-R. Billigmann, BDE, Berlin

Ich hatte vor zwei Jahren Gelegenheit, mir die polnische Abfall- und Abwasserwirtschaft anzusehen. Die Art und Weise, wie in Polen die Kontrollen organisiert sind, bedeutet, dass die Aufsicht über die Durchführung dieser Bereiche seitens der Kontrollinspektionen erfolgt. Mit anderen Worten, die Woiwodschaften und die Städte haben keine eigenen Unternehmen, die Abfall- und Abwasserwirtschaft betreiben. Vielmehr beauftragen sie Private, die dann kontrolliert werden. Wird es bei diesem

Konrad Nowacki

System, das ja eine Art Liberalisierung der entsprechenden Dienstleistungen darstellt, bleiben oder sind Änderungen zu erwarten?

K. Nowacki

Mit dieser Frage könnte sich Prof. Górski befassen. Nur soviel: Die gesamte Abfallwirtschaft im Hinblick auf gefährliche Abfälle wird von der Regierungsverwaltung kontrolliert, hinsichtlich der kommunalen Abfälle obliegt sie den Kommunen. Diese bedienen sich zivilrechtlicher Verträge, um die Abfallwirtschaft über private Unternehmen durchzuführen. Abfallbesitzer und Abfallproduzenten unterliegen der Aufsicht sowohl der Woiwodschaftsinspektionen als auch der Kommunen, soweit es um die einzuhaltenden Umweltstandards geht.

Dr. H. Henrici, BTU Cottbus

Meine Frage ist weniger eine juristische als vielmehr eine rechtspolitische. Klar ist, dass die Umweltrechtsmindestanforderungen zu einer europäischen Harmonisierung des Umweltrechts der Mitgliedstaaten führen. Von einigen westeuropäischen Ländern werden diese auch schon bei weitem erfüllt, ich möchte hier nur auf das Stichwort „Schutzverstärkungsklausel" im EG-Vertrag hinweisen. Damit stellt sich die Frage, inwieweit der faktische Stand der Umsetzung von EU-Umweltschutzrecht in Polen gediehen ist, und welche Folgen sich für die Agrarwirtschaft, die in Polen derzeit noch einen erheblichen Wirtschaftszweig darstellt, ergeben.

K. Nowacki

Die Implementierung von EU-Umweltrecht in Polen hängt von verschiedenen Faktoren ab. Zum einem vom Stand der Verwaltung, dann vom Bewusstsein der Bevölkerung und schließlich auch von finanziellen Mitteln. Die Umsetzung des EU-Umweltrechts ist auf Gesetzesebene nach meiner Ansicht fast vollendet. Auf der Ebene der Verordnungen fehlt dagegen noch sehr viel. Etliche Verordnungen, die in einzelnen Gesetzen vorgeschrieben sind, müssen noch erlassen werden. Im Bereich der Landwirtschaft geht Polen meines Erachtens mehr in Richtung einer sog. ökologischen Landwirtschaft. Dies ist problematisch, weil die landwirtschaftlichen Vorschriften nur für große Anlagen, für große Betriebe angelegt sind. Dagegen bevorzugen die politischen Parteien die Öko-Landwirtschaft in kleineren Betrieben mit geringer Produktion. Jedoch gibt es nicht so viele Vorschriften auf EG-Ebene, die sachgerechte Lösungen in einem so großen Land wie Polen zulassen. Das ist dann eine politische Frage. Deshalb gibt es eine Kluft zwischen der Implementierung der EG-Vorschriften und den Erwartungen, die unsere Landwirtschaft, die Bauern und Landwirte, haben.

Umwelthaftungsfragen im polnischen Recht

Jan Boć

I. Einleitung

Berücksichtigt man die Bedeutung der Umwelt für das Leben der Menschen, so stellt man fest, dass jede Schädigung der Umwelt, ungeachtet der Form und der Auswirkungen, negativ bewertet wird. Damit stellt sich die Frage, ob zum einen diese negative Bewertung in jedem Fall in einer gesetzlichen Regelung abgebildet wird und ob zum anderen daraus eine Sanktionierung in Form von Rechtsfolgen erwächst. Die erste Frage betrifft zunächst lediglich die Theorie und kann damit Thema der rechtswissenschaftlichen Forschung sein. Damit lässt sich jedoch nicht der tatsächliche Ablauf eines Haftungsprozesses veranschaulichen, so dass sich die praktische Bedeutung der rechtlichen Ausprägung der Umwelthaftung nicht erkennen lässt.

Wie also ist die Situation einzuordnen, in der die Rechtsordnung zwar eine Haftung für Umweltschäden vorschreibt, der Zustand der Umwelt sich hingegen fortschreitend verschlechtert? Das könnte bedeuten, dass der tatsächliche Vollzug nur schwach ausgeprägt oder gar nicht vorhanden ist. Es könnte ferner bedeuten, dass der Umfang der Umwelthaftung hinter der Realität zurückbleibt. Und es könnte letztlich heißen, dass einzelne Bestandteile der Haftungskonstruktion hinsichtlich ihrer Effektivität, und zwar sowohl bezüglich der Anforderung an die spezielle Ausgestaltung als auch der Funktion, Verantwortliche vor einer weiteren Umweltschädigung abzuhalten, nicht richtig durchdacht sind.

Somit erhebt sich die Frage, wie eine effektive Haftung zu konstruieren ist. Sollte man etwa in Schutzgegenstand oder in Rechtsgebieten, zu denen einzelne Bestandteile der Haftungskonstruktion gehören, unterscheiden? Dabei ist zunächst anzumerken, dass sich der allgemeine Aufbau der Haftungskonstruktion nicht auf einen Schlag entwickelte. Vielmehr wurden in bestimmten Rechtsgebieten geregelte Haftungsinstitute vervollkommnet und den Anforderungen an den Umweltschutz angepasst. Damit unterblieb eine Neubildung in Form von spezifischen Rechtsinstituten.

Der Umweltschutz unterscheidet sich vom Schutz anderer Rechtsgüter vor allem durch den Schutzgegenstand, wobei diese Tatsache nicht aus-

Jan Boć

reichend ist, umweltschutzspezifische Institute zu schaffen. Schon aus diesem Grund lässt sich heute der gesamte Komplex von Haftungsformen, die im Hinblick auf den Umweltschutz differenziert sind, nicht mit ein und derselben Sprache beschreiben. Dieses Problem wird bei dem Versuch, das Umweltschutzrecht als einen separaten Rechtszweig zu behandeln, in den Vordergrund rücken. Betrachtet man die Praxis, ist dabei Folgendes festzustellen: Heutige Misserfolge im Umweltschutz sind größtenteils ausgerechnet auf das Fehlen einer zwingenden (insbesondere zivilrechtlichen) Haftung zurückzuführen. Aus ökonomischer Sicht ist es wegen der lückenhaften Haftungsregelungen nicht lohnenswert, in den Umweltschutz zu investieren.

In der Rechtswissenschaft wird die rechtliche Haftung unterschiedlich erfasst und definiert. Die Unterschiede sind teilweise erheblich, insbesondere im Hinblick auf den Anwendungsbereich der Haftung, auf ihren Inhalt und auf ihre Regelungsgründe.

Die nuancenreiche Diskussion über die Trennung der unterschiedlichen Haftungsfragen ist noch nicht abgeschlossen. Allerdings wird das Problem der Umweltschutzhaftung dazu kaum nennenswert beitragen. Deshalb werden wir uns dieser Frage nur im notwendigen Ausmaß zuwenden.

II. Umweltschutzrecht und Haftung

Das Umweltschutzrecht ist hauptsächlich dem öffentlichen Recht zuzurechnen, auch wenn es teilweise Regelungen zu Handlungen enthält, derentwegen jemand einen individuellen Anspruch auf Ersatzleistung für einen erlittenen Schaden erhebt. Mit anderen Worten: Dieses Recht ist in seinen Bereichen in vielerlei Hinsicht mit dem Zivilrecht oder dem Arbeitsrecht verbunden. Besagte Überlappungen verhüllen aber nicht seine Zugehörigkeit zum Verwaltungsrecht. Zwar schafft der Staat das Recht, ergreift alle rechtsspezifischen Maßnahmen und Einwirkungsmethoden zum Schutz des öffentlichen und Individualinteresses und ist damit der wichtigste Garant des Umweltschutzes. Die Hauptakteure der Umweltnutzung hingegen sind die Wirtschaft bzw. die Unternehmer.

Obwohl heutzutage dem Umweltschutz einerseits und den von Wirtschaftsunternehmen heraufbeschworenen Gefahren andererseits eine große Bedeutung zukommt, hat sich in Polen keine besondere umweltrechtliche Haftung entwickelt. Die umweltrechtliche Haftung besteht so-

178

mit weiterhin aus verschiedenen Sachgebieten und Aufgabenbereichen, die sowohl in der Theorie wie auch in den rechtlichen Regelungen nicht immer kompatibel sind. Daher stößt die Geltendmachung der Haftung in der Praxis auf ernsthafte Schwierigkeiten, so weit die Absicht gegeben ist, Haftungstatbestände auch tatsächlich durchzusetzen. Verknüpft man Bestandteile der Haftung im Allgemeinen mit den Regelungen zum Umweltschutz, so lassen sich folgende Strukturen unterscheiden:

1. Unterscheidung zwischen Unternehmen, die die Umwelt gefährden und nutzen, und denen, die Schäden ausgesetzt sind;
2. Unterscheidung zwischen Tat- und Rechtsfragen, die für die Geltendmachung der Haftung von Belang sind;
3. Unterscheidung zwischen Haftungsprinzipien, wie z.B.: Billigkeitsprinzip, Schuldprinzip, allgemeine Prinzipien des Umweltrechts, die Umweltschädigungen verbieten, sowie das Prinzip der strafrechtlichen Haftung für ein Delikt;
4. Unterscheidung von vermögensrechtlichen und von persönliche Folgen als negative Konsequenzen für das Unternehmen, das die Umwelt schädigt (oder schädigen könnte).

III. Systematische Klassifikation

1. Berücksichtigt man die mögliche soziologische und politische Erfassung des umweltschutzbezogenen Haftungsgebietes, so wird vorgeschlagen, die Haftung zu untergliedern, und zwar in die mit dem Recht im direkten Zusammenhang stehende, und in diejenige mit der Umweltschutzpolitik im direkten Zusammenhang stehende Haftung.
2. Berücksichtigt man nur die rechtliche Haftung, so wird vorgeschlagen, diese Haftung in diejenige, die materielle Verluste betrifft, und in diejenige, die alle anderen für die Umwelt nachteiligen Verhaltensweisen betrifft, zu gliedern.
3. Berücksichtigt man nur die Haftung für materielle Verluste, so kann man folgende Arten der Haftung anführen:
   – für Schäden, die sich aus der Erfüllung des Umweltschutzrechtes ergeben
   – für Schäden, die sich daraus ergeben, dass Anforderungen des Umweltschutzrechts nicht oder nicht ordnungsgemäß erfüllt werden.
4. Das umweltschutzbezogene Haftungsrecht kann man untergliedern in die Haftung für rechtmäßige Handlungen und in die Haftung für rechtswidrige Handlungen.

Jan Boć

5. Als unterschiedliche rechtliche Haftungssysteme sind Folgende anzuführen:
   – Haftung im Rahmen des internationalen öffentlichen Rechts
   – Haftung im Rahmen des EU-Rechts
   – Haftung im Rahmen der polnischen Verfassung
   – Haftung im Rahmen polnischer Gesetze.

IV. Verfassungsrechtliche Haftung

Die Problematik der Haftung im Umweltschutz wurde in der Verfassung von 1997 behandelt, indem folgende Norm in Art. 86 aufgenommen wurde:

Jeder hat für die Umwelt zu sorgen und haftet für selbst verursachte Umweltschäden. Die Grundsätze dieser Haftung sind im Gesetz geregelt.

Der Ort, an dem dieser Artikel steht, weist darauf hin, dass diese Regelung nicht nur für jede natürliche Person, sondern auch für jede juristische Person, die eine umweltschädliche Tätigkeit aufnimmt, gilt. Tatsache ist, dass die von natürlichen Personen verursachten Umweltschäden nur geringe Dimensionen annehmen (vielleicht von einigen wenigen Sonderfällen abgesehen). Vielmehr wird die Umwelt zum größten Teil und in erster Linie von Wirtschaftsunternehmen geschädigt.

Die vorliegende Vorschrift in der polnischen Verfassung enthält das Gebot, potenzielle Umweltbelastungen zu unterlassen, schädliche Einwirkungen zu verhindern oder zu vermeiden, sowie das weitere Gebot, Maßnahmen zu ergreifen, um die Umweltqualität wiederherzustellen, wie sie vor der Umweltschädigung bestand. Die Pflicht, für die Umwelt zu sorgen und für Umweltschäden zu haften, betrifft alle Personen und Unternehmen, die der polnischen Gerichtsbarkeit unterstehen. Als solche gelten also polnische wie ausländische Staatsangehörige, polnische und der polnischen Rechtsordnung unterstehende wie auch gemischte und ausländische Wirtschaftsunternehmen sowie andere Organisationseinheiten und Organe der öffentlichen Selbstverwaltung.

Die Pflicht, den Umweltschaden wieder gutzumachen, ist zwingend vorgeschrieben und ergibt sich aus der Pflicht zur Sorge für die Umwelt und aus der gesetzlich geregelten Haftung für Umweltschäden. Eine Befreiung hiervon ist daher nicht möglich. Diese Pflicht kann durch Maßnahmen zur Wiederherstellung des vorherigen Zustandes oder durch Schadenersatz erfüllt werden. Voraussetzung für die umweltrechtliche Haftung nach Art. 86 ist die Vernachlässigung oder Unterlassung einer relevanten Pflicht zur Umweltsorge, weshalb diese Regelung dem vorbeugenden Umweltschutz zuzuordnen ist.[1]

Ein Unternehmen, das die Umwelt belastet, haftet auch dann, wenn es eine Genehmigung für die Umweltbelastung in einem Verwaltungsbescheid oder in einer Reihe von Rechtsgeschäften erlangt hat. So hat derjenige Schadenersatz für die Wertminderung eines Wohnhauses oder Bauernguts zu leisten, der beispielsweise Umweltschäden durch den Bau einer Autobahn verursacht hat. Die Haftung nach Art. 86 entsteht grundsätzlich verschuldensunabhängig mit Ausnahme der verschuldungsabhängigen zivilrechtlichen Haftung sowie der schuldabhängigen strafrechtlichen Haftung.

Art. 86 der Verfassung regelt nicht, ob entsprechende Maßnahmen auch gegenüber einem an Polen grenzenden Staat ergriffen werden können, dessen Bürger oder in dessen Hoheitsgebiet tätige Unternehmen die Verschlechterung des Umweltzustandes im polnischen Staatsgebiet verschuldet haben. Von Bedeutung werden hier völkerrechtliche Verträge und die neue Rechtslage Polens aufgrund der künftigen EU-Mitgliedschaft sein. Die verfassungsrechtliche Regelung allein reicht für eine selbstständige Haftungsregelung nicht aus. Die Verfassung verweist hier nämlich auf Haftungsgrundsätze „nach Maßgabe des Gesetzes." Unter „Gesetz" sind alle geltenden Gesetze der polnischen Rechtsordnung mit haftungsrechtlichen Vorschriften zu verstehen. Ohne zu tief in diese Materie eindringen zu wollen, ist im Ergebnis jedenfalls davon auszugehen, dass Art. 86 anderen im Rang unter der Verfassung stehenden Haftungsvorschriften vorgeht.

V. Die Haftung nach allgemeinen Umweltschutzprinzipien

In diesem Kontext ist die neue Haftungsregelung nach Art. 7 des Umweltschutzgesetzes von 2001 zu betrachten. Hier heißt es:

Jeder, der die Umwelt verschmutzt, hat die Kosten für die Beseitigung von Umweltschäden zu tragen; besteht die Möglichkeit einer Umweltverschmutzung, hat er die Kosten für die Vermeidung der Umweltbelastung zu tragen.

---

1 Siehe *Boć, Nowacki, Samborska-Boć*, Ochrona środowiska, Kolonia Limited 2003, S. 173.

Jan Boć

Regelmäßig werden die Kosten für die Beseitigung von Umweltschäden
– oder anders gesagt: zivilrechtliche Entschädigungen für Umweltschäden – die finanzielle Leistungsfähigkeit eines Unternehmens überstei-
gen. Im Gegensatz zu anderen zivilrechtlichen Haftungsfällen, in denen
der Betroffene lediglich seine Schadenersatzansprüche geltend macht,
haftet der Verursacher nach Art. 7 des Umweltschutzgesetzes für alle negativen Umweltfolgen, die von ihm verursacht worden sind. Ob der Verursacher die Kosten aller von ihm verursachten Umweltschäden zu tragen hat, ist im Grunde genommen eine Frage des wirtschaftpolitischen
Systems. Einerseits sind in Extremfällen Ausmaß und Umfang der Kosten für die Beseitigung von Umweltschäden zu berücksichtigen, andererseits schädliche Folgen zu bedenken, die vom Verursacher nicht getragen
werden können.

Die rigorose Anwendung des Verursacherprinzips wird in der Marktwirt-
schaft dann zu einer Umweltverschlechterung führen, wenn dem Verursacher die Mittel für die Beseitigung zugefügter Umweltschäden ausgehen oder wenn ihm aus bestimmten Gründen nicht alle Kosten auferlegt
werden. Unter diesen Umständen stellt sich die Frage der Kostenbeteili-
gung, wobei jedoch nur zwei Träger in Frage kommen, nämlich der Staat
(territoriale Selbstverwaltungen) und die Gesellschaft. Dabei besteht die
Möglichkeit, dass der Staat seine Belastungen von sich abwälzt. Aus diesen Gründen lässt sich das Verursacherprinzip ohne zusätzliche Regelung nicht in allen Situationen verwirklichen.

So könnte die staatliche Beteiligung nur bis zu einer bestimmten Schwelle zugelassen werden. Dadurch wird jedoch der Rigorismus des Prinzips
beschädigt. Eine solche Schwelle wurde 1984 von der Europäischen
Kommission für die Europäische Union gesetzt, als in verschiedenen
Richtlinien der Grundsatz einer Begrenzung der staatlichen Beteiligung
vorgegeben wurde. Hingegen enthält der Vertrag zur Gründung der Europäischen Gemeinschaft in Art. 87 EGV (früher Art. 92 EGV-Maas-
tricht) Bestimmungen, nach denen – vorbehaltlich der in diesem Vertrag
vorgesehenen Ausnahmen – jede Hilfe von einem Staat oder aus staatlichen Quellen – ungeachtet der Form – nicht mit den Prinzipien des freien
Marktes im Einklang steht, da sie durch Bevorzugung mancher Unternehmen oder mancher Güter den Wettbewerb stört oder zu stören droht.
Jedenfalls wurde bisher im gemeinschaftlichen Verkehr dem Umwelt-
schutzprinzip trotz häufiger Hervorhebung und Bevorzugung gegenüber
dem allgemeinen Prinzip des freien Marktes kein Vorrang eingeräumt,
obwohl dies nach Art. 87 Abs. 3 Buchst. e EGV möglich ist. Dieser
Grundsatz wird in Deutschland möglicherweise sorgfältiger erfüllt, wo

der Verursacher einer Umweltschädigung die Kosten zu tragen hat, die zur Erreichung der angestrebten Umweltschutzziele erforderlich sind.

VI. Zivilrechtliche Haftung

Das Zivilrecht hat in seiner langen und bemerkenswerten Entwicklung keine speziellen Regelungen zum Schutz vor den Gefahren entwickelt, die heute Anlass für Umweltschutzvorhaben sind.[2] Dies ist deswegen sonderbar, weil die zunehmende Umweltverschmutzung Ursache der jüngsten Kodifizierung des Umweltschutzrechts war. Der zivilrechtliche Schutz auf diesem Feld bedient sich daher allgemeiner Rechtsinstitute, die vorwiegend für den Schutz objektiver Rechte gebildet worden waren. Diese gesetzlichen Institute sind aber im Hinblick auf den Umweltschutz nicht besonders effizient. In der Fachliteratur wird die „zivilrechtliche Haftung" wie folgt verstanden: Ein Rechtssubjekt hat die vom Zivilrecht geregelten nachteiligen Konsequenzen von Tatsachen, die vom Standpunkt der Rechtsordnung aus negativ bewertet und diesem Subjekt zivilrechtlich zugerechnet werden, zu tragen. Allgemein kommt diese Haftung in der Pflicht zum Ausdruck, einen Schaden zu verhindern oder diesen wieder gutzumachen. Der Eintritt eines Schadens ist jedoch nur dann eine notwendige Haftungsvoraussetzung, wenn es um die Wiedergutmachung des Schadens geht. Geregelt wird die zivilrechtliche Haftung im Zivilgesetzbuch (ZGB).

Es mag dahinstehen, ob eine individualisierte zivilrechtliche Haftung ausreichende Gewähr dafür leistet, dass eine Umweltschädigung unterlassen wird und dass alle Umweltschäden ordnungsgemäß behoben werden. Jedenfalls wirkt die zivilrechtliche Haftung nur dann, wenn die gesellschaftliche Akzeptanz für dieses Haftungsregime groß ist. Es lässt sich jedenfalls feststellen, dass diese Haftung für den komplexen Umweltschutz nicht ausreichend ist. Die zivilrechtliche Vermögenshaftung kommt erst ab einem gewissen Zeitpunkt in Betracht. Und zwar dann, wenn aus der Gefährdung ein Schaden entstanden ist. Berücksichtigt man die komplizierte juristische und tatsächliche Situation bei Produktionsprozessen und der Organisation von Schutzmaßnahmen, ist festzustellen, dass die zivilrechtliche Haftung erst ziemlich spät eintritt. Bis zum Eintritt dieser Haftung unterfällt der gesamte Sachverhalt lediglich

---

2 Siehe *Dybowski*, Prawo zobowiązań. Część ogólna, [in:] System prawa cywilnego, Bd. 3, S. 167.

dem Verwaltungsrecht. Im Grunde befasst sich das Zivilrecht nur mit den Auswirkungen und auch nur mit manchen, nicht aber mit den Ursachen des Haftungstatbestands. Zivilrechtliche Institute sind daher grundsätzlich nicht auf die Verhinderung von Umweltschäden ausgerichtet, mit Ausnahme von vorbeugenden zivilrechtlichen Ansprüchen, wo man aber nicht selten auf normative oder praktische Schwierigkeiten stößt.

Auch in westeuropäischen Ländern hat man es mit einer solchen doppelten Lösung der zivilrechtlichen Haftung im Umweltschutz zu tun. Beispielsweise wird in Frankreich die Haftung für Umweltschäden ausschließlich nach Maßgabe des Code Civil beurteilt und geltend gemacht. So haben sich im französischen System keine besonderen, zusätzlichen oder spezifischen Regelungen herausgebildet, die die Grundlagen der Schadenersatzhaftung erweitern würden. Eine andere Entwicklungsrichtung hat indes das deutsche Recht eingeschlagen, wo die aufgrund kasuistischer Formeln erschwerten Anwendungsmöglichkeiten der zivilrechtlichen Haftungstatbestände im BGB zur Entstehung einer separaten gesetzlichen Regelung außerhalb des BGB beigetragen haben.

In Polen hingegen wurde das ZGB weder zum Teil noch als Ganzes als Haftungsgrundlage für Umweltschäden ausgeschaltet. Zudem wurden durch umweltbezogene Rechtsakte hin und wieder in geringem Maße anderweitige Regelungen hinzugefügt oder eingeführt. Dies führte jedoch weder zur Vereinheitlichung des Haftungssystems noch zur unbedingten Etablierung der Haftung für Umweltschäden nach Maßgabe des ZGB. Zweifellos hatte dieser Befund vor 1990 politische Ursachen und war weitgehend durch die Eigentumsstruktur in Polen bedingt. Eine uneingeschränkte Unterordnung unter das ZGB hat sich aber auch nach 1990 nicht entwickelt. Aufgrund zahlreicher und komplexer Gründe funktionieren die Haftungstatbestände dieses Gesetzbuchs nur schwach, wodurch die zivilrechtliche Haftung im Umweltschutz ineffizient ist.

Weiterhin stellt sich das Problem, dass das Zivilrecht überall da nur eingeschränkt funktioniert, wo eine bestimmte Umweltverschmutzung legal ist, also rechtmäßig oder zumindest auf einem fehlerfreien Verwaltungsbescheid beruht. Hier ist die Rechtsprechung des Obersten Gerichts hervorzuheben, wonach Schäden infolge einer rechtmäßig genehmigten Tätigkeit nicht ersetzt werden müssen. Hingegen ist inzwischen gesetzlich bestimmt, dass für solche Schäden gehaftet wird, die durch eine Tätigkeit verursacht wurden, der ein Verwaltungsbescheid über die Zulassung der legalen Umweltverschmutzung bis zu einem bestimmten Grenzwert zugrunde liegt.

Schließlich ist von Belang, dass zivilrechtliche Normen, soweit sie im Hinblick auf bestimmte umweltschutzrechtliche Bereiche nicht ohnehin wirkungslos sind, nur für individualisierte Fälle Geltung haben und sich keiner Einrichtungen auf der Makroebene, also bezogen auf die Gesellschaft, bedienen, was heute für die Zwecke des praktischen Umweltschutzes erforderlich wäre. Hinsichtlich der zivilrechtlichen Haftung ist zum Schluss auch die Vorsicht bzw. die Wankelmütigkeit der Rechtsprechung von Bedeutung. Es steht außer Frage, dass der Rechtsprechung heute eine größere Rolle zum Schutz der Gesundheit von Menschen, die Umweltverschmutzungen ausgesetzt sind, zukommen könnte. Ganz allgemein gesehen umfassen Normen des ZGB die Abwehrklage und den Anspruch auf Abwendung einer drohenden Gefahr sowie die Haftung nach dem Schuld-, Billigkeits- und Risikoprinzip.

Das neue Umweltschutzgesetz von 2001 verweist, soweit im Gesetz nichts anderes bestimmt ist, hinsichtlich der Haftung für Schäden, die durch die Einwirkung auf die Umwelt verursacht werden, auf das ZGB. Dies bedeutet, dass das Umweltschutzgesetz keine spezifischen Haftungsregeln einführt, sondern auf Bestimmungen des ZGB, insbesondere auf alle Grundsätze, Einrichtungen und Werte dieses Gesetzbuches verweist, worauf noch näher Prof. Górski eingehen wird.

VII. Verwaltungsrechtliche Haftung

Die Bestimmung und Abgrenzung der verwaltungsrechtlichen Haftung scheint mit Schwierigkeiten verbunden zu sein. Dass dieses Thema in der Wissenschaft immer wieder Anlass zu Diskussionen ist, heißt nicht mehr, als dass einzelne Autoren dieselben Rechtsbestimmungen beschreiben und diese ähnlich interpretieren, wenn auch mit unterschiedlicher wissenschaftlicher Qualität. Einzelne Rechtsinstitute werden der verwaltungsrechtlichen Haftung nach der Überzeugung zugeordnet, dass alles, was nicht eindeutig in den Bereich der zivil-, straf- und arbeitsrechtlichen Haftung fällt, zur verwaltungsrechtlichen Haftung gehört. Dieses Kriterium beschreibt daher lediglich, was öffentliches Haftungsrecht nicht ist, und besteht somit lediglich aus einer Negativabgrenzung. Damit ist das Kriterium zu schwach, um eine selbstständige Struktur der verwaltungsrechtlichen Haftung aufzubauen, die zur Schaffung des zukünftigen Rechts und der zukünftigen Praxis im Umweltschutz von Bedeutung ist.

Lassen sich also andere, positive Kriterien festlegen? Solche Möglichkeiten sind natürlich vorhanden. Aber wie es üblicherweise mit neuen Unterscheidungen in Wissenschaft und Rechtsprechung der Fall ist, werden diese nur langsam und dazu selten fehlerlos vorgenommen. Allgemein betrachtet, ist die verwaltungsrechtliche Umwelthaftung die rechtlich geregelte Möglichkeit, verwaltungsbehördlich, insbesondere durch Anwendung verwaltungsspezifischer Formen und Verfahren, gegen ein Unternehmen wegen umweltbelastenden Tätigkeiten vorzugehen. Dieser Definition liegen folgende Voraussetzungen zugrunde:

1. Die verwaltungsrechtliche Haftung umfasst nur diejenigen Folgen der umweltbelastenden Tätigkeit, die normativ formuliert sind;
2. dieser Haftung unterliegt immer ein bestimmtes Subjekt; dies bedeutet, dass dieses Subjekt durch einen Verwaltungsakt bestimmt wird;
3. diese Haftung darf nur bei einer umweltbelastenden (oder einer potenziell umweltbelastenden) Tätigkeit des jeweiligen Subjekts geltend gemacht werden;
4. grundsätzlich fällt jede Tätigkeit unter die verwaltungsrechtliche Haftung, auch wenn diese aufgrund von Vorschriften oder rechtmäßigen Verwaltungsbescheiden erlaubt ist;
5. ferner bestimmt sich die verwaltungsrechtliche Haftung nach der Rechtsnatur des Verfahrens; vorliegend ist das Verfahren immer verwaltungsrechtlicher Natur.

Die so definierte Haftung im neuen Umweltschutzgesetz von 2001 wurde auch normativ differenziert. In Verbindung mit anderen Vorschriften umfasst sie u. a. Fälle, in denen:

– durch Verwaltungsbescheid die Pflicht auferlegt wird, ein Bußgeld zu entrichten;
– durch Verwaltungsbescheid die Pflicht auferlegt wird, den ordnungsgemäßen Zustand der Umwelt wiederherzustellen;
– durch Verwaltungsbescheid Beschränkungen der negativen Auswirkung von Anlagen auferlegt werden;
– durch Verwaltungsbescheid der Betrieb von Anlagen eingestellt wird;
– ein Bescheid erlassen wird, in dem die Einstellung einer Tätigkeit, die Leben und Gesundheit der Menschen gefährdet, verfügt wird.

Dabei steht es heutzutage außer Frage, dass Verwaltungsbußen vom Konzept her der verwaltungsrechtlichen Haftung zuzuordnen sind, obwohl das neue Umweltschutzgesetz von 2001 sich hierzu nicht expressis verbis äußert. Frühere Kontroversen hierzu haben deswegen lediglich rechtshistorischen Wert. Die in der Theorie vorgenommene Differenzie-

rung in repressive, vorbeugende und kompensatorische Verwaltungsbußen hat sich auch in der bisherigen Praxis bewährt. Daher konnte diese
Struktur vom neuen Gesetzgeber ohne Bedenken und uneingeschränkt
aufrechterhalten werden. Die verwaltungsrechtliche Haftung ist vor allem im Umweltschutzgesetz von 2001 geregelt. Zusätzliche Regelungen
finden sich in Sondergesetzen, wie z.B. im Wassergesetz vom 18. 7.
2001 oder im Abfallgesetz vom 27. 4. 2001. Verweisen Sondergesetze
nicht auf Regelungen des Umweltschutzgesetzes, so enthalten sie eigene
Arten und Formen der Haftung.

Als Ergebnis ist hervorzuheben, dass die verwaltungsrechtliche Haftung
an Bedeutung zunehmen wird, und zwar deswegen, weil sie vorbeugenden Charakter hat, der im Umweltschutz von besonderer Wichtigkeit ist.

VIII. Die Bedeutung des strafrechtlichen Umweltschutzes

Die Beurteilung, ob ein Verhalten umweltschädigend ist oder nicht, wurde sehr bald zum Gegenstand von strafrechtlichen Regelungen. Dies war
sowohl in Europa wie auch in Polen der Fall. Auch ohne dass ein separates Umweltstrafrecht geschaffen wurde, wurden deutlich erkennbare
Gruppen von Straftaten und Ordnungswidrigkeiten unterschieden. Aus
geschichtlichen Gründen, aber auch weil sämtliche Aspekte des öffentlichen Lebens in zunehmenden Umfang unter strafrechtlichen Schutz gestellt wurden, waren sie Gegenstand eines intensiven Regelungsprozes-
ses. Die strafrechtliche Haftung im Umweltschutz ist heute im Strafgesetzbuch und im Ordnungswidrigkeitenrecht getrennt geregelt. Andere
Regelungen finden sich in weiteren Gesetzen, von denen mindestens
zehn den Umweltschutz betreffen. Die Tendenz geht dahin, bestimmte
Verhaltensweisen, die früher vom Gesetz als Straftaten angesehen wurden, zunehmend als Ordnungswidrigkeiten zu qualifizieren. Eine Ord-
nungswidrigkeit ist eine gemeinschädliche Tat, auf die das zum Zeitpunkt der Begehung geltende Gesetz entweder Haftstrafe von fünf bis zu
dreißig Tagen oder eine sog. Freiheitsbeschränkungsstrafe von einem
Monat oder eine Geldbuße von 20 bis 5000 Zl oder ein sog. Verweis
steht.[3]

---

3 Näher dazu besonders *Radecki*, Przęstepstwa przeciwko środowisku, Rozdział 22 ko-
deksu karnego. Komentarz. Wydawnictwo C. H. Beck, Warszawa 2001, passim.

Die Haftung nach Straf- und Ordnungswidrigkeitenrecht hat einen besonderen Charakter. Sie kommt regelmäßig erst dann zur Anwendung, wenn sich die Gefahr verwirklicht hat, also zur „Tat" geworden ist. Die strafrechtliche Haftung ist verwaltungsrechtsakzessorisch, d. h. sie hängt von der verwaltungsrechtlichen Reglementierung ab, die Umfang und Grenzen des rechtmäßigen Handelns vorschreibt. Deshalb ist eine strafrechtliche Haftung bei gesetzmäßigen Handlungen ausgeschlossen. Die strafrechtliche Haftung greift selbstverständlich nicht für Folgen derjenigen Verschmutzungen ein, deren Quelle im Ausland liegt.

Zum Schluss ist das Merkmal der objektiven Behandlung des Schuldkriteriums hervorzuheben. Im Bereich des Umweltschutzes können identische Taten unterschiedlich schwere Folgen herbeiführen. Das kann von der Beschaffenheit technischer Anlagen, von klimatischen und Witterungsverhältnissen wie auch von unterschiedlichen Fachkenntnissen abhängen. So kann Voraussetzung der strafrechtlichen Haftung die unvorhergesehene und vom Willen und Bewusstsein des Täters unabhängige Folge sein. Andererseits kann fehlendes Bewusstsein und fehlende Kausalität zwischen Tatbestandserfolg und Willen des Täters die strafrechtliche Haftung für eine subjektiv gesehen gleiche, jedoch unter anderen Bedingungen begangene Tat ausschließen. Die Relevanz der strafrechtlichen Haftung in Bezug auf den Umweltschutz ist jedoch in Polen heutzutage weiterhin eher gering.

Diskussion im Anschluss an den Beitrag von Prof. Dr. Jan Boć

Umwelthaftungsfragen im polnischen Recht

L. Knopp

Zivilrechtlich geprägte Umwelthaftungsvorschriften, wie wir sie in der Bundesrepublik in Form des Umwelthaftungsgesetzes als zentralem Regelwerk kennen und wie sie uns gestern von Herrn Kollegen Dombert vorgestellt wurden, gibt es in Polen nicht. Ich glaube, dieses Zwischenresümee können wir ziehen.

Herr Boć, Sie haben in Bezug auf die Umwelthaftung zum einen auf die zivilrechtliche Haftung und das Zivilgesetzbuch hingewiesen. Auch in Deutschland sind im BGB entsprechende Haftungsvorschriften enthalten, aber eben nicht ausschließlich. Hinsichtlich der verwaltungsrechtlichen Haftung haben Sie die Frage der Verursachung angesprochen, und wir haben gesehen, dass Art. 7 USG das Verursacherprinzip im polnischen Recht verankert. Schließlich haben Sie die strafrechtliche Haftung dargestellt, die bei uns hauptsächlich durch die Vorschriften des Umweltstrafrechts im StGB, soweit es sich um Ordnungswidrigkeiten handelt, durch das Umweltordnungswidrigkeitenrecht geregelt ist. Gibt es Zahlen oder Erkenntnisse aus den letzten Jahren über die Strafverfolgungspraxis und Dunkelziffern bei Umweltstraftaten in Polen?

J. Boć

Umweltstrafvorschriften wurden schon zu Zeiten der Volksrepublik eingeführt, damals aber wegen höherer Notwendigkeiten, insbesondere um die Steigerung der Produktion nicht zu behindern, aber kaum durchgesetzt. Diese Argumentation hat sich – ebensowenig wie die Tatbestände – in den letzten zehn Jahren nicht sehr verändert. Vor kurzem wurde mit der Staatsanwaltschaft auf regionaler Ebene eine Studie zu umweltbezogenen Straf- und Ordnungswidrigkeitenverfahren durchgeführt. Es wurden ganze sechzehn derartige Verfahren ermittelt, wovon neun eingestellt wurden. Weitere sechs Verfahren betrafen lediglich Kleinigkeiten und wurden als geringfügige Ordnungswidrigkeiten behandelt. Man kann also sagen, dass die strafrechtliche Haftung in der juristischen Lite-

ratur zwar sehr ausführlich beschrieben wird, in der Praxis jedoch fast
völlig irrelevant ist.

A. Chajbowicz, Universität Wrocław (Breslau)

Herr Prof. Boć, Sie haben in Ihrem Beitrag von der verfassungsrechtlichen Verantwortung in Art. 86 gesprochen. In diesem Zusammenhang
stellt sich die Frage, wie die Verfassung die Haftung regelt, wenn ein Organ der Verwaltung eine Genehmigung erteilt hat, die gegen umweltrechtliche Vorschriften verstößt, diese jedoch von einem anderen Ver-
waltungsorgan durchgesetzt wird. Welches Organ haftet dann?

J. Boć

Seit 1997 ist in der Verfassung der Grundsatz der unmittelbaren Anwendbarkeit festgelegt. Die Verfassung greift aber dann nicht unmittelbar ein, wenn der jeweilige Gegenstand in speziellen Gesetzen eine nähe-
re Regelung erfahren hat. Das Problem, das hier von Herrn Chajbowicz
angesprochen wird, ist ziemlich neu, sowohl in der Praxis als auch in der
Theorie. Meines Erachtens gibt es in Polen zur Zeit keine Haftung für
die Folgen von rechtmäßig erlassenen Rechtsakten. Stellt der Verfas-
sungsgerichtshof fest, dass eine Verwaltungsentscheidung rechtswidrig
ist, könnte man eine Entschädigung verlangen und auf diese Weise die
Haftung geltend machen. Eine gerichtliche Entscheidung regelt jedoch
nur einen Einzelfall; es handelt sich also nicht um eine abstrakte Regelung. Merkwürdigerweise betrifft die in der Verfassung geregelte Haftung ausschließlich rechtswidrige Akte. Das Fehlen einer verfassungsrechtlichen Haftungsregelung für die Folgen von rechtmäßigen Akten ist
meines Erachtens ein Manko.

F.-R. Billigmann, BDE, Berlin

Ich habe eine Frage zum Vollzug des Art. 7 USG. Der erste Teilsatz ist
im Imperativ gefasst und damit eindeutig: „Wer die Umwelt verschmutzt, muss die Kosten tragen." Aber der zweite Absatz heißt: „Wer
die Umwelt verschmutzen könnte, muss die Kosten der Vermeidung tragen." Sind damit alle potenziellen Umweltverschmutzer plötzlich haftbar? Wie soll dieser Konjunktivsatz vollzogen werden und handelt es

sich dabei nicht möglicherweise um einen Verstoß gegen den Rechtsgrundsatz „Keine Strafe ohne Gesetz"?

J. Boć

Eine Formulierung wie die in Art. 7 wurde tatsächlich erstmals in die polnische Rechtsordnung eingeführt. Mit diesem Artikel sollte einmal die Situation erfasst werden, in der jemand zu einer Umweltverschmutzung beigetragen hat und ein wirklicher Schaden entstanden ist. Hinsichtlich des zweiten Teilsatzes ist zu sagen, dass jedenfalls ein direkter Kausalzusammenhang vorhanden sein muss. Zur Zeit gibt es zu diesem Thema nur wenig Literatur und keine Erfahrungen in der Praxis. Ihre Zweifel sind absolut begründet, was sich auch dadurch bestätigt, dass es hierzu keine Rechtsprechung, also auch keine Fälle gibt.

M. Schäfer, Dr. Hess Karst & Partner, Rechtsanwälte, Koblenz

Ist Art. 7 USG eine eigene Anspruchsgrundlage? Wenn ja, gibt es im polnischen Umweltschutzgesetz auch Enthaftungsgründe?

M. Górski

Meines Erachtens gibt es keine Enthaftungsgründe. Es handelt sich um eine allgemeine Regel, die keinerlei subjektives Recht gewährt.

J. Hoffmann, LL.M. Eur, BTU Cottbus

Welche Rolle genießt der Umweltschutz in Polen, insbesondere in der polnischen Verfassung? Ist Umweltschutz in Polen eine Staatszielbestimmung oder handelt es sich um ein Grundrecht, ein Teilhaberecht oder ein Menschenrecht der dritten Generation?

J. Boć

Leider wurde in der Verfassung von 1997 das Recht auf saubere Umwelt nicht als Grundrecht anerkannt. Die polnische Grundrechtsvorstellung entspricht nicht vollständig der deutschen Konzeption, also der deut-

Jan Boć

schen Idee der Grundrechte. Es gibt jedoch an vielen anderen Stellen in der Verfassung umweltrelevante Vorschriften, etwa das Recht auf Schutz des Lebens, der Gesundheit usw. Das Recht auf eine gesunde Umwelt oder freie Umwelt wurde nicht direkt unter die Menschenrechte gefasst und es gibt keine Möglichkeit, vor einem Gericht einen direkten Anspruch hieraus geltend zu machen. Auch Art. 87 der Verfassung hilft hier nicht. Diese Vorschrift regelt die Haftung des Verursachers für Umweltschäden, aber nicht die Haftung und die Folgen für denjenigen, der geschädigt wurde. Dieser kann keine Ansprüche aus Art. 87 der Verfassung ableiten.

L. Knopp

Ergänzend möchte ich noch darauf hinweisen, dass es auch im Grundgesetz kein Grundrecht auf eine intakte Umwelt gibt. Art. 20a enthält lediglich eine Staatszielbestimmung zum Schutz der Umwelt. Eine Staatszielbestimmung allein gewährt keinen subjektiv-rechtlichen Anspruch des Bürgers auf eine erhaltenswerte und gesunde Umwelt.

K. Nowacki

In der polnischen Verfassung hat der Schutz der Umwelt auch nicht den Rang einer Staatszielbestimmung.

J. Boć

Es handelt sich um ein kleines geschichtliches Paradoxon. In den früheren Verfassungen, also zu Zeiten der Volksrepublik, waren die Gesetzestexte schöner formuliert, wobei kaum oder gar nichts verwirklicht wurde. Jetzt sind die gesetzlichen Grundlagen etwas schwächer, aber sie werden einigermaßen durchgesetzt.

EU-Umwelthaftungsrichtlinie und polnische Haftungsregelungen bei Umweltschäden – eine vergleichende Problemdarstellung

Marek Górski

I. Haftungsvorschriften im polnischen Umweltschutzrecht

Das polnische Umweltschutzrecht wurde zur Jahreswende 2001/2002 wesentlich geändert und umgestaltet. Die Hauptrolle spielt jetzt das Umweltschutzgesetz[1] vom 17. 4. 2001, das ein einheitliches Gesetzbuch für den Großteil der umweltschutzrechtlich relevanten Regelungen ist. Dies ist auf den umfassenden Charakter dieser Kodifikation zurückzuführen; sie erfasst die Probleme, die für die komplexe Betrachtungsweise des Umweltschutzes grundlegend sind. Die Haftungsproblematik für Umweltschäden wird in den derzeit geltenden polnischen Rechtsvorschriften verschiedenartig geregelt; dabei kommen unterschiedliche Haftungsformen zur Anwendung. Von Bedeutung sind in dieser Hinsicht vor allem zivil- und verwaltungsrechtliche Institute, die sowohl im Umweltschutzgesetz vom 17. 4. 2001 als auch in den allgemeinen Bestimmungen des Zivilgesetzbuches von 1964 (ZGB) enthalten sind.

Das Umweltschutzgesetz enthält einen eigenen Abschnitt über die rechtliche Umweltschutzhaftung; dieser bezieht sich auf zivil-, straf- und verwaltungsrechtliche Institute. Diese Rechtsvorschriften haben einen unterschiedlichen Charakter und umfassen nicht alle Aspekte dieser Haftung. In einzelnen Bereichen werden sie durch Vorschriften anderer Gesetze ergänzt.

1. Zivilrechtliche Haftung

Im USG nehmen die Vorschriften zur zivilrechtlichen Haftung zwar einen weitaus größeren Raum ein als im früheren allgemeinen Gesetz über Schutz und Gestaltung der Umwelt[2]. In erster Linie sind aber wei-

---

1 GBl. Nr. 62 Pos. 627 m. sp. Änd. (nachfolgend als USG bezeichnet).
2 Gesetz über Schutz und Gestaltung der Umwelt vom 31. 1. 1989 (GBl. Nr. 49 Pos. 196 von 1994 m. sp. Änd.).

terhin allgemeine Rechtsinstitute nach den Vorschriften des ZGB anzuwenden. Hier ist insbesondere der vorbeugende Anspruch nach Art. 439
ZGB zu nennen. Diese Rechtsvorschrift berechtigt denjenigen, dem unmittelbar ein Schaden droht, zu verlangen, alle Maßnahmen zur Abwendung der drohenden Gefahr zu treffen und notfalls Sicherheit hierfür zu
leisten. Anspruchsgegner ist derjenige, der mit seinem Verhalten eine
unmittelbare Schadensgefahr heraufbeschwört; dieses Verhalten kann
darauf beruhen, dass die Person den Betrieb eines von ihr geleiteten Unternehmens oder Werks bzw. eines Gebäudes oder einer anderen Anlage
in ihrem Besitz nicht ordnungsgemäß überwacht.

Vorbeugenden Charakter hat auch der negatorische Anspruch nach
Art. 222 § 2 ZGB. Danach ist der rechtmäßige Zustand wieder herzu-
stellen und Beeinträchtigungen des Eigentumsrechts, die durch andere
Handlungen als Besitzentziehung verursacht werden, zu unterlassen.
Solche Beeinträchtigungen können dann mit der Einwirkung auf die
Umwelt im Zusammenhang stehen, wenn etwa auf einem Grundstück
eine Tätigkeit betrieben wird, durch die Nachbargrundstücke mit
Rauch, Staub, Gasen, Lärm oder Strahlung gefährlich belastet werden.
Diese Handlung ist rechtswidrig, weil hier gegen Art. 144 ZGB verstoßen wird. Diese Vorschrift verbietet solche Beeinträchtigungen, die hinsichtlich der sozialen und wirtschaftlichen Bestimmung des Grundstücks und der örtlichen Verhältnisse über das durchschnittliche Maß
hinausgehen.

In den Rechtsvorschriften des ZGB wird der Begriff „Schaden" nicht
definiert; in Rechtsprechung und Lehre wird „Schaden" regelmäßig als
Beeinträchtigung von rechtlich geschützten Gütern bezeichnet (d.h. Beeinträchtigung der Person oder des Vermögens).

Generell liegt der Schadenshaftung das Schuldprinzip, das Risikoprinzip
oder das Billigkeitsprinzip zugrunde. Unter den Vorschriften, die auf die
Schadenersatzhaftung im Umweltschutz Anwendung finden, kommt
wohl Art. 435 ZGB die größte Bedeutung zu; laut dieser Vorschrift haftet
derjenige nach dem Risikoprinzip, der ein durch Naturkräfte angetriebe-
nes Unternehmen oder Werk (z.B. unter Anwendung von Elektrizität, bi-
tuminösen Treibstoffen oder Wasserdampf) auf eigene Rechnung führt.
Er haftet für alle Schäden, die durch den Betrieb eines solchen Werks
verursacht worden sind, unabhängig von seinem Verschulden oder von
der Rechtmäßigkeit seiner Handlungen; eine Freistellung von der Haftung ist nur beim Nachweis des Vorliegens von besonderen im Gesetz genannten Umständen möglich, wie z.B. ausschließliches Verschulden des

Geschädigten oder eines Dritten, für die der Betreibende nicht haftet, oder höhere Gewalt.

Diese Haftung betrifft auch Unternehmen oder Betriebe, die Sprengstoffe herstellen oder einsetzen (Art. 435 § 2 ZGB). Das USG erweitert die Haftung auch auf Betriebe mit erhöhtem oder hohem Risiko, in denen während des Betriebs gefährliche Stoffe eingesetzt werden oder entstehen; dabei ist es einerlei, ob dieses Werk durch Naturkräfte (s. o.) angetrieben wird (Art. 324 USG – diese Vorschrift gilt für solche Werke, in denen schwere Störfälle möglich sind und die unter die Seveso-II-Richtlinie[3] von 1996 fallen).

Von den USG-Vorschriften zur zivilrechtlichen Umwelthaftung sind vor allem diejenigen zu erwähnen, nach denen die Umwelt als Gemeingut zu schützen ist. Um diese Voraussetzung zu erfüllen, wurde die Möglichkeit geschaffen, Ansprüche auf Unterlassung einer rechtswidrigen Tätigkeit, die die Umwelt gefährdet oder beeinträchtigt, zu erheben.[4] Haftungsvoraussetzungen sind:

– rechtswidrige Einwirkung auf die Umwelt; dabei gilt die Umweltnutzung ohne vorgeschriebene Genehmigung oder unter Verstoß gegen Anforderungen aus einer solchen Genehmigung bzw. gegen Bedingungen für das Betreiben der jeweiligen Tätigkeit als rechtswidrig;
– Eintritt eines Schadens oder einer unmittelbaren Schadensgefahr;
– Kausalzusammenhang zwischen der rechtswidrigen Einwirkung auf die Umwelt und dem Schaden (bzw. der unmittelbaren Schadensgefahr).

Ein solcher Anspruch steht grundsätzlich derjenigen Person zu, die geschädigt worden ist oder der ein unmittelbarer Schaden droht; die Vorschrift setzt jedoch Folgendes voraus: Sollte die Schadensgefahr oder der Schaden ein Umweltschutzgut, das als Gemeingut behandelt wird, betreffen, so kann der Anspruch „im Namen der Umwelt" insbesondere durch den Fiskus (von der Organisationseinheit, in deren Zuständigkeitsbereich der jeweilige Anspruch fällt) oder durch eine Selbstverwaltungskörperschaft oder durch einen Umweltschutzverband geltend gemacht werden, in deren Aufgabenbereich der Umweltschutz satzungsgemäß fällt. In der Vorschrift wird jedoch der Begriff „Umwelt als Gemeingut" nicht definiert. In der Literatur wird darauf hingewiesen, dass darunter

---

3 Richtlinie 96/82/EG des Rates vom 9. 12. 1996 zur Beherrschung der Gefahren bei schweren Unfällen mit gefährlichen Stoffen, ABl. EG L 10 v. 14. 1. 1997, S. 13.
4 Art. 323 USG.

Marek Górski

als Gegenstand des Schadens (der Schadensgefahr) diejenigen Elemente der Umwelt fallen, die nicht dem Schutz subjektiver Zivilansprüche unterfallen (sog. „ökologischer Schaden")[5].

Weiterhin von Bedeutung für die Umwelt als Gemeingut ist der Anspruch auf Erstattung von Aufwendungen für die Behebung des Umweltschadens gegen denjenigen, der diesen Schaden verursacht hat.[6] Die Höhe dieses Anspruchs ist auf tatsächlich angefallene und begründete Kosten für die Wiederherstellung des ursprünglichen Zustands begrenzt. Eine besondere Rechtsstellung wurde Umweltverbänden eingeräumt, die einen Anspruch auf Unterlassung gerichtlich geltend machen können, soweit eine Werbung oder eine andere Fördermaßnahme für eine Ware oder Dienstleistung dem Art. 80 USG zuwiderläuft.[7] Nach Maßgabe dieser Vorschrift dürfen Werbung oder andere Fördermaßnahmen für eine Ware oder Dienstleistung nicht zu einem solchen Konsumverhalten anspornen, das in Widerspruch zu Grundsätzen des Umweltschutzes und der nachhaltigen Entwicklung steht. Insbesondere ist es verboten, Abbildungen der ursprünglichen Natur zur Förderung von Produkten und Dienstleistungen zu gebrauchen, die auf die natürliche Umwelt negative Auswirkungen haben.

Gewissermaßen wurden im Rahmen dieses Gesetzes klassische zivilrechtliche Haftungsinstrumente modifiziert; insbesondere wurde die oben erwähnte Haftung nach Art. 435 ZGB erweitert. In diesem Gesetz wurde auch ein in der polnischen Rechtsprechung und Lehre seit langem bekannter Grundsatz bestätigt, nach dem die Haftung für Umweltschäden nicht dadurch entfällt, dass die umweltschädigende Tätigkeit nach Maßgabe einer Genehmigung erfolgt oder dass Auflagen dieser Genehmigung eingehalten werden.[8]

2. Strafrechtliche Haftung

Die Strafvorschriften im USG sind ziemlich detailliert und dienen zur Strafverhängung bei Nichtbeachtung von Anforderungen dieses Gesetzes. Handlungen, die unter Verstoß gegen diese Anforderungen vorgenommen werden, werden in der Regel als Ordnungswidrigkeiten behan-

---

5 Siehe *Lipiński*, stawa Prawo ochrony środowiska. Komentarz [Umweltschutzgesetz. Kommentar]; Wrocław 2001, S. 811.
6 Art. 326 USG.
7 Als Grundlage gilt Art. 328 USG.
8 Art. 325 USG.

delt. Im USG wurden einige allgemeine Grundsätze hinsichtlich der Haftung für Straftaten gegen die Umwelt geändert. Die Haftung selbst erfolgt nach einschlägigen Bestimmungen des Strafgesetzbuches (Abschnitt XXII StGB von 1997). Im Strafgesetzbuch sind verschiedene Straftatbestände gegen die Umwelt bekannt; die bedeutendsten sind der Tatbestand der Umweltverschmutzung sowie der Nichterfüllung der Pflicht, Umweltschutzanlagen zu installieren und zu betreiben. Als weitere Straftatbestände sind die nach Maßgabe völkerrechtlicher Verträge eingeführte grenzüberschreitende Beförderung von Abfällen (Abkommen von Basel von 1989[9]) und der Verstoß gegen einschlägige Naturschutzvorschriften, u. a. gegen Vorschriften, die den internationalen Handel mit gefährdeten Arten freilebender Tiere und Pflanzen verbieten (CITES-Abkommen[10]) zu nennen.

3. Verwaltungsrechtliche Haftung

Ein Umweltnutzer, der die Umwelt belastet, haftet nicht nur zivil- und strafrechtlich, sondern unterliegt auch der verwaltungsrechtlichen Haftung, die von Behörden durch entsprechende Verwaltungsbescheide durchgesetzt wird. Die grundlegenden verwaltungsrechtlichen Haftungsinstitute sind nach dem USG zum einen der Bescheid über die Verpflichtung des Umweltnutzers zur Begrenzung der Einwirkung auf die Umwelt und zur Wiederherstellung des vorigen Umweltzustandes (Art. 362) und zum anderen der Bescheid über die Einstellung der vom Umweltnutzer oder von einer natürlichen Person betriebenen Tätigkeit oder über die Stilllegung einer Anlage.

Im III. Teil des IV. Titels dieses Gesetzes sind Fälle genannt, in denen die Einstellung der Tätigkeit des jeweiligen Umweltnutzers vom Umweltschutzorgan anzuordnen ist; damit sind generell Tätigkeiten gemeint, die eine erhebliche Verschlechterung des Umweltzustandes zur Folge haben und Gesundheit oder Leben von Menschen gefährden[11]. Eine Anlage ist zwingend stillzulegen, wenn sie ohne vorgeschriebene integrierte Ge-

---

9 Basel Convention on the Control of Transboundary Movements of Hazardous Wastes and their Disposal, concluded at Basel 22 March 1989; Entry into Force, 5 May 1992.

10 Convention on International Trade in Endangered Species of Wild Fauna and Flora (CITES), concluded at Washington, 3 March 1973; Entry into Force, 1 July 1975. 993 U.N.T.S. 243, 27 U.S.T. 1087, T.I.A.S. No. 8249. Amended at Bonn, 22 June 1979.

11 Art. 364 USG.

nehmigung[12] oder unter Verstoß gegen Regelungen dieser Genehmigung sechs Monate lang betrieben wird[13]. Im Gesetz sind auch Fälle genannt, in denen die Inbetriebnahme eines Bauobjekts, eines Gebäudekomplexes oder einer Anlage zwingend einzustellen ist, soweit diese „Vorhaben, die auf die Umwelt erheblich einwirken könnten", sind. Die eingestellte Tätigkeit darf wieder aufgenommen werden, sobald die für die Einstellung zuständige Behörde ihre Zustimmung gibt. Die Behörde hat zuvor festzustellen, dass die Gründe für die Einstellung weggefallen sind. Zuständig für solche Fälle sind hauptsächlich die Überwachungsbehörden, wie z. B. die Umweltschutzinspektion, auch wenn diesbezügliche Berechtigungen des Gemeindevorstehers beibehalten wurden, die Umweltnutzung durch natürliche Personen zu beaufsichtigen.

4. Haftung auf der Grundlage finanzieller Haftungsinstrumente

Zu den verwaltungsrechtlichen Haftungsinstrumenten gehören üblicherweise auch bestimmte finanzielle Sanktionen in Form von Verwaltungsgeldbußen, die im USG unter Titel V „finanzrechtliche Instrumente" aufgeführt sind. Das System dieser finanziellen Sanktionen wurde teilweise umgestaltet und geordnet. Die wichtigste Änderung besteht wohl darin, dass zwei Arten finanzieller Verwaltungssanktionen, d.h. die zuvor bekannten Verwaltungsgeldbußen und neue erhöhte Gebühren, von einander abgegrenzt wurden. Daneben besteht als eine spezifische Sanktion die sog. Produktgebühr.

Im weiteren Sinne als finanzielles Haftungsinstrument sind hingegen die Gebühren für eine Umweltnutzung anzusehen. Nach dem grundlegenden und weltweit geltenden „Polluter pays Principle"[14], das im deutschen Recht als Verursacherprinzip[15] bezeichnet wird, ist Ziel dieser Gebühren,

---

12 Die integrierte Genehmigung ist ein neues Instrument, das nach Maßgabe der IVU- bzw. IPPC-Richtlinie von 1996 (Richtlinie 96/61/EG des Rates vom 24. September 1996 über die integrierte Vermeidung und Verminderung der Umweltverschmutzung, ABl. EG L 257 v. 10. 10. 1996, 26) eingeführt wurde; dieser Bescheid bezieht sich auf alle Einwirkungen auf die Umwelt (Emissionen), die von genannten Anlagen verursacht werden.

13 Art. 365 Abs. 1 USG.

14 So wird es in Art. 174 Abs. 2 der „Verfassung" der Europäischen Gemeinschaft oder im Abkommen von Rom von 1957 (in der Fassung nach dem Abkommen von Amsterdam von 1997) bezeichnet.

15 Nach diesem Prinzip werden dem unmittelbaren Verursacher Kosten für die Wiedergutmachung des Schadens aufgebürdet.

die Kosten für die Behebung negativer externer Effekte dem Umweltbeeinträchtiger zuzurechnen. Optimal wäre dabei, den sog. Grenzschaden, der durch die Umweltnutzung im weiteren Sinne verursacht wird, in jedem Einzelfall zu ermitteln. Das wird sich jedoch in der Wirklichkeit kaum realisieren lassen. Die Gebühren werden daher auf der Grundlage der durchschnittlichen Kosten der Umweltbeeinträchtigung berechnet. Sie werden als obligatorische und äquivalente Geldleistungen bezeichnet, die für die Nutzung von Umweltelementen erhoben werden, und werden grundsätzlich eingezogen, solange die Tätigkeit läuft (Umweltnutzung).[16]

Die Einnahmen aus den genannten Gebühren sowie aus den Sanktionsgebühren und den Geldbußen fließen in Polen als Einnahmen in zweckgebundene Fonds, nämlich den Umweltschutzfonds und den Wasserwirtschaftsfonds. Die diesen Fonds zufließenden Finanzmittel können, hauptsächlich als Zuwendungen oder Darlehen, für gesetzlich vorgeschriebene Umweltschutzziele verausgabt werden.

a) Gebühren für die Umweltnutzung

Nach dem USG werden Umweltnutzungsgebühren erhoben für:
– Emission von Gasen oder Staub in die Luft
– Ableitung von Abwasser in Gewässer oder in die Erde
– Wasserentnahme
– Lagerung von Abfällen.

Umweltnutzer sind prinzipiell verpflichtet, Gebühren für die Umweltnutzung zu entrichten. Umweltnutzer sind nach Art. 3 Nr. 18:
– Unternehmer im Sinne des Gesetzes zur Wirtschaftätigkeit vom 19. 11. 1999[17] sowie Personen, die eine landwirtschaftliche Produktionstätigkeit auf dem Gebiet des Ackerbaus, der Tierhaltung und Tierzucht, des Gartenbaus, Gemüsebaus, der Forstwirtschaft und der Binnenfischerei betreiben, oder Personen, die einen Arztberuf im Rahmen einer privaten Praxis oder einer privaten Fachpraxis ausüben;
– Organisationseinheiten, die kein Unternehmen im Sinne des Gesetzes zur Wirtschaftätigkeit sind;

---

16 Siehe *Małecki*, Prawnofinansowe instrumenty ochrony i kształtowania środowiska [Finanzrechtliche Instrumente zum Schutz und zur Gestaltung der Umwelt]; Poznań 1982, S. 17.
17 GBl. Nr. 101 Pos. 1178 und GBl. Nr. 86 von 2000 Pos. 958 und Nr. 114 Pos. 1193.

– natürliche Personen, die nicht unter Nr. 1 fallen, die aber die Umwelt genehmigungspflichtig nutzen.

Werden Bedingungen der Umweltnutzung in der sog. Emissionsgenehmigung[18] oder in einer wasserrechtlichen Genehmigung festgelegt, so ist die Gebühr für die Umweltnutzung oder eine Verwaltungsgeldbuße von dem zu zahlen, der die Genehmigung erhalten hat, tatsächlich also vom „Betreiber der Anlage oder des Betriebs" im Sinne des Art. 3 Nr. 31 USG. Werden hingegen Abfälle aufbewahrt oder gelagert, so ist der Abfallbesitzer Umweltnutzer im Sinne des Abfallgesetzes.[19] Sollten aber Abfälle einem Rechtssubjekt übergeben werden, das keine Genehmigung zum Transport von Abfällen besitzt, so lastet die Pflicht zur Zahlung von Gebühren für die Umweltnutzung auf dem, der diese Abfälle unter Verstoß gegen abfallrechtliche Vorschriften überlassen hat.[20]

Gebühren für bestimmte Umweltnutzungen werden auch nach Maßgabe anderer Gesetze entrichtet. In Betracht kommen hier Vorschriften des Geologie- und Berggesetzes[21] (Gebühr für den Rohstoffabbau), des Gesetzes zum Artenschutz von 1995[22] (Gebühr für die Brachlegung von Ackerboden) und des Naturschutzgesetzes[23] (Gebühr für die Abholzung oder Funktionsveränderung von Grünanlagen).

b) Erhöhte Gebühren

(1) Erhöhte Gebühren sind nach dem USG Finanzsanktionen für die Nichterfüllung der Pflicht zur Erlangung einer Emissionsgenehmigung.
(2) Nach Art. 292 und 293 USG hat ein Umweltnutzer erhöhte Gebühren zu tragen, soweit er keine vorgeschriebene Genehmigung zur Emission von Gasen und Staub in die Luft besitzt;
(3) soweit er keine vorgeschriebene Genehmigung zur Wasserentnahme oder zur Ableitung von Abwasser in Gewässer oder in die Erde besitzt;

---

18 Also Genehmigung nach Art. 181 Abs. 1 Nr. 1–3, 5 und 6 USG.
19 Abfallgesetz vom 27. 4. 2001 (GBl. Nr. 62) – als Abfallbesitzer gilt nach Art. 3 Nr. 13 des Gesetzes jeder, der zum jeweiligen Zeitpunkt die Abfälle tatsächlich besitzt.
20 Nach Art. 25 Abs. 2 des Abfallgesetzes dürfen Abfälle nur demjenigen Rechtssubjekt übergeben werden, das eine Genehmigung zur bestimmten Abfallverwertung hat.
21 Geologie- und Berggesetz vom 4. 2. 1994 (GBl. Nr. 27 Pos. 96 m. sp. Änd.).
22 Gesetz zum Schutz von Acker- und Waldland vom 3. 2. 1995 (GBl. Nr. 16 Pos. 78 m. sp. Änd.).
23 Naturschutzgesetz vom 16. 10. 1991 (GBl. Nr. 114 Pos. 492 m. sp. Änd.).

(4) soweit er mit Abfällen nicht ordnungsgemäß umgeht.

In den Fällen nach Punkt 1 und 2 betrifft die Gebühr die Menge der emittierten Stoffe, des abgeleiteten Abwassers oder entnommenen Wassers. Sie lag zuvor bei 500% der Grundrate (ab Februar 2003: 100% der Grundrate).

Obwohl erhöhte Gebühren Sanktionen sind, gelten sie weiterhin als Gebühren und unterfallen den allgemeinen Bestimmungen über die Entrichtung von Gebühren. Dabei handelt es sich um die Pflicht, die fällige Gebühr zu berechnen und diese dann ohne Aufforderung innerhalb einer vorgeschriebenen Frist zu entrichten (Prinzip der Selbstberechnung); die Erfüllung dieser Pflicht wird vom Marschall der Woiwodschaft beaufsichtigt. Durch die Entrichtung der Gebühr wird man nicht von anderen Sanktionen für die Nichterfüllung der Pflicht zur Einholung eines Verwaltungsbescheids befreit (strafrechtliche Haftung).

c) Produktgebühr

Die Produktgebühr ist ein neues Instrument; sie wurde nach den Vorschriften des Gesetzes über Pflichten der Unternehmer auf dem Gebiet der Verwertung bestimmter Abfälle und über Produktgebühr und Hinterlegungsgebühr vom 11. 5. 2001[24] eingeführt. Gesetzlich genannten Unternehmergruppen wird mit diesem Gesetz die Pflicht auferlegt, vorgeschriebene Rückgewinnungswerte bei bestimmten Abfallsorten zu erzielen.

Ihre Hauptpflicht ist es, Verpackungsabfälle (diese entstehen aus Verpackungen, die in der Anlage Nr. 1 genannt sind und in denen die vom Unternehmer hergestellten Produkte enthalten waren)[25] oder Gebrauchsabfälle (diese entstehen aus Produkten, die in der Anlage 2 und 3 genannt sind) zurück zu gewinnen oder zu recyceln. Die zur Rückgewinnung Verpflichteten wurden somit anders bezeichnet als im Abfallgesetz, denn sie gelten hier nicht als Abfallbesitzer, sondern als Hersteller von Produkten, aus denen Abfälle erst entstehen werden, oder als Rechtssubjekte, die diese genannten Produkte (Verpackungen) in einer bestimmten Weise verwenden.

---

24 GBl. Nr. 63 Pos. 639.
25 Z. B. ein Getränk in einer Kunststoffflasche – der Hersteller des Getränks haftet für den Verpackungsabfall.

Die Rückgewinnungspflicht beruht darauf, eine vorgeschriebene Rückgewinnungsquote zu erreichen; dieser wird prozentual als Masse oder Menge von Verpackungen oder Produkten festgelegt, die im jeweiligen Jahre im Inland in den Verkehr gebracht werden. Das Gesetz regelt eingehend Grundsätze für die Berechnung der erzielten Quote; dabei werden Anreize gegeben, bestimmte im Gesetz genannte Produkte in bestimmter Weise zu behandeln (Reifenrunderneuerung, Verwendung von Mehrwegverpackungen). Die gesetzlich bestimmten Endwerte für Rückgewinnung und Recycling werden für das jeweilige Jahr durch eine Rechtsverordnung des Ministerrates genau festgelegt.[26]

Ob die Pflicht, den vorgeschriebenen Rückgewinnungs- und Recyclingwert zu erreichen, erfüllt wird, wird am Ende eines Kalenderjahres festgestellt. Wird diese Pflicht nicht erfüllt, so ist eine Produktgebühr (Finanzsanktion) zu entrichten. Diese Gebühr wird dadurch ermittelt, dass der Einheitssatz mit Masse oder Menge multipliziert wird, die zur Erreichung des vorgeschriebenen Rückgewinnungswertes fehlt. Das Prinzip der Selbstberechnung gilt, wie in allen neuen Rechtsvorschriften, hier gleichfalls. Der Verpflichtete hat die fällige Gebühr selbst zu ermitteln und zu entrichten, was unter Aufsicht des Marschalls erfolgt. Der Höchstsatz der Gebühr wurde im Gesetz vorgeschrieben, Sätze für das jeweilige Jahr werden vom Ministerrat festgelegt.

Mittel aus Produktgebühren sind den Umweltschutzfonds zuzuführen. Im Gesetz wurde ein System zur Umverteilung dieser Mittel vorgesehen; an diesem System können auch Gemeinden beteiligt sein, in denen Verpackungsabfälle selektiv gesammelt werden.

d) Verwaltungsgeldbußen

Im neuen System liegt Verwaltungsgeldbußen grundsätzlich, wenn auch mit Ausnahmen, das Umweltschutzgesetz zugrunde. Nach Art. 273 Abs. 2 USG ist eine Verwaltungsgeldbuße zu zahlen, soweit im jeweiligen Verwaltungsbescheid festgelegte Bedingungen der Umweltnutzung, die mit der Lagerung von Abfällen oder Lärmemission in die Luft im Zusammenhang stehen, missachtet oder verletzt werden. Geldbußen werden vom Woiwodschaftsinspektor für den Umweltschutz verhängt für:

---

26 Siehe die Rechtsverordnung des Ministerrates über Jahresquoten bei Rückgewinnung und Recycling von Verpackungs- und Gebrauchsabfällen vom 30. 6. 2001 (GBl. Nr. 69); die Rechtsverordnung ist ab 1. 1. 2002 in Kraft.

(1) Überschreitung der in (integrierten) Genehmigungen festgelegten Menge oder Art von Gasen oder Staub, die in die Luft abgelassen werden;

(2) Verstoß gegen Bestimmungen der integrierten oder wasserrechtlichen Genehmigungen über die Menge, den Zustand oder die Zusammensetzung von Abwasser;

(3) Überschreitung der entnommenen Wassermenge, die in integrierten oder wasserrechtlichen Genehmigungen festgelegt wird;

(4) Verstoß gegen Bestimmungen des Bescheides über die Bewilligung der Betriebsanweisung für eine Abfalldeponie oder des Bescheides über die Standortbestimmung und Lagerung von Abfällen, die nach Bestimmungen des Abfallgesetzes hinsichtlich der Lagerung und Aufbewahrung von Abfällen erforderlich sind;

(5) Überschreitung der in (integrierten) Emissionsgesetzen festgelegten Lärmpegel.

Stellt ein Umweltschutzinspektor eine Überschreitung oder einen Verstoß gegen den genehmigten Umweltnutzungsumfang fest, ist dies die Grundlage der Bußgeldverhängung. Eine solche Feststellung basiert auf Kontrollen, insbesondere aber auf Messungen und anderen Ermittlungen, die während dieser Kontrollen vorgenommen werden, oder auch auf Messungen, die von einem zur Vornahme dieser Messungen verpflichteten Umweltnutzer durchgeführt werden. Eine Verwaltungsgeldbuße wird in zwei Etappen auferlegt:

(1) Festsetzung des Strafmaßes, nach dem sich der Strafsatz nach Stunden oder Tagen in Bezug auf den Zeitraum des Verstoßes oder der Überschreitung bemisst,

(2) Verhängung einer Strafe für den Zeitraum des Verstoßes oder der Überschreitung.

Die Buße wird als zehnfacher Einheitswert des Gebührensatzes für die Ablassung von Gasen oder Staub in die Luft oder für die Wasserentnahme verhängt. Der Woiwodschaftsinspektor für den Umweltschutz verhängt eine Buße von 0,1 des Gebührensatzes für jeden Tag der Lagerung von Abfällen in einer Mülldeponie, soweit

– gegen Anforderungen an Art und Lagerung von Abfällen nach dem Bescheid, der die Betriebsanweisung der Abfalldeponie bewilligt, verstoßen wird, oder

– Abfälle unter Verstoß gegen den Bescheid über die Standortbestimmung und Lagerung von Abfällen gelagert werden.

Neben dem USG ist die Möglichkeit, Verwaltungsgeldbußen zu verhängen, auch nach Vorschriften anderer Gesetze, die den Umweltschutz regeln, vorgesehen. Insbesondere ist Art. 47k des Naturschutzgesetzes von 1991 zu nennen, der die Verhängung einer Verwaltungsgeldbuße für die Zerstörung von Grünanlagen, Bäumen oder Sträuchern, für die Beseitigung von Bäumen oder Sträuchern ohne erforderliche Genehmigung, für die Zerstörung durch nicht sachgerechte Pflege von Grünanlagen, Baumbeständen, Bäumen oder Sträuchern vorsieht. Zuständige Behörde für die Auferlegung von Bußgeldern hierfür ist das jeweilige kommunale Leitungsorgan (Gemeindevorsteher, Bürgermeister oder Stadtpräsident).

Das Gesetz zur Verfahrensweise mit ozonschichtschädigenden Stoffen[27] schreibt vor, dass eine Verwaltungsgeldbuße für die Herstellung oder die grenzüberschreitende Beförderung von kontrollierten Substanzen[28] zu verhängen ist, sollte dies unter Verstoß gegen gesetzliche Verbote, ohne erforderliche Genehmigung oder unter Verstoß gegen Bestimmungen dieser Genehmigung erfolgen. Die Buße wird durch Bescheid vom Woiwodschaftsinspektor für den Umweltschutz über den Hersteller oder Importeur verhängt. Diese Strafe wird pro Kilogramm je nach der Menge hergestellter oder aus dem Ausland importierter Stoffe berechnet, soweit diese Herstellung oder Einfuhr unter Verstoß gegen Bestimmungen des Gesetzes erfolgt.

Strafen, die im USG und in den beiden oben genannten Gesetzen hinsichtlich ihrer Berechnung geregelt sind, könnte man als „Tarifstrafen" bezeichnen. Sie sind zwingend aufzuerlegen, und ihre Höhe wird je nach dem Grad der Rechtsverletzung nach den jeweiligen Tabellen in Durchführungsvorschriften errechnet.

Nach anderen Gesetzen können hingegen unterschiedliche Geldbußen verhängt werden. Die zuständigen Verwaltungsorgane dürfen nämlich solche Strafen nach ihrem Ermessen verhängen, wobei in der jeweiligen Vorschrift nur die Ober- und Untergrenze der Bußgeldhöhe festgesetzt sind. Eine solche Konstruktion enthält z.B. das Gesetz über Meeresgebiete.[29] Nach Art. 55 dieses Gesetzes ist es möglich, den Reeder eines Schiffes, das u.a. gegen Vorschriften über die Gewinnung von Mineral-

---

27 GBl. Nr. 52 Pos. 537.
28 Das sind solche Stoffe, die die Ozonschicht schädigen; sie werden in Anlagen zum Gesetz genannt.
29 Gesetz über Meeresgebiete der Republik Polen und über Meeresverwaltung vom 21. 3. 1991 (GBl. Nr. 32 Pos. 131 m. sp. Änd.).

oder Lebendbestand des Meeres verstößt, mit Geldbuße im Gegenwert von 1 000 000 Kalkulationseinheiten, die als Sonderziehungsrecht (SDR) bezeichnet und vom Internationalen Währungsfonds festgelegt werden, zu bestrafen. Ebensolche Bußen dürfen nach Art. 36 des Gesetzes zur Verhütung der Meeresverschmutzung durch Schiffe[30] verhängt werden. Nach dieser Vorschrift haftet der Reeder für die Verschmutzung der Meeresumwelt durch Verwendung des Schiffes oder durch Versenkung von Abfällen oder anderen Stoffen im Meer. Art. 74 des Gesetzes über die Meeresfischerei vom 6. 9. 2001[31] schreibt vor, dass ein Reeder, der die Meeresfischerei im polnischen Meeresgebiet unter Verstoß gegen Bestimmungen des Gesetzes betreibt, mit einer Geldbuße bis zu 1 000 000 Zl belegt werden kann. Mit einer solchen Buße wird auch der Reeder eines Schiffes unter polnischer Flagge belegt, soweit mit diesem Schiff die Fischerei außerhalb des polnischen Meeresgebietes unter Verstoß gegen Vorschriften des Gesetzes oder Bestimmungen völkerrechtlicher Verträge, die von der Republik Polen abgeschlossen wurden, betrieben wird. Diese Bußen werden von den Direktoren der Seeämter verhängt (Sonderverwaltungsbehörden der Meeresverwaltung).

Alle oben bezeichneten Bußen werden, wie erwähnt, durch Verwaltungsbescheid auferlegt. Diese Bescheide werden auf dem verwaltungsrechtlichen Instanzenweg auf ihre Rechtmäßigkeit überprüft (Widerspruch bei einer Behörde höherer Instanz). Nach Erschöpfung des Instanzenweges ist es möglich, eine Klage beim Verwaltungsgericht einzureichen.

II. Beurteilung der Übereinstimmung polnischer Rechtsbestimmungen mit den Anforderungen nach dem Entwurf zur Umwelthaftungsrichtlinie

Der oben dargestellten Übersicht ist zu entnehmen, dass bereits vorhandene Haftungsinstitute, die auf das Erreichen der Umweltschutzziele gerichtet sind, im polnischen Recht ziemlich gut entwickelt sind und solche Rechtsinstrumente in sich einbeziehen, die zu verschiedenen Rechtsgebieten gehören. Will man diese Regelungen im Hinblick auf ihre Übereinstimmung mit Voraussetzungen des Entwurfs zur Umwelthaftungsrichtlinie beurteilen, muss man sie ganzheitlich betrachten und dabei ge-

---

30 Gesetz zur Verhütung der Meeresverschmutzung durch Schiffe vom 16. 3. 1995 (GBl. Nr. 47 Pos. 243 m. sp. Änd.).
31 GBl. Nr. 129 Pos. 1441.

genseitige Beziehungen und die vom Gesetzgeber vorgeschriebene Rolle berücksichtigen. Zunächst müsste man im Hinblick auf die Einführung der nach diesem Entwurf vorgesehenen Haftungsprinzipien auf diejenigen Rechtssubjekte hinweisen, für die diese Vorschriften gelten sollten. Demzufolge müsste man diejenigen Arten der Anlagen nennen, deren Betreiber an bestimmte Grundsätze verbunden wären (nach Anlage Nr. 1 zum Entwurf).

1. Definitionsprobleme nach der Umwelthaftungsrichtlinie

Der Entwurf zur Umwelthaftungsrichtlinie definiert zahlreiche Grundbegriffe. Diese Definitionsvorschläge wurden bereits bei der Umsetzung anderer EU-Rechtsakte in das polnische Recht übernommen. Dies betrifft Definitionen nach Art. 3 Abs. 1 Nr. 3, die auf die Bewertung des Zustandes von Standorten und Arten Anwendung finden; Gleiches gilt für den Begriff der Biovielfalt. Da Vorschriften zum Schutz vor Verschmutzungen ebenfalls umgesetzt wurden, wurde auch der Begriff „Emission" definiert. Zur Festlegung von Anforderungen, denen die Umwelt zu genügen hat (Definition nach Art. 1.1.1), wird es möglich sein, die Definition des ökologischen Gleichgewichts anzuwenden, weil die Erhaltung oder Wiederherstellung des Gleichgewichtszustandes nach USG eines der Hauptziele des Umweltschutzes ist.

Im polnischen Recht wurden hingegen andere für die Umwelthaftungsrichtlinie grundlegenden Begriffe nicht definiert, wie z.B. die Begriffe „Schaden", „Umweltschaden" oder „Umweltwert". Wie bereits erwähnt, ist der Begriff „Schaden" in Rechtsprechung und Lehre schon seit langem definiert und macht im Grunde genommen keine Schwierigkeiten. Allerdings ist dieser Begriff nicht mit der Definition des Schadens nach Art. 1 Nr. 5 der Umwelthaftungsrichtlinie identisch, da diese Definition zweifelsohne eingeengt ist. In dieser Hinsicht wäre es also notwendig, einen separaten Begriff für solche Beeinträchtigungen einzuführen, die nach den Definitionen des Entwurfs nur Naturressourcen und solche Ressourcen betreffen, die bei bestimmten Tätigkeiten entstehen. Gleiches gilt für die Definition nach Art. 1 Nr. 18 des Entwurfs, wo der Umfang der Schäden, die an bestimmten Umweltschutzgütern entstehen, präzise umschrieben wird.

Im polnischen Recht wurden bisher auch nicht die „Wiederherstellung des ordnungsgemäßen Zustandes" und die „Behebung von Schäden" definiert (Art. 1 Abs. 1 Nr. 15 und 16 des Entwurfs zur Umwelthaftungsrichtlinie). Diese Definitionen ermöglichen es, die Pflicht zur Schadensbehebung präzise zu beschreiben; ihre Einführung wäre somit erforderlich. Derzeit geltende Vorschriften geben zwar die Möglichkeit, den Pflichtenumfang zur Wiedergutmachung von Schäden oder zur Begrenzung bzw. Unterlassung umweltschädigender Tätigkeit festzulegen. Dabei wird aber vorausgesetzt, dass dies in jedem Einzelfall durch Entscheidung eines Gerichts oder durch Verwaltungsbescheid zu erfolgen hat. Die Einführung dieser Definitionen gäbe die Gelegenheit, den Umfang der Sanierungspflichten allgemein gültig durch ein Gesetz festzulegen, womit die Vereinheitlichung von Einzelfallentscheidungen erreicht würde.

2. Pflicht zur Ergreifung vorbeugender Maßnahmen

Das Vorsorgeprinzip gilt im polnischen Umweltschutzrecht als Grundlage für alle Maßnahmen zum Umweltschutz (sog. allgemein geltendes Prinzip). Es wurde durch Art. 6 des USG vom 17. 4. 2001 geregelt. Pflichten der auf die Umwelt einwirkenden Rechtssubjekte werden in Genehmigungen festgelegt, die vor Aufnahme der Tätigkeit zu beantragen sind (Vorsorgemaßnahme). Eine diesbezügliche Vorschrift verpflichtet auch jeden Betreiber einer Anlage, Funktionsstörungen dieser Anlage entgegenzuwirken. Andererseits gibt es jedoch keine Vorschriften, nach denen eine Behörde bei einer unmittelbaren Schadensgefahr eingreifen und Maßnahmen anordnen könnte. Eine solche Möglichkeit ist lediglich zur Verhütung schwerer Störfälle nach Maßgabe der Seveso-II-Richtlinie von 1996[32] vorgesehen.

Die oben bezeichneten Vorschriften haben zum Teil präventiven Charakter und ermöglichen die Einstellung von umweltgefährlichen Tätigkeiten, soweit festgestellt wird, dass solche Gefahren (aber nicht potenzielle Gefahren) eingetreten sind. Zuständig hierfür ist das Aufsichtsorgan, d. h. der Woiwodschaftsinspektor für den Umweltschutz.

Ein vorbeugender Anspruch kann auch von dem gerichtlich geltend gemacht werden, dem ein Schaden droht, weil bestimmte Tätigkeiten unter Verstoß gegen Umweltschutzvorschriften durchgeführt werden. Dieser Anspruch ist zivilrechtlicher Natur und kann nach Maßgabe allgemeiner ZGB-Vorschriften wie auch des USG geltend gemacht werden. Wie

---

32 Richtlinie 96/82/EG des Rates v. 9. 12. 1996 zur Beherrschung der Gefahren bei schweren Unfällen mit gefährlichen Stoffen, ABl. EG L 10 v. 14. 1. 1997 S. 13, berichtigt ABl. EG L 124 v. 16. 5. 1997 S. 56 und ABl. EG L 73 v. 12. 3. 1998 S. 51.

oben erwähnt, darf dieser Anspruch auch nach Art. 323 USG zum Schutz der Umwelt als Gemeingut erhoben werden.

3. Sanierungspflicht

Nach dem Umweltschutzgesetz vom April 2001 gilt das Verursacherprinzip, auch „Polluter pays Principle" genannt, als eines der grundlegenden Prinzipien (Art. 7); nach diesem Prinzip hat jeder, der die Umwelt verschmutzt oder verschmutzen könnte, die Kosten für die Verhütung oder Behebung dieser Verschmutzungsfolgen zu tragen. Unter Berücksichtigung der Vorsorgeanforderungen kommt dieses Prinzip im System der Gebühren für die Umweltnutzung, die vorwiegend für Umweltemissionen und die Gewinnung bestimmter Ressourcen anfallen, zur Anwendung.

Art. 362 USG, der zu den verwaltungsrechtlichen Haftungsinstituten zählt, ermöglicht eine umfassende Inanspruchnahme für Sanierungsmaßnahmen bei negativen Umweltauswirkungen von allen möglichen Rechtssubjekten mit Ausnahme von natürlichen Personen, die für den eigenen Bedarf handeln. Diese Vorschrift ermöglicht es der Behörde, Maßnahmen zur Begrenzung der Einwirkung auf die Umwelt, zur Begrenzung der Umweltgefahren und zur Wiederherstellung des ordnungsgemäßen Umweltzustandes durch Bescheid anzuordnen. In diesem Bescheid wird von der Behörde festgelegt, inwieweit die Einwirkung auf die Umwelt zu begrenzen ist; in dem Bescheid wird auch der Zustand bestimmt, in den die Umwelt zu bringen ist, also das Sanierungsziel festgelegt. Ist eine Anordnung gegenüber dem Verantwortlichen nicht möglich, so kann die Behörde den Umweltnutzer verpflichten, einen Geldbetrag, der dem durch den Verstoß gegen den Umweltzustand verursachten Schaden entspricht, an einen der genannten Umweltschutzfonds[33] zu überweisen. In den Vorschriften wird jedoch die Verfahrensweise zur Ermittlung des Betrags von Umweltschäden nicht detailliert geregelt, was jedoch nach Art. 7–11 des Entwurfs zur Umwelthaftungsrichtlinie vorgeschrieben ist.

Es besteht die Möglichkeit, Sanierungspflicht und Sanierungsumfang zivilrechtlich festzulegen. Einen solchen Anspruch kann jede Person geltend machen, die durch Tätigkeiten, die unter Verstoß gegen Umweltschutzvorschriften durchgeführt werden, beeinträchtigt wird. Der Anspruch kann auch erhoben werden, soweit der Schaden die Umwelt als

---

33 S. o. unter 1. 4.

Gemeingut betrifft. Er steht dem Fiskus, einem Selbstverwaltungsorgan oder einem Umweltverband zu und wird nach Maßgabe des oben erwähnten Art. 323 USG von 2001 geltend gemacht.

Eine allgemein gültige Pflicht zur Wiedergutmachung eines Umweltschadens kennt das polnische Recht nicht, soweit es unmöglich ist, das zur Wiedergutmachung verpflichtete Rechtssubjekt zu ermitteln oder dieses Rechtssubjekt zur Erfüllung dieser Pflicht zu zwingen (Art. 6 des Entwurfs zur Umwelthaftungsrichtlinie). Anderes gilt, soweit eine Haftung in Sondervorschriften hinsichtlich konkret genannter Schadensarten vorgesehen ist. Damit sind vor allem solche Schäden gemeint, die bei Schädigung des Bodens oder der Erdoberfläche eintreten. Sie sind von demjenigen, der ein Recht an einem Grundstück hat, wieder zu beseitigen (Rekultivierung). Sollte es nicht möglich sein, dieses Rechtssubjekt zu ermitteln oder zur Erfüllung der Pflicht zu zwingen, so ist der Landrat verantwortlich.[34]

Art. 5 der Verfassung der Republik Polen von 1997, nach dem der Umweltschutz als eine der wichtigsten Aufgaben des Staates bezeichnet wird, ist möglicherweise eine allgemeine Rechtsgrundlage für die Übertragung der Beseitigung von Umweltschäden auf die Staatsorgane. Umweltschutz im Sinne des USG ist auch die Wiederherstellung eines gestörten ökologischen Gleichgewichts.

Im polnischen Umweltschutzrecht gibt es weiterhin keine Vorschriften, nach denen die Anforderungen nach Art. 14 und 15 des Entwurfs zur Umwelthaftungsrichtlinie erfüllt werden könnten. Diese Regelungen sehen vor, dass bestimmte Personen einen Antrag bei der zuständigen Behörde auf Ergreifung von Maßnahmen stellen können, wenn ein Umweltschaden droht oder eingetreten ist. Deswegen ist natürlich auch bisher kein Verfahren vorgesehen, nach denen solche Anträge zu bearbeiten sind (Art. 15 des Entwurfs).

Die Verpflichtung zur Förderung von Haftpflichtversicherungssystemen oder zur Schaffung anderer Formen von Finanzsicherheiten (Art. 16 des Entwurfs) kann, zumindest teilweise, dadurch erfüllt werden, dass nach USG die Möglichkeit besteht, den Betreiber einer Anlage bei der Erteilung der Emissionsgenehmigung zur Hinterlegung von Sicherheiten für Schadensansprüche zu verpflichten, die aus den Folgen seiner Tätigkeit entstehen können.[35] Diese Pflicht wird dem Betreiber in der Genehmi-

---

34 Art. 102 Abs. 4 USG.
35 Art. 187 USG.

gung auferlegt, soweit hieran ein öffentliches – umweltschutzbezogenes – Interesse besteht. Dies spielt insbesondere dann eine Rolle, wenn die Gefahr einer erheblichen Verschlechterung des Umweltzustands besteht.

III. Schlussfolgerungen

Das polnische Recht bietet zurzeit zahlreiche Lösungen an, die der Implementierung der Umwelthaftungsrichtlinie dienen können; um aber alle Anforderungen dieser Richtlinie zu erfüllen, müsste man verschiedene Definitionen, bestimmte Verpflichtungen der Verwaltungsorgane, den Umweltnutzern obliegende Vorsorge- und Sanierungspflichten sowie Vorschriften zur Antragstellung hinsichtlich der Ergreifung bestimmter Maßnahmen durch zuständige Organe ergänzend regeln.

Die Angleichung an die Vorgaben der Richtlinie könnten durch diesbezügliche Ergänzungen des allgemeinen Umweltschutzgesetzes getroffen werden, so dass es nicht erforderlich ist, ein separates Gesetz zur Umwelthaftung zu verabschieden. Die Änderungen sind nichtsdestoweniger im Zusammenhang vorzunehmen und sollten sich daran orientieren, in verschiedenen Gesetzen verstreute Rechtsinstitute angemessen miteinander zu verknüpfen, um die Zielsetzungen nach dem Entwurf zur Umwelthaftungsrichtlinie zu erreichen.

Diskussion im Anschluss an den Beitrag von Prof. Dr. Marek Górski

EU-Umwelthaftungsrichtlinie und polnische Haftungsregelungen bei Umweltschäden – eine vergleichende Problemdarstellung

L. Knopp

Sehe ich das richtig, dass in Polen, wenn auch sehr zersplittert, Regelungen existieren, die zur Umsetzung der Umwelthaftungsrichtlinie dienen könnten, die aber gemessen am Anspruch und an der Komplexität der Umwelthaftungsrichtlinie derzeit noch unvollständig sind?

M. Górski

Das ist richtig. Wir haben in Polen zwar schon einige Prinzipien geregelt, aber noch nicht alle. Die schon existierenden Prinzipien und Vorschriften kann man auf jeden Fall im Geist der Richtlinie auslegen.

Dr. E. Albrecht, BTU Cottbus

Ist in Polen geplant, die fehlenden und die vorhandenen Regelungen z.B. in einem Umweltgesetzbuch zusammenzufassen oder werden die fehlenden Regelungen jeweils dort angebunden, wo sie schon jetzt, wenn auch über verschiedene Gesetze verteilt, sind?

M. Górski

Die heute geltenden Gesetze wurden in einer Art und Weise gegliedert, die es nicht zulässt, bestimmte Elemente einfach hinzuzufügen. Es existieren bereits die grundlegenden Prinzipien sowie die Rechtsinstitute und Rechtsinstrumente. Daher stellt sich lediglich die Frage, an welcher Stelle im jeweiligen Gesetz etwas hinzugefügt werden muss. Es ist jedoch nicht erforderlich, ein gesondertes Gesetz dazu zu erlassen. Die Überzeugung in Polen bei der Verabschiedung der jeweiligen Gesetze war, sie so zu gliedern und zu systematisieren, dass notwendige Ergänzungen auf einfachem Wege hinzugefügt werden können. Nehmen wir das vor zwei Wochen im Parlament erörterte Abfallgesetz als Beispiel. Im Abfallgesetz, das auch die Voraussetzungen der Abfallrichtlinie erfüllt, wurden schon im Text des Gesetzes Vorschriften und Möglichkeiten vorgesehen, um z. B. die Vorschriften über Altfahrzeuge einbeziehen zu können. Zur Verdeutlichung des Systems: Das Umweltschutzgesetz als strukturierendes und ordnendes „Obergesetz" enthält allgemeine Vorschriften. Dieses Gesetz ist daher ein Rahmengesetz. Auf der anderen Seite enthält es jedoch auch etliche Spezialvorschriften, z. B. Regelungen über die Luftreinhaltung, die ziemlich detailliert sind. Zu den allgemeinen Prinzipien oder Fragen zählen meines Erachtens auch die schon erörterten Haftungsprinzipien. Dann gibt es noch die „Sektorvorschriften", insgesamt ca. zwanzig Gesetze, die teilweise einzelne Fragen regeln, aber zum Teil auch bestimmte Sachgebiete betreffen. Diese kann man vergleichsweise leicht ändern und ergänzen. Dieses System wurde durch die Gesetze von 2001 formuliert und ist seit 1. 1. 2002 in Kraft.

K. Nowacki

Die Zentralverwaltung ist relativ gut auf die Umsetzung dieses umfangreichen Gesetzeswerks vorbereitet. Wie steht es jedoch um die Umsetzungspraxis bei den Behörden auf der Selbstverwaltungsebene und auf der lokalen Regierungsverwaltungsebene außerhalb der Zentralverwaltung?

M. Górski

Das ist eine politische Frage. Also, offiziell sind sie gut vorbereitet.

Zusammenfassung von Prof. Dr. L. Knopp

Sehr geehrte Damen und Herren,

ich darf abschließend noch einmal – stichwortartig – zusammenfassen:

1. Der Eifer des europäischen Gesetzgebers ist ungebrochen, die Anzahl der europäischen Rechtsakte steigt weiter an.

2. Die nationale deutsche Umweltgesetzgebung hat seit längerem erhebliche Probleme bei der Umsetzung europäischer Richtlinien. Die Bundesrepublik wird aber nicht umhin kommen, sich auf europarechtliche Entwicklungen einzustellen, ggf. auch durch „Umbaumaßnahmen" beim bisherigen ordnungspolitisch geprägten Umweltrecht.

3. Die Bundesrepublik ist aufgefordert, weit mehr als bisher ihren Einfluss auf die Gestaltung der EU-Umweltpolitik geltend zu machen bzw. zu verstärken, damit insbesondere deutsche Umweltrechtsbelange in der EU-Gesetzgebung künftig angemessene Berücksichtigung finden.

4. Aktuelles Beispiel zentraler EU-Umweltpolitik ist der Richtlinienvorschlag zur Umwelthaftung; mit der Verabschiedung der Richtlinie ist in Kürze zu rechnen. Zu den Schwerpunkten des Richtlinienvorschlags gehört insbesondere die vorgesehene öffentlich-rechtliche Haftung für sog. Öko-Schäden. Hier stellt sich vor allem die Frage, ob die Versicherungswirtschaft einen adäquaten Versicherungsrahmen für betroffene Unternehmen bereitstellen kann, was derzeit noch zu verneinen ist. So fehlen vor allem zur Kalkulierbarkeit der im Richtlinienvorschlag vorgesehenen Risiken und damit zur Prämiengestaltung bislang Konkretisierungen hinsichtlich des Verfahrens bei der monetären Bewertung von Umweltschäden. Negativ wirkt sich auch das Fehlen von summenmäßig begrenzten Haftungshöchstgrenzen aus. Trotz öffentlich-rechtlicher Struktur knüpft der Richtlinienvorschlag an die Grundelemente eines zivilrechtlichen Haftungtatbestandes an, wobei z.T. verschuldensunabhängig, z.T. verschuldensabhängig gehaftet wird.

Das seit 1. 1. 1991 geltende deutsche zivilrechtliche „Pendant", das Umwelthaftungsgesetz, mit seiner verschuldensunabhängigen Haftung hat bislang in der Rechtspraxis keine Bedeutung erlangt.

Die Umsetzung des Richtlinienvorschlags in nationales deutsches Umweltrecht wird unter Berücksichtigung der Fassung der endgültig verabschiedeten Richtlinie mit verschiedenen Problemen behaftet sein; als Stichworte seien nur genannt: „Einheitliches" Umwelthaftungsgesetz? Gesetz zur öffentlich-rechtlichen Umwelthaftung als Ergänzung des geltenden deutschen Umweltverwaltungsrechts?

5. Polen verfügt gegenwärtig über ein relativ „ausdifferenziertes" Umweltrecht, das sich aufgrund seiner Historie aber teilweise grundlegend von deutschem Umweltrecht unterscheidet. Problematisch ist in Polen insbesondere der Stand der (Umwelt)Verwaltung und die ihr zur Verfügung stehenden Finanzmittel. Neues, an die EU-Gesetzgebung angepasstes Umweltrecht zu verabschieden reicht allein nicht aus, sondern es müssen auch neue Verwaltungsstrukturen geschaffen werden.

Ein „Umwelthaftungsrecht" wie aus deutschem Recht bekannt, insbesondere in Form eines Umwelthaftungsgesetzes, gibt es im polnischen Recht bislang nicht. „Umwelthaftung" im weiteren Sinne ist überwiegend im polnischen Verwaltungsrecht und Strafrecht geregelt. Ferner existieren im polnischen Recht verschiedene Schadensbegriffe, soweit der Begriff „Schaden" verwendet wird.

Ausblick

1. Was die wohl in Kürze verabschiedete europäische Umwelthaftungsrichtlinie anbelangt, werden die Versicherer im Hinblick auf die Frage der vorzunehmenden Deckungsvorsorge – ob obligatorisch oder nicht – letztlich doch Lösungen entwickeln müssen und ggf. auch können, in Ergänzung bzw. Modifizierung der derzeitigen Umwelthaftpflichtpolice oder durch ein neues Versicherungsmodell, ansonsten bei der Haftung für Umweltschäden Deckungslücken entstehen.

2. Die polnische Umweltschutzgesetzgebung bedarf sicherlich noch einiger Anpassungsregelungen an EU-Recht. Viel wichtiger noch ist aber die Einrichtung entsprechender Verwaltungsstrukturen, um diese Regelungen letztlich auch vollziehen zu können. Um die Umsetzung der europäischen Umwelthaftungsrichtlinie im polnischen Recht zu gewährleisten, kann ggf. z. T. auf vorhandene Regelungen zurückgegriffen werden, die Verabschiedung ergänzender Vorschriften ist aber unabdingbar, um die komplexen Vorgaben der Umwelthaftungsrichtlinie zu erfüllen.

Anhang

Vorschlag für eine Richtlinie des Europäischen Parlaments und des Rates über Umwelthaftung betreffend die Vermeidung von Umweltschäden und die Sanierung der Umwelt

(KOM(2002) 17 endg. – 2002/0021(COD)
Von der Kommission vorgelegt am 21. 2. 2002
ABl. EG C 151 E vom 25. 6. 2002, S.132*

DAS EUROPÄISCHE PARLAMENT UND DER RAT DER EUROPÄI-SCHEN UNION –

gestützt auf den Vertrag zur Gründung der Europäischen Gemeinschaft, insbesondere auf Art. 175 Abs. 1,

auf Vorschlag der Kommission,

nach Stellungnahme des Wirtschafts- und Sozialausschusses,

nach Stellungnahme des Ausschusses der Regionen,

gemäß dem Verfahren des Art. 251 EG-Vertrag,

in Erwägung nachstehender Gründe:

(1) Es gibt in der Gemeinschaft heute zahlreiche kontaminierte Standorte, die ein erhebliches Gesundheitsrisiko darstellen, und der Verlust an biologischer Vielfalt hat sich in den vergangenen Jahrzehnten erheblich beschleunigt. Werden keine entsprechenden Maßnahmen ergriffen, könnte in Zukunft die Anzahl kontaminierter Standorte weiter ansteigen und der Verlust an biologischer Vielfalt noch stärker zunehmen. Vermeidung und Sanierung von Umweltschäden, soweit dies möglich ist, tragen zur Umsetzung der in Art. 174 EG-Vertrag genannten Ziele und Grundsätze der Umweltpolitik der Gemeinschaft bei.

(2) Vermeidung und Sanierung von Umweltschäden sollten durch eine verstärkte Orientierung an dem in Art. 174 Abs. 2 EG-Vertrag genannten Verursacherprinzip durchgeführt werden. Eines der grundlegenden Prinzipien dieser Richtlinie sollte es deshalb sein, dass derjenige, der durch seine Tätigkeit einen Umweltschaden bzw. die unmittelbar drohende Gefahr eines solchen Schadens verursacht hat, dafür haften muss, und Betreiber sollten veranlasst werden, Maßnah-

---

* Zum aktuellen Stand vgl. die 2517. Tagung des Rates (UMWELT) vom 13. 6. 2003 in Luxemburg http://register.consilium.eu.int/utfregister/frames/intromnfsDE.htm

men zu treffen und Praktiken anzuwenden, die darauf abzielen, die Gefahr von Umweltschäden auf ein Minimum zu beschränken und damit das Risiko einer finanziellen Inanspruchnahme zu verringern.

(3) Da die Ziele der vorgeschlagenen Maßnahme, nämlich die Schaffung eines Ordnungsrahmens zur Vermeidung und Behebung von Umweltschäden zu möglichst niedrigen Kosten für die Gesellschaft auf Ebene der Mitgliedstaaten nicht ausreichend verwirklicht werden können und daher wegen des Umfangs der vorgeschlagenen Maßnahmen und der Implikationen mit anderen Rechtsvorschriften der Gemeinschaft, insbesondere der Richtlinie 79/409/EWG des Rates vom 2. 4. 1979 über die Erhaltung der wild lebenden Vogelarten[1], der Richtlinie 92/43/EWG des Rates vom 21. 5. 1992 zur Erhaltung der natürlichen Lebensräume sowie der wild lebenden Tiere und Pflanzen[2] und der Richtlinie 2000/60/EG des Europäischen Parlaments und des Rates vom 23. 10. 2000 zur Schaffung eines Ordnungsrahmens für Maßnahmen der Gemeinschaft im Bereich der Wasserpolitik[3], besser auf Gemeinschaftsebene zu erreichen sind, kann die Gemeinschaft im Einklang mit dem in Artikel 5 EG-Vertrag niedergelegten Subsidiaritätsprinzip tätig werden. Entsprechend dem in demselben Artikel genannten Verhältnismäßigkeitsprinzip geht diese Richtlinie nicht über das zur Erreichung dieser Ziele erforderliche Maß hinaus.

(4) Begriffe, die für die korrekte Auslegung und Anwendung der in der Richtlinie vorgesehenen Regelung wichtig sind, sollten definiert werden. Stammt der Begriff aus anderen einschlägigen Rechtsvorschriften der Gemeinschaft, sollte dieselbe Definition verwendet werden, so dass gemeinsame Kriterien angelegt und die einheitliche Anwendung gefördert werden können.

(5) Die biologische Vielfalt sollte auch unter Bezugnahme auf Schutz- oder Erhaltungsgebiete definiert werden, die aufgrund nationaler Naturschutzvorschriften ausgewiesen wurden. Gleichzeitig sollten besondere Situationen berücksichtigt werden, in denen aufgrund der von Gemeinschaftsrichtlinien oder einzelstaatlicher Vorschriften Ausnahmen hinsichtlich des erforderlichen Umweltschutzniveaus möglich sind.

(6) Diese Richtlinie sollte im Zusammenhang mit Umweltschäden auch für berufliche Tätigkeiten gelten, die eine Gefahr für die menschliche Gesundheit und die Umwelt darstellen. Bei der Bestimmung dieser Tätigkeiten sollte generell auf das jeweils geltende Gemeinschaftsrecht Bezug genommen werden, in dem ordnungspolitische Vorschriften festgelegt sind, die sich auf bestimmte Tätigkeiten oder Praktiken beziehen, bei denen von einer potenziellen oder tatsächlichen Gefahr für Mensch und Umwelt ausgegangen wird.

---

1 ABl. L 103 vom 25. 4. 1979, S. 1. Zuletzt geändert durch die Richtlinie 97/49/EG der Kommission (ABl. L 223 vom 13. 8. 1997, S. 9).

2 ABl. L 206 vom 22. 7. 1992, S. 7. Zuletzt geändert durch die Richtlinie 97/62/EG (ABl. L 305 vom 8. 11. 1997, S. 42).

3 ABl. L 327 vom 22. 12. 2000, S. 1.

(7) Die Richtlinie sollte, im Hinblick auf Schäden betreffend die biologische Vielfalt, für berufliche Tätigkeiten gelten, die nicht bereits durch Verweise auf die Gemeinschaftsvorschriften direkt oder indirekt als Tätigkeiten ausgewiesen sind, die eine Gefahr für Mensch und Umwelt bergen bzw. bergen können.

(8) Ausdrücklich berücksichtigt werden sollten der Euratom-Vertrag und relevante internationale Übereinkünfte sowie Rechtsvorschriften der Gemeinschaft, durch die unter den Geltungsbereich dieser Richtlinie fallende Tätigkeiten umfassender und eingehender reglementiert werden. Diese Richtlinie, die hinsichtlich der Befugnisse der zuständigen Behörden keine zusätzlichen Kollisionsnormen einführt, berührt nicht die Regeln über die internationale Zuständigkeit von Gerichten, die u. a. in der Verordnung (EG) Nr. 44/2001 des Rates vom 22. 12. 2000 über die gerichtliche Zuständigkeit und die Anerkennung und Vollstreckung von Entscheidungen in Zivil- und Handelssachen[4] enthalten sind. Diese Richtlinie sollte nicht für Tätigkeiten gelten, die im Interesse der nationalen Verteidigung durchgeführt werden.

(9) Nicht alle Formen von Umweltschäden können durch Haftungsmechanismen behoben werden. Diese können nur dann zu Ergebnissen führen, wenn es einen (oder mehrere) identifizierbare Akteure (Verursacher) gibt, es sich um einen konkreten und messbaren Schaden handelt und ein ursächlicher Zusammenhang zwischen dem Schaden und dem(n) festgestellten Verursacher(n) hergestellt werden kann. Daher ist die Haftung bei einer breit gestreuten, nicht klar abgegrenzten Umweltverschmutzung, bei der es unmöglich ist, die nachteiligen Umweltauswirkungen mit den Tätigkeiten bestimmter einzelner Akteure in Zusammenhang zu bringen, kein geeignetes Instrument.

(10) Da durch die Vermeidung und Sanierung von Umweltschäden ein unmittelbarer Beitrag zur Umweltpolitik der Gemeinschaft geleistet wird, sollten die staatlichen Behörden besondere Verantwortung dafür tragen, dass das mit dieser Richtlinie geschaffene System ordnungsgemäß um- und durchgesetzt wird.

(11) Um die Wirksamkeit des Systems zu gewährleisten, sollte in Fällen, in denen die verantwortlichen Betreiber die erforderlichen Maßnahmen zur Vermeidung des Auftretens von Umweltschäden oder zur Sanierung dieser Schäden nicht ergreifen oder nicht ergreifen können, die zuständige Behörde selbst tätig werden.

(12) Die Sanierung sollte in effizienter Weise erfolgen, damit die entsprechenden Sanierungsziele erreicht werden. Dazu sind geeignete Leitlinien festzulegen, deren ordnungsgemäße Anwendung von der zuständigen Behörde überwacht werden sollte.

(13) Es sollten Vorkehrungen für den Fall getroffen werden, dass beim gleichzeitigen Eintreten mehrerer Schadensfälle die zuständige Behörde nicht gewährleisten kann, dass die erforderlichen Sanierungsmaßnahmen gleichzeitig ergrif-

---

4 ABl. L 12 vom 16. 1. 2001, S. 1.

fen werden. In einem solchen Fall sollte die zuständige Behörde befugt sein, zu entscheiden, welcher Umweltschaden bei der Sanierung Vorrang hat.

(14) Entsprechend dem Verursacherprinzip sollte grundsätzlich der Betreiber, der einen Umweltschaden bzw. die unmittelbar drohende Gefahr eines solchen Schadens verursacht, die Kosten der erforderlichen Vorsorge- oder Sanierungsmaßnahmen tragen. In Fällen, in denen eine zuständige Behörde selbst oder über Dritte anstelle eines Betreibers tätig werden muss, sollte die Behörde sicherstellen, dass ihr die entstehenden Kosten von dem Betreiber erstattet werden. Die Betreiber sollten schließlich auch die Kosten für die Bewertung der Umweltschäden bzw. der Gefahr solcher Schäden tragen.

(15) Die Mitgliedstaaten sollten dafür sorgen, dass die erforderlichen Vorsorge- und Sanierungsmaßnahmen auch dann ergriffen werden, wenn eine Anwendung des Verursacherprinzips nicht möglich ist. In solchen Fällen sollten die Mitgliedstaaten Vorschriften erlassen, die sie im Rahmen ihrer Rechtssysteme für geeignet halten, um sicherzustellen, dass die erforderlichen Vorsorge- und Sanierungsmaßnahmen finanziert werden.

(16) Verursacht ein Betreiber durch berufliche Tätigkeiten, die in dieser Richtlinie nicht als eine tatsächliche oder potenzielle Gefahr für Mensch und Umwelt darstellende Tätigkeiten bezeichnet werden, einen Schaden betreffend die biologische Vielfalt, so sollte der betreffende Betreiber nicht verpflichtet sein, die Kosten für die gemäß dieser Richtlinie ergriffenen Vorsorge- und Sanierungsmaßnahmen zu tragen, soweit ihm kein schuldhaftes Handeln nachgewiesen werden kann.

(17) Gebührend berücksichtigt werden sollten Fälle, in denen der betreffende Schaden oder die unmittelbare Gefahr seines Eintretens zurückzuführen ist auf Ereignisse, auf die der Betreiber keinen Einfluss hat, auf Emissionen oder Ereignisse, die ausdrücklich genehmigt wurden oder deren schädigende Wirkung zum Zeitpunkt ihres Auftretens nicht vorhersehbar waren, oder auf Fälle, in denen Personen in ihrer Eigenschaft als Insolvenzverwalter tätig sind und ansonsten nicht schuldhaft handeln oder in denen Betreiber lediglich die ihnen auferlegten ordnungspolitischen Anforderungen erfüllen. In diesem Zusammenhang kann es Situationen geben, in denen die Mitgliedstaaten Maßnahmen ergreifen müssen, auch wenn der Betreiber nicht die Kosten für Vorsorge- oder Sanierungsmaßnahmen zu tragen hat.

(18) Die Kosten für Vorsorgemaßnahmen sollten von den Betreibern getragen werden, wenn solche Maßnahmen von ihnen ohnehin aufgrund der für ihre Tätigkeiten geltenden Rechts- und Verwaltungsvorschriften, einschließlich der in Zulassungen oder Genehmigungen festgelegten Bedingungen, hätten ergriffen werden müssen.

(19) Geeignete Regelungen sollten für Fälle vorgesehen werden, in denen ein Schaden von mehreren Betreibern verursacht wurde, wobei die Mitgliedstaaten die Möglichkeit haben sollten, entweder eine gesamtschuldnerische Haftung

oder eine faire und vernünftige Aufteilung der finanziellen Verantwortlichkeit vorzusehen.

(20) Die zuständigen Behörden sollten während eines angemessenen Zeitraums ab dem Datum der Beendigung der Vorsorge- oder Sanierungsmaßnahmen befugt sein, von einem Betreiber die dadurch entstandenen Kosten zurückzufordern.

(21) Für die Um- und Durchsetzung sollten wirksame Mittel zur Verfügung gestellt werden, wobei dafür zu sorgen ist, dass die legitimen Interessen von Betreibern und sonstigen Beteiligten angemessen gewahrt sind. Die zuständigen Behörden sollten entsprechende Untersuchungen durchführen und weiterhin spezifische Aufgaben wahrnehmen, die ein bestimmtes Know-how und Ermessensausübung durch die Verwaltung umfassen, vor allem die Ermittlung der Bedeutung des Schadens und die Entscheidung darüber, welche Sanierungsmaßnahmen zu treffen sind.

(22) Personen, die von einem Umweltschaden betroffen sind oder betroffen sein könnten, sollten von der zuständigen Behörde zum Tätigwerden auffordern können. Das Interesse des Umweltschutzes ist jedoch nicht immer klar abgegrenzt, so dass Einzelpersonen nicht immer handeln oder handeln können. Qualifizierten Einrichtungen sollte daher ein Sonderstatus verliehen werden, damit sie ordnungsgemäß zur wirksamen Umsetzung dieser Richtlinie beitragen können.

(23) Um die Beantragung von Maßnahmen zu erleichtern, sollten geeignete Verfahren eingeführt werden, bei denen die zuständige Behörde verpflichtet ist, den Antragsteller zu informieren, wenn innerhalb eines angemessenen Zeitraums keine Entscheidung getroffen werden kann.

(24) Die betroffenen Personen und qualifizierten Einrichtungen sollten Zugang zu Verfahren haben, anhand derer Entscheidungen, Maßnahmen oder das Untätigbleiben der zuständigen Behörden geprüft werden.

(25) Betrifft ein Umweltschaden oder die Gefahr eines solchen mehrere Mitgliedstaaten, so sollten diese Mitgliedstaaten zusammenarbeiten, um angemessene und wirksame Vorsorge- bzw. Sanierungsmaßnahmen hinsichtlich des Umweltschadens zu gewährleisten.

(26) Die Mitgliedstaaten sollten den Abschluss von Versicherungen oder andere Formen der Deckungsvorsorge durch Betreiber fördern, um sich gegen aus dieser Richtlinie erwachsende finanzielle Verpflichtungen abzusichern.

(27) Diese Richtlinie sollte die Mitgliedstaaten weder daran hindern, strengere Vorschriften für die Vermeidung und Sanierung von Umweltschäden beizubehalten oder zu erlassen, noch sie davon abhalten, geeignete Vorschriften für Fälle zu erlassen, in denen eine doppelte finanzielle Inanspruchnahme auftreten könnte, weil gleichzeitig eine zuständige Behörde im Rahmen dieser Richtlinie und eine Person, deren Eigentum von einem Schaden betroffen ist, Maßnahmen ergreifen.

(28) Schäden, die vor dem Ablauf der Frist für die Umsetzung der Richtlinie verursacht wurden, sollten nicht mehr unter deren Bestimmungen fallen, und es
sollten entsprechende Bestimmungen für Fälle vorgesehen werden, in denen
nicht klar ist, ob eine Schadensursache nach diesem Datum eintrat oder nicht.

(29) Die Mitgliedstaaten sollten der Kommission über die Erfahrungen bei der
Anwendung der Bestimmungen der Richtlinie Bericht erstatten, damit die Kommission angesichts der Auswirkungen auf die nachhaltige Entwicklung prüfen
kann, ob eine Überarbeitung der Richtlinie erforderlich ist.

HABEN FOLGENDE RICHTLINIE ERLASSEN:

Artikel 1
Gegenstand

Ziel dieser Richtlinie ist die Schaffung der Rahmenbedingungen für die Umwelthaftung betreffend die Vermeidung und Sanierung von Umweltschäden.

Artikel 2
Begriffsbestimmungen

1. Im Sinne dieser Richtlinie bezeichnet der Ausdruck:

1. „Ausgangszustand" den Zustand der natürlichen Ressourcen und Funktionen
vor Auftreten des Schadens, ermittelt unter getrennter oder gegebenenfalls kom-
binierter Verwendung von historischen Daten, Bezugsdaten, Kontrolldaten oder
Daten über Veränderungen (z. B. Anzahl toter Tiere);

2. „biologische Vielfalt" die natürlichen Lebensräume und Arten, die in Anhang
I der Richtlinie 79/409/EWG oder in den Anhängen I, II und IV der Richtlinie
92/43/EWG aufgelistet sind, oder Lebensräume und Arten, die nicht unter den
Geltungsbereich der genannten Richtlinien fallen, für die aber gemäß den einschlägigen Naturschutzvorschriften der Mitgliedstaaten Schutz- oder Erhaltungsgebiete ausgewiesen wurden;

3. „Erhaltungszustand":

a) im Hinblick auf einen natürlichen Lebensraum die Gesamtheit der Einwirkungen, die den betreffenden Lebensraum und die darin vorkommenden charakteris-
tischen Arten beeinflussen und sich langfristig auf seine natürliche Verbreitung,
seine Struktur und seine Funktionen sowie das Überleben seiner charakteristi-
schen Arten im europäischen Gebiet der Mitgliedstaaten, für das der EG-Vertrag
Geltung hat, innerhalb des Hoheitsgebiets eines Mitgliedstaats oder innerhalb
des natürlichen Verbreitungsgebiets des betreffenden Lebensraums auswirken
können;

b) im Hinblick auf eine Art die Gesamtheit der Einflüsse, die die betreffenden Arten beeinflussen und sich langfristig auf die Verbreitung und die Größe der Populationen der betreffenden Arten im europäischen Gebiet der Mitgliedstaaten, für das der EG-Vertrag Geltung hat, innerhalb des Hoheitsgebiets eines Mitgliedstaats oder innerhalb des natürlichen Verbreitungsgebiets der betreffenden Art auswirken können;

4. „Kosten" die durch die Notwendigkeit einer ordnungsgemäßen und wirksamen Anwendung dieser Richtlinie gerechtfertigten Kosten, einschließlich der administrativen und rechtlichen Kosten sowie Kosten für die Durchsetzung der Maßnahmen, Kosten für die Datenerfassung, sonstige Gemeinkosten, Kosten für Überwachung und Begleitung;

5. „Schaden" eine direkt oder indirekt eintretende messbare nachteilige Veränderung einer natürlichen Ressource und/oder eine Beeinträchtigung der Funktion einer natürlichen Ressource, die durch unter diese Richtlinie fallende Tätigkeiten verursacht wird;

6. „unmittelbare Gefahr" die ausreichende Wahrscheinlichkeit, dass ein Umweltschaden in naher Zukunft eintreten wird;

7. „Insolvenzverwalter" eine Person, die im Einklang mit den einschlägigen einzelstaatlichen Rechtsvorschriften bei Konkursen, Vergleichen und ähnlichen Verfahren bestellt wird;

8. „natürliche Ressource" die biologische Vielfalt, Gewässer und Boden, einschließlich Unterboden;

9. „Betreiber" jede Person, die eine unter den Geltungsbereich dieser Richtlinie fallende Tätigkeit ausführt, einschließlich des Inhabers einer Genehmigung oder Zulassung dafür und/oder der Person, die die Notifizierung bzw. Eintragung einer Tätigkeit vornimmt;

10. „Person" jede natürliche oder juristische Person;

11. „Flächenkontaminierung" oder „Boden- und Unterbodenkontaminierung" die durch anthropogene Tätigkeiten bedingte direkte oder indirekte Einbringung in Boden und Unterboden von Stoffen, Zubereitungen, Organismen oder Mikroorganismen mit schädlichen Auswirkungen auf die menschliche Gesundheit oder die natürlichen Ressourcen;

12. „Vorsorgemaßnahmen" Maßnahmen, die nach einem die Umwelt unmittelbar gefährdenden Ereignis, Eingriff oder einer die Umwelt gefährdenden Unterlassung getroffen werden, um Umweltschäden zu vermeiden oder zu minimieren;

13. „berufliche Tätigkeiten" auch Tätigkeiten ohne Erwerbszweck und gemeinnützige Dienste;

14. „qualifizierte Einrichtung" jede Person, die gemäß in einzelstaatlichen Rechtsvorschriften festgelegten Kriterien ein Interesse daran hat, dass Umwelt-

schäden saniert werden, einschließlich Gremien und Einrichtungen, deren Ziel laut ihrer Satzung im Schutz der Umwelt besteht und die etwaige in einzelstaatlichen Rechtsvorschriften festgelegte Kriterien erfüllen;

15. „Wiederherstellung" ist die Rückführung von geschädigten natürlichen Ressourcen und/oder deren Funktionen in den Ausgangszustand;

16. „Sanierung" jede Tätigkeit bzw. Kombination von Tätigkeiten mit dem Ziel, geschädigte natürliche Ressourcen und/oder deren Funktionen zu sanieren, zu restaurieren, zu ersetzen oder ein Äquivalent zu schaffen, einschließlich:

a) der primären Sanierung, d.h. jeder Maßnahme, einschließlich der natürlichen Wiederherstellung, die geschädigte natürliche Ressourcen und/oder deren Funktion in den Ausgangszustand zurückführt,

b) der Ausgleichssanierung, d.h. jeder Sanierungsmaßnahme im Zusammenhang mit natürlichen Ressourcen und/oder deren Funktionen, die an einer anderen Stelle erfolgt als dem Ort, an dem die betreffenden natürlichen Ressourcen und/oder die Funktion geschädigt wurden, sowie jede Maßnahme zur Kompensation vorübergehender Verluste natürlicher Ressourcen und/oder Funktionen, die vom Datum des Auftretens des Schadens bis hin zur Rückführung der geschädigten natürlichen Ressourcen und/oder Funktion in den Ausgangszustand entstehen;

17. „Funktionen" (bzw. „Funktionen der natürlichen Ressource") die Funktionen, die eine natürliche Ressource zum Nutzen einer anderen natürlichen Ressource und/ oder der Öffentlichkeit erfüllt;

18. „Umweltschaden":

a) Schaden betreffend die biologische Vielfalt, d.h. jeder Schaden, der sich ernsthaft auf den günstigen Erhaltungszustand der biologischen Vielfalt auswirkt;

b) Schaden an Gewässern, d.h. jeder Schaden mit nachteiligen Auswirkungen auf den ökologischen Zustand, das ökologische Potenzial und/oder den chemischen Zustand von Gewässern, so dass dieser Zustand sich so verschlechtern oder voraussichtlich verschlechtern wird, dass er in eine niedrigere Kategorie der Richtlinie 2000/60/EG eingeordnet werden muss, mit Ausnahme der nachteiligen Auswirkungen, für die Artikel 4 Abs. 7 der Richtlinie 2000/60/EG gilt;

c) Flächenschaden, d.h. jeder Schaden, der aufgrund einer Kontaminierung von Boden und/oder Unterboden eine ernsthafte potenzielle oder tatsächliche Gefahr für die menschliche Gesundheit verursacht;

19. „Wert" die Höchstmenge an Waren, Diensten oder Geld, die eine Einzelperson zu geben bereit ist, um eine spezifische Ware oder einen spezifischen Dienst zu erhalten, bzw. die Mindestmenge an Waren, Diensten oder Geld, die eine Einzelperson anzunehmen bereit ist, um im Gegenzug eine spezifische Ware oder einen spezifischen Dienst zu liefern. Der Gesamtwert eines Lebensraums oder einer Art umfasst den Wert, den Einzelpersonen aus der direkten Nutzung der

natürlichen Ressource – z. B. durch Schwimmen, Boot fahren oder Vogelbeobachtung – gewinnen sowie den Wert, den Einzelpersonen dem Lebensraum oder der Art unabhängig von der direkten Nutzung zumessen. Einkommensverluste Einzelner sind hierbei ausgeschlossen;

20. „Gewässer" alle Gewässer, die unter den Geltungsbereich der Richtlinie 2000/60/EG fallen.

21. „Emission" die Freisetzung von Stoffen, Zubereitungen, Organismen oder Mikroorganismen in die Umwelt.

2. Schaden betreffend die biologische Vielfalt im Sinne von Abs. 1 Nr. 18 Buchst. a) umfasst nicht die nachteiligen Auswirkungen, die aufgrund von Tätigkeiten des Betreibers entstehen, die von einer zuständigen Behörde gemäß Art. 6 Abs. 3 und 4 der Richtlinie 92/43/EWG oder gemäß anderen einzelstaatlichen Rechtsvorschriften mit gleichwertiger Wirkung für Lebensräume und Arten, die nach nationalen Naturschutzvorschriften geschützt sind, aber nicht unter den Geltungsbereich der Richtlinien 79/409/EWG oder 92/43/EWG fallen, ausdrücklich genehmigt wurden, sofern die betreffenden einzelstaatlichen Rechtsvorschriften zumindest gleiche Garantien, einschließlich der erforderlichen Ausgleichsmaßnahmen, bieten.

Schaden betreffend die biologische Vielfalt umfasst nicht die nachteiligen Auswirkungen, die aufgrund von Tätigkeiten des Betreibers entstehen, die von den zuständigen Behörden gemäß den Bestimmungen zur Umsetzung von Art. 9 der Richtlinie 79/409/EWG oder von Art. 16 der Richtlinie 92/43/EWG ausdrücklich genehmigt wurden.

Artikel 3
Geltungsbereich

(1) Diese Richtlinie gilt für Umweltschäden, die durch in Anhang I aufgeführte berufliche Tätigkeiten entstanden sind, sowie für jede unmittelbare Gefahr solcher Schäden aufgrund dieser Tätigkeiten.

(2) Diese Richtlinie gilt für Schäden betreffend die biologische Vielfalt, die durch andere als die in Anhang I aufgeführte berufliche Tätigkeiten entstanden sind, sowie für jede unmittelbare Gefahr solcher Schäden aufgrund dieser Tätigkeiten.

(3) Diese Richtlinie gilt nicht für Umweltschäden sowie die unmittelbare Gefahr solcher Schäden, die infolge eines Vorfalls auftreten, bei dem die Haftung oder Entschädigung durch eines der folgenden Übereinkommen geregelt ist:

a) das Internationale Übereinkommen vom 27. 11. 1992 über die zivilrechtliche Haftung für Ölverschmutzungsschäden;

b) das Internationale Übereinkommen vom 27. 11. 1992 über die Errichtung eines Internationalen Fonds zur Entschädigung für Ölverschmutzungsschäden;

c) das Internationale Übereinkommen vom 23. 3. 2001 über die zivilrechtliche Haftung für Schäden durch Bunkerölverschmutzung;

d) das Internationale Übereinkommen vom 3. 5. 1996 über Haftung und Entschädigung für Schäden bei der Beförderung schädlicher und gefährlicher Stoffe auf See;

e) das Übereinkommen vom 10. 10. 1989 über die zivilrechtliche Haftung für die während des Transports gefährlicher Güter auf dem Straßen-, Schienen- und Binnenschifffahrtsweg verursachten Schäden.

(4) Diese Richtlinie gilt weder für nukleare Risiken und Umweltschäden noch für die unmittelbare Gefahr solcher Schäden, die durch die Ausübung von Tätigkeiten verursacht werden, die unter den Vertrag zur Gründung der Europäischen Atomgemeinschaft fallen oder durch einen Vorfall oder eine Tätigkeit verursacht wurden, für die die Haftung oder Entschädigung durch eine der folgenden Übereinkünfte geregelt ist:

a) Pariser Übereinkommen vom 29. 7. 1960 über die Haftung gegenüber Dritten auf dem Gebiet der Kernenergie und Brüsseler Zusatzübereinkommen vom 31. 1. 1963;

b) Wiener Übereinkommen vom 21. 5. 1963 über die zivilrechtliche Haftung für nukleare Schäden und Wiener Übereinkommen vom 12. 9. 1997 zur Bereitstellung zusätzlicher Entschädigungsmittel bei Nuklearschaden;

c) gemeinsames Protokoll vom 21. 9. 1988 zur Anwendung des Wiener Übereinkommens und des Pariser Übereinkommens;

d) Brüsseler Übereinkommen vom 17. 12. 1971 über die zivilrechtliche Haftung bei der Beförderung von Kernmaterial auf See.

(5) Diese Richtlinie gilt unbeschadet strengerer Bestimmungen des Gemeinschaftsrechts über die Ausübung von Tätigkeiten, die unter den Geltungsbereich dieser Richtlinie fallen, sowie unbeschadet Rechtsvorschriften der Gemeinschaft, die Regeln über Kompetenzkonflikte enthalten.

(6) Diese Richtlinie gilt nicht für Umweltschäden sowie die unmittelbare Gefahr solcher Schäden, die durch eine breit gestreute, nicht klar abgegrenzte Verschmutzung verursacht wird, bei der es unmöglich ist, einen ursächlichen Zusammenhang zwischen dem Schaden und den Tätigkeiten bestimmter einzelner Betreiber festzustellen.

(7) Diese Richtlinie gilt nicht für Tätigkeiten, die lediglich der nationalen Verteidigung dienen.

(8) Vorbehaltlich Art. 11 Abs. 3 gibt diese Richtlinie Privatparteien keinen Anspruch auf Ausgleich wirtschaftlicher Verluste, die ihnen aufgrund eines Umweltschadens oder der unmittelbaren Gefahr eines solchen Schadens entstanden sind.

Artikel 4
Vermeidung

(1) Wenn Umweltschäden noch nicht aufgetreten sind, aber eine unmittelbare Gefahr solcher Schäden besteht, fordert die zuständige Behörde den Betreiber auf, die erforderlichen Vorsorgemaßnahmen einzuleiten, oder ergreift selbst solche Maßnahmen.

(2) Unbeschadet jeglicher weiterer Maßnahmen, die die zuständige Behörde gemäß Abs. 1 verlangen kann, verpflichten die Mitgliedstaaten Betreiber dazu, die zur Vermeidung von Umweltschäden erforderlichen Maßnahmen zu ergreifen, sobald sie eine unmittelbare Gefahr solcher Schäden erkennen oder erkennen sollten, ohne eine entsprechende Aufforderung durch die zuständige Behörde abzuwarten.

(3) Soweit angebracht, und jedenfalls wenn die unmittelbare Gefahr eines Umweltschadens trotz der Vorsorgemaßnahmen des Betreibers nicht abgewendet wird, verpflichten die Mitgliedstaaten die Betreiber dazu, die zuständige Behörde über den Sachverhalt in Kenntnis zu setzen.

(4) Versäumt es der Betreiber, seinen Verpflichtungen nach den Abs. 1 oder 2 nachzukommen, ergreift die zuständige Behörde die erforderlichen Vorsorgemaßnahmen.

Artikel 5
Sanierung

(1) Wenn Umweltschäden aufgetreten sind, fordert die zuständige Behörde den Betreiber auf, die erforderlichen Sanierungsmaßnahmen einzuleiten, oder ergreift selbst solche Maßnahmen.

(2) Versäumt es der Betreiber, einer Aufforderung gemäß Abs. 1 nachzukommen, ergreift die zuständige Behörde die erforderlichen Sanierungsmaßnahmen.

(3) Die erforderlichen Sanierungsmaßnahmen werden gemäß Anhang II bestimmt.

(4) Treten mehrere Umweltschadensfälle auf und kann die zuständige Behörde nicht gewährleisten, dass die erforderlichen Sanierungsmaßnahmen gleichzeitig ergriffen werden, so ist die zuständige Behörde befugt, zu entscheiden, welcher Umweltschaden zuerst zu sanieren ist.

Bei einer solchen Entscheidung prüft die zuständige Behörde die einzelnen Umweltschadensfälle unter anderem im Hinblick auf Art, Ausmaß und Schwere der Schäden sowie auf die Möglichkeiten einer natürlichen Wiederherstellung.

Artikel 6

Zusätzliche Bestimmungen über Vermeidung und Sanierung

(1) Vorbehaltlich Art. 9 Abs. 1 stellen die Mitgliedstaaten sicher, dass die erforderlichen Vorsorge- oder Sanierungsmaßnahmen ergriffen werden, wenn

a) der Betreiber, der den Schaden oder die unmittelbare Gefahr eines Schadens verursacht hat, nicht festgestellt werden kann;

b) der Betreiber festgestellt werden kann, aber nicht über ausreichende finanzielle Mittel verfügt, um erforderliche Vorsorge- oder Sanierungsmaßnahmen zu ergreifen;

c) der Betreiber festgestellt werden kann, aber nicht über ausreichende finanzielle Mittel verfügt, um alle erforderlichen Vorsorge- oder Sanierungsmaßnahmen zu ergreifen; oder

d) der Betreiber dieser Richtlinie zufolge nicht verpflichtet ist, die Kosten für die erforderlichen Vorsorge- oder Sanierungsmaßnahmen zu tragen.

(2) Maßnahmen gemäß Abs. 1 Buchst. a), b) und c) werden unbeschadet der Haftung des betreffenden Betreibers gemäß dieser Richtlinie sowie der Artikel 87 und 88 EG-Vertrag ergriffen.

Artikel 7

Kostenerstattung

(1) Vorbehaltlich Art. 8, 9 und 10 verlangt die zuständige Behörde von dem Betreiber, der den Schaden oder die unmittelbare Gefahr eines Schadens verursacht hat, die Erstattung der Kosten, die ihr durch die gemäß dieser Richtlinie ergriffenen Vorsorge- oder Sanierungsmaßnahmen entstanden sind.

(2) Die zuständige Behörde verlangt von dem Betreiber, der den Schaden oder die unmittelbare Gefahr eines Schadens verursacht hat, auch die Erstattung der Kosten, die durch die Bewertung der entstandenen Umweltschäden sowie gegebenenfalls durch die Bewertung der unmittelbaren Gefahr solcher Schäden angefallen sind.

Artikel 8

**Kostenanlastung bei bestimmten Schäden betreffend
die biologische Vielfalt**

Vorbehaltlich von Art. 10 ist in den in Art. 3 Abs. 2 genannten Fällen der Betreiber, der den Schaden oder die unmittelbare Gefahr eines Schadens verursacht hat, nicht verpflichtet, die Kosten für die gemäß dieser Richtlinie ergriffenen Vorsorge- oder Sanierungsmaßnahmen zu tragen, sofern er nicht schuldhaft gehandelt hat.

Artikel 9
Ausnahmen

(1) Vorbehaltlich von Art. 10 fallen Umweltschäden oder die unmittelbare Gefahr solcher Schäden nicht unter diese Richtlinie, wenn sie zurückzuführen sind auf:

a) bewaffnete Konflikte, Feindseligkeiten, Bürgerkrieg oder Aufstände;

b) ein außergewöhnliches, unvermeidbares und nicht beeinflussbares Naturereignis;

c) Emissionen oder Ereignisse, die in geltenden Rechtsvorschriften oder der dem Betreiber ausgestellten Zulassung oder Genehmigung erlaubt sind;

d) Emissionen oder Tätigkeiten, die nach dem Stand der wissenschaftlichen und technischen Erkenntnisse zum Zeitpunkt, an dem die Emissionen freigesetzt oder die Tätigkeit ausgeübt wurde, nicht als schädlich angesehen wurden.

(2) Abs. 1 Buchst. c) und d) gelten nicht, wenn der Betreiber fahrlässig handelt.

(3) Vorbehaltlich von Art. 10 ist ein Betreiber nicht verpflichtet, die Kosten für gemäß dieser Richtlinie getroffene Vorsorge- oder Sanierungsmaßnahmen zu tragen, wenn die Umweltschäden oder die unmittelbar drohende Gefahr solcher Schäden zurückzuführen sind auf:

a) eine mit der Absicht, Schaden zu verursachen, erfolgte Handlung eines Dritten, und der Schaden oder die unmittelbar drohende Gefahr eintrat, obwohl geeignete Sicherheitsvorkehrungen getroffen wurden;

b) Befolgung von Verfügungen, Anweisungen oder sonstigen rechtlich verbindlichen Maßnahmen einer Behörde.

(4) Handelt der Betreiber in seiner Eigenschaft als Insolvenzverwalter, so ist er nicht verpflichtet, die Kosten für gemäß dieser Richtlinie ergriffene Vorsorge- oder Sanierungsmaßnahmen persönlich zu tragen, sofern er gemäß den einschlägigen einzelstaatlichen Rechtsvorschriften für Konkurse, Vergleiche und ähnliche Verfahren und nicht schuldhaft handelt.

Artikel 10
Kostenanlastung bei bestimmten Vorsorgemaßnahmen

(1) Die Mitgliedstaaten stellen sicher, dass die Betreiber unter allen Umständen sämtliche Kosten für Vorsorgemaßnahmen tragen, die sie ohnehin aufgrund der für ihre Tätigkeiten geltenden Rechts- und Verwaltungsvorschriften, einschließlich eventueller Zulassungs- oder Genehmigungsbedingungen, hätten ergreifen müssen.

(2) Bei der Festlegung der in Abs. 1 genannten Rechts- und Verwaltungsvorschriften bleibt Art. 4 unberücksichtigt.

Artikel 11
Kostenanlastung im Falle mehrerer Verursacher

(1) Vorbehaltlich Abs. 2 können die Mitgliedstaaten für den Fall, dass die zuständige Behörde mit ausreichender Plausibilität und Wahrscheinlichkeit nachweisen kann, dass ein und derselbe Schaden durch Tätigkeiten oder Unterlassungen mehrerer Betreiber zustande kam, vorsehen, dass die betreffenden Betreiber gesamtschuldnerisch haften, oder dass die zuständige Behörde eine faire und vernünftige Aufteilung der von den einzelnen Betreibern zu tragenden Kosten vornimmt.

(2) Können Betreiber belegen, in welchem Umfang der Schaden auf ihre Tätigkeiten zurückzuführen ist, tragen sie nur die Kosten für diesen Teil des Schadens.

(3) Diese Richtlinie berührt nicht innerstaatliche Rechtsvorschriften über Regressansprüche und Rückgriffsrechte.

Artikel 12
Frist für die Kostenerstattung

Die zuständige Behörde ist über einen Zeitraum von fünf Jahren ab dem Datum des Abschlusses der gemäß dieser Richtlinie ergriffenen Maßnahmen befugt, gegen den Betreiber, der den Schaden oder die unmittelbare Gefahr eines Schadens verursacht hat, ein Verfahren zur Kostenerstattung einzuleiten.

Artikel 13
Zuständige Behörde

(1) Die Mitgliedstaaten benennen eine zuständige Behörde oder zuständige Behörden, die mit der Erfüllung der in dieser Richtlinie vorgesehenen Aufgaben betraut sind.

Entscheidet ein Mitgliedstaat, die zuständige Behörde nicht zu ermächtigen, verbindliche Entscheidungen zu treffen oder solche Entscheidungen durchzusetzen, sorgt dieser Mitgliedstaat dafür, dass ein Gericht oder eine andere unabhängige und unparteiische öffentliche Stelle zum Erlass und zur Durchsetzung solcher Entscheidungen befugt ist.

(2) Unabhängig davon, ob eine Entscheidung gemäß Abs. 1 Unterabs. 2 durch eine zuständige Behörde, ein Gericht oder eine andere unabhängige und unparteiische öffentliche Stelle ergeht, obliegt es der zuständigen Behörde, festzustellen, welcher Betreiber den Schaden oder die unmittelbar drohende Gefahr eines Schadens verursacht hat, die Bedeutung des Schadens zu bewerten und zu bestimmen, welche Sanierungsmaßnahmen gemäß Anhang II zu treffen sind.

(3) Die Mitgliedstaaten sorgen dafür, dass die zuständige Behörde unabhängig von bereits bestehenden Aufforderungen zum Tätigwerden gemäß Art. 14 die

zur Erfüllung ihrer Pflichten gemäß dieser Richtlinie erforderlichen Untersuchungen durchführt.

Die zuständige Behörde ist zu diesem Zweck befugt, von dem betreffenden Betreiber die Bereitstellung aller Informationen und Daten zu verlangen, die für diese Untersuchungen erforderlich sind.

Die Mitgliedstaaten legen die Modalitäten, denen zufolge die zuständige Behörde solche Informationen und Daten verlangen kann, im Einzelnen fest.

(4) Die Mitgliedstaaten stellen sicher, dass die zuständige Behörde Dritte zur Durchführung der erforderlichen Vorsorge oder Sanierungsmaßnahmen ermächtigen oder von diesen die Durchführung solcher Maßnahmen verlangen kann.

(5) In gemäß dieser Richtlinie getroffenen Entscheidungen, in denen Vorsorge- oder Sanierungsmaßnahmen verlangt werden, sind die genauen Gründe dafür anzugeben. Eine solche Entscheidung wird dem betreffenden Betreiber unverzüglich mitgeteilt, und er wird gleichzeitig über die Rechtsmittel in Kenntnis gesetzt, die ihm nach den in dem betreffenden Mitgliedstaat geltenden Rechtsvorschriften zur Verfügung stehen, sowie über die für diese Rechtsmittel geltenden Fristen.

Artikel 14
Aufforderung zum Tätigwerden

(1) Unbeschadet der von der zuständigen Behörde auf deren eigene Initiative eingeleiteten Untersuchungen haben Personen, denen durch Umweltschäden nachteilige Auswirkungen entstehen oder wahrscheinlich entstehen, sowie qualifizierte Einrichtungen das Recht, der zuständigen Behörde alle ihnen bekannten Beobachtungen von Umweltschäden mitzuteilen und die zuständige Behörde aufzufordern, im Rahmen dieser Richtlinie tätig zu werden.

(2) Die zuständige Behörde kann verlangen, dass einer Aufforderung zum Tätigwerden alle relevanten Informationen und Daten zur Unterstützung der Beobachtung eines Umweltschadens beigefügt werden.

(3) Wenn eine Aufforderung zum Tätigwerden und die entsprechenden Begleitunterlagen mit ausreichender Plausibilität auf einen Umweltschaden schließen lassen, prüft die zuständige Behörde die Aufforderung zum Tätigwerden und die Begleitunterlagen.

(4) Die zuständige Behörde gibt dem betreffenden Betreiber Gelegenheit, sich zu der Aufforderung zum Tätigwerden und den Begleitunterlagen zu äußern.

(5) Die zuständige Behörde unterrichtet so schnell wie möglich und zumindest innerhalb einer der Art, dem Ausmaß und der Schwere des Umweltschadens angemessenen Zeitspanne die betreffende Person bzw. qualifizierte Einrichtung über ihre Entscheidung, Maßnahmen zu ergreifen oder nicht, und begründet ihre Entscheidung.

(6) Ist die zuständige Behörde trotz gebührender Sorgfalt nicht in der Lage, innerhalb der in Abs. 5 genannten Zeitspanne eine Entscheidung über das Ergreifen von Maßnahmen zu treffen, unterrichtet sie spätestens innerhalb von vier Monaten nach Eingang der Aufforderung zum Tätigwerden die betreffende Person oder qualifizierte Einrichtung über die Schritte und Maßnahmen, die sie bereits getroffen hat oder zu treffen gedenkt, um die Anwendung dieser Richtlinie innerhalb eines den Zielen der Richtlinie angemessenen Zeitraums sicherzustellen.

Artikel 15
Prüfungsverfahren

(1) Jede Person oder qualifizierte Einrichtung, die im Rahmen dieser Richtlinie eine Aufforderung zum Tätigwerden eingereicht hat, kann ein Gericht oder eine andere unabhängige und unparteiische öffentliche Stelle anrufen, um Entscheidungen, Maßnahmen oder ein Untätigbleiben der zuständigen Behörde auf formelle und materielle Rechtmäßigkeit überprüfen zu lassen.

(2) Diese Richtlinie berührt nicht einzelstaatliche Rechtsvorschriften, denen zufolge vor Einleitung einer gerichtlichen Prüfung die administrativen Prüfungsverfahren auszuschöpfen sind.

Artikel 16
Deckungsvorsorge

Die Mitgliedstaaten fördern den Abschluss von Versicherungen oder sonstige Formen der Deckungsvorsorge durch die Betreiber. Die Mitgliedstaaten unterstützen es ferner, dass entsprechende wirtschaftliche und finanzielle Akteure, einschließlich des Finanzdienstleistungsgewerbes geeignete Instrumente und Märkte für Versicherungen oder sonstige Formen der Deckungsvorsorge schaffen.

Artikel 17
Zusammenarbeit zwischen den Mitgliedstaaten

Sind mehrere Mitgliedstaaten von einem Umweltschaden oder von der Gefahr eines solchen Schadens betroffen, so arbeiten diese Mitgliedstaaten zusammen, um angemessene und wirksame Vorsorge- bzw. Sanierungsmaßnahmen zu gewährleisten.

Artikel 18
Beziehung zum einzelstaatlichen Recht

(1) Diese Richtlinie hindert die Mitgliedstaaten nicht daran, strengere Vorschriften für die Vermeidung und Sanierung von Umweltschäden beizubehalten oder

zu erlassen, zusätzliche Tätigkeiten festzulegen, die hinsichtlich der Vermeidung und Sanierung von Umweltschäden den Anforderungen der Richtlinie unterliegen, zusätzliche haftbare Parteien zu bestimmen und den Verantwortlichen die Kosten anzulasten, bzw. unter ihnen aufzuteilen.

(2) Diese Richtlinie hindert die Mitgliedstaaten nicht daran, entsprechende Vorschriften zur Regelung bzw. zur Verhinderung einer doppelten finanziellen Inanspruchnahme zu erlassen, wenn eine zuständige Behörde im Rahmen dieser Richtlinie tätig wird und gleichzeitig eine Person, deren Eigentum durch einen Schaden betroffen ist, Maßnahmen ergreift.

Artikel 19
Zeitliche Begrenzung der Anwendung

(1) Diese Richtlinie gilt nicht für Schäden, die durch vor dem in Art. 21 Abs. 1 angegebenen Datum ausgeübte Tätigkeiten verursacht wurden. Insbesondere gilt diese Richtlinie nicht für Schäden, die durch Abfälle verursacht wurden, deren Entsorgung rechtmäßig vor dem in Art. 21 Abs. 1 genannten Datum in genehmigten Abfallbeseitigungsanlagen erfolgte, oder durch Stoffe, die vor dem in Art. 21 Abs. 1 genannten Datum in die Umwelt freigesetzt wurden.

(2) Kann die zuständige Behörde mit ausreichender Plausibilität und Wahrscheinlichkeit belegen, dass ein Umweltschaden nach dem in Art. 21 Abs. 1 genannten Datum verursacht wurde, so findet diese Richtlinie Anwendung, es sei denn, der Betreiber kann nachweisen, dass die Tätigkeit, die den betreffenden Schaden verursachte, bereits vor diesem Datum ausgeübt wurde.

(3) Die Bestimmungen von Abs. 2 gelten nicht für Betreiber, die binnen einem Jahr nach dem in Art. 21 Abs. 1 genannten Datum einen Bericht eingereicht haben, aus dem jeder [Original: dass] Umweltschaden, der durch ihre Tätigkeiten vor dem in Art. 21 Abs. 1 genannten Datum verursacht sein könnte, hervorgeht.

Die Mitgliedstaaten treffen die erforderlichen Maßnahmen, um sicherzustellen, dass der von den Betreibern eingereichte Bericht in Bezug auf Qualität und Glaubwürdigkeit verlässlich ist.

Artikel 20
Berichte

Die Mitgliedstaaten erstatten der Kommission spätestens bis zum [Datum einsetzen, das fünf Jahre nach dem in Art. 22 Abs. 1 genannten Datum liegt] über die Erfahrungen bei der Anwendung der Bestimmungen dieser Richtlinie Bericht. Die nationalen Berichte umfassen die in Anhang III aufgeführten Informationen und Daten.

Auf dieser Grundlage legt die Kommission dem Europäischen Parlament und dem Rat einen Bericht vor, dem sie gegebenenfalls einen Vorschlag beifügt.

Artikel 21
Umsetzung

(1) Die Mitgliedstaaten erlassen die erforderlichen Rechts- und Verwaltungsvorschriften, um dieser Richtlinie spätestens am 30. 6. 2005 nachzukommen. Sie setzen die Kommission unverzüglich davon in Kenntnis.

Bei Erlass dieser Vorschriften nehmen die Mitgliedstaaten in den Vorschriften selbst oder durch einen Hinweis bei der amtlichen Veröffentlichung auf diese Richtlinie Bezug. Die Mitgliedstaaten regeln die Einzelheiten der Bezugnahme.

(2) Die Mitgliedstaaten übermitteln der Kommission den Wortlaut der wichtigsten innerstaatlichen Rechtsvorschriften, die sie in dem unter diese Richtlinie fallenden Bereich erlassen, sowie eine Tabelle über die Entsprechungen zwischen dieser Richtlinie und den erlassenen innerstaatlichen Vorschriften.

Artikel 22
Inkrafttreten

Diese Richtlinie tritt am zwanzigsten Tag nach ihrer Veröffentlichung im *Amtsblatt der Europäischen Gemeinschaften* in Kraft.

Artikel 23
Adressaten

Diese Richtlinie ist an die Mitgliedstaaten gerichtet.

Anhang I

Tätigkeiten, auf die in Artikel 3 Absatz 1 Bezug genommen wird

– Der Betrieb von Anlagen, für die eine Genehmigung gemäß der Richtlinie 96/61/EG des Rates vom 24. 9. 1996 über die integrierte Vermeidung und Verminderung der Umweltverschmutzung erforderlich ist[1].

– Der Betrieb von Anlagen, für die eine Genehmigung gemäß der Richtlinie 84/360/EWG des Rates vom 28. 6. 1984 zur Bekämpfung der Luftverunreinigung durch Industrieanlagen[2] in Bezug auf die Ableitung der durch die oben genannte Richtlinie erfassten Schadstoffe in die Atmosphäre erforderlich ist.

– Der Betrieb von Anlagen, für die eine Genehmigung gemäß der Richtlinie 76/464/EWG des Rates vom 4. 5. 1976 betreffend die Verschmutzung infolge der Ableitung bestimmter gefährlicher Stoffe in die Gewässer der Gemeinschaft[3] in Bezug auf die Ableitung der durch die oben genannte Richtlinie erfassten gefährlichen Stoffe erforderlich ist.

– Der Betrieb von Anlagen, für die eine Genehmigung gemäß der Richtlinie 80/68/EWG des Rates vom 17. 12. 1979 über den Schutz des Grundwassers gegen Verschmutzung durch bestimmte gefährliche Stoffe[4] in Bezug auf die Ableitung der durch die oben genannte Richtlinie erfassten gefährlichen Stoffe erforderlich ist.

– Der Betrieb von Anlagen, für die eine Zulassung, Genehmigung oder Registrierung gemäß der Richtlinie 2000/60/EG des Europäischen Parlaments und des Rates vom 23. 10. 2000 zur Schaffung eines Ordnungsrahmens für Maßnahmen der Gemeinschaft im Bereich der Wasserpolitik[5] in Bezug auf die Ableitung der durch die oben genannte Richtlinie erfassten gefährlichen Stoffe erforderlich ist.

Anmerkung: Die Richtlinien 76/464/EWG und 80/68/EWG sollen gemäß Art. 22 der Richtlinie 2000/60/EG am 22. 12. 2013 ersetzt werden; die einschlägigen Bestimmungen der Richtlinie 2000/60/ EG werden ab dem 23. 12. 2013 in vollem Umfang gültig sein. Folglich wird die Richtlinie 2000/60 EG in Bezug auf diese Richtlinie erst ab diesem Datum berücksichtigt.

---

1 ABl. L 257 vom 10. 10. 1996, S. 26.
2 ABl. L 188 vom 16. 7. 1984, S. 20.
3 ABl. L 129 vom 18. 5. 1976, S. 23.
4 ABl. L 20 vom 26. 1. 1980, S. 43.
5 ABl. L 327 vom 22. 12. 2000, S. 1.

– Wasserentnahme und Stau von Gewässern, wofür eine vorherige Genehmigung gemäß der Richtlinie 2000/60/EG des Europäischen Parlaments und des Rates erforderlich ist.

– Abfallentsorgungsmaßnahmen, wie die Sammlung, Beförderung, Verwertung und Entsorgung von Abfällen und gefährlichen Abfällen, einschließlich der Überwachung solcher Vorgänge sowie der Überwachung der Deponien nach deren Schließung, wofür eine Genehmigung oder Registrierung gemäß der Richtlinie 75/442 /EWG des Rates vom 15. 7. 1975 über Abfälle[6] und der Richtlinie 91/689/EWG des Rates vom 12. 12. 1991 über gefährliche Abfälle[7] erforderlich ist.

Diese Tätigkeiten umfassen unter anderem den Betrieb von Deponien gemäß der Richtlinie 1999/31/EG des Rates vom 26. 4. 1999 über Abfalldeponien[8] und den Betrieb von Verbrennungsanlagen gemäß der Richtlinie 2000/76/EG des Europäischen Parlaments und des Rates vom 4. 12. 2000 über die Verbrennung von Abfällen[9].

– Herstellung, Verwendung, Lagerung, Beförderung innerhalb des Geländes desselben Unternehmens oder Ableitung von gefährlichen Stoffen gemäß Definition und innerhalb des Geltungsbereichs der Richtlinie 67/548/EWG des Rates vom 27. 6. 1967 zur Angleichung der Rechts- und Verwaltungsvorschriften der Mitgliedstaaten über die Einstufung, Verpackung und Kennzeichnung gefährlicher Stoffe[10] in die Umwelt.

– Herstellung, Verwendung, Lagerung, Beförderung innerhalb des Geländes desselben Unternehmens oder Ableitung gefährlicher Zubereitungen gemäß Definition und innerhalb des Geltungsbereichs der Richtlinie 1999/45/EG des Europäischen Parlaments und des Rates vom 31. 5. 1999 zur Angleichung der Rechts- und Verwaltungsvorschriften der Mitgliedstaaten über die Einstufung, Verpackung und Kennzeichnung gefährlicher Zubereitungen[11] in die Umwelt.

---

6 ABl. L 194 vom 25. 7. 1975, S. 39. Richtlinie, zuletzt geändert durch die Entscheidung 96/350/EG der Kommission vom 24. 5. 1996 zur Anpassung der Anhänge IIA und IIB (ABl. L 135 vom 6. 6. 1996, S. 32).

7 ABl. L 377 vom 31. 12. 1991, S. 20. Richtlinie, geändert durch die Richtlinie 94/31/EG vom 27. 6. 1994 (ABl. L 168 vom 2. 7. 1994, S. 28).

8 ABl. L 182 vom 16. 7. 1999, S. 1.

9 ABl. L 332 vom 28. 12. 2000, S. 91.

10 ABl. 196 vom 16. 8. 1967, S. 1. Richtlinie, zuletzt geändert durch die Richtlinie 2001/59/EG der Kommission vom 6. 8. 2001 zur 28. Anpassung der Richtlinie 67/548/EWG des Rates über die Angleichung der Rechts- und Verwaltungsvorschriften der Mitgliedstaaten für die Einstufung, Verpackung und Kennzeichnung gefährlicher Stoffe an den technischen Fortschritt (ABl. L 225 vom 21. 8. 2001, S. 1).

11 ABl. L 200 vom 30. 7. 1999, S. 1. Richtlinie 2001/60/EG der Kommission vom 7. 8. 2001 zur Anpassung der Richtlinie 1999/45/EG des Europäischen Parlaments und des Rates zur Angleichung der Rechts- und Verwaltungsvorschriften der Mitgliedstaaten

- Herstellung, Verwendung, Lagerung, Beförderung oder Ableitung von Pflanzenschutzmitteln oder Wirkstoffen in Pflanzenschutzmitteln gemäß Definition und innerhalb des Geltungsbereichs der Richtlinie 91/414/EWG vom 15. 7. 1991 über das Inverkehrbringen von Pflanzenschutzmitteln[12] in die Umwelt.

- Herstellung, Verwendung, Lagerung, Beförderung oder Ableitung von Biozid-Produkten oder Wirkstoffen in Biozid- Produkten gemäß Definition und innerhalb des Geltungsbereichs der Richtlinie 98/8/EG des Europäischen Parlaments und des Rates vom 16. 2. 1998 über das Inverkehrbringen von Biozid-Produkten[13] in die Umwelt.

- Die Beförderung gefährlicher Güter auf der Straße, auf der Schiene, auf Binnengewässern, auf See oder in der Luft gemäß Definition des Anhangs A der Richtlinie 94/55/EG des Rates vom 21. 11. 1994 zur Angleichung der Rechtsvorschriften der Mitgliedstaaten über den Gefahrguttransport auf der Straße[14] oder gemäß Definition des Anhangs der Richtlinie 96/49/EG des Rates vom 23. 7. 1996 zur Angleichung der Rechtsvorschriften der Mitgliedstaaten für die Eisenbahnbeförderung gefährlicher Güter[15] oder aber gemäß Definition der Richtlinie 93/75/EWG des Rates vom 13. 9. 1993 über Mindestanforderungen an Schiffe, die Seehäfen der Gemeinschaft anlaufen oder aus ihnen auslaufen und gefährliche oder umweltschädliche Güter befördern[16].

- Jegliche Anwendung genetisch veränderter Mikroorganismen in geschlossenen Systemen, einschließlich ihrer Beförderung gemäß Definition und innerhalb des Geltungsbereichs der Richtlinie 90/219/EWG des Rates vom 23. 4. 1990 über die Anwendung genetisch veränderter Mikroorganismen in geschlossenen Systemen[17].

---

für die Einstufung, Verpackung und Kennzeichnung gefährlicher Stoffe an den technischen Fortschritt (ABl. L 226 vom 22. 8. 2001, S. 5).

12 ABl. L 230 vom 19. 8. 1991, S. 1. Richtlinie, zuletzt geändert durch die Richtlinie 2001/103/EG der Kommission vom 28. 11. 2001 (ABl. L 313 vom 30. 11. 2001, S. 37).

13 ABl. L 123 vom 24. 4. 1998, S. 1. Richtlinie, zuletzt geändert durch die Richtlinie 2001/87/EG der Kommission vom 12. 10. 2001 (ABl. L 276 vom 19. 10. 2001, S. 17).

14 ABl. L 319 vom 12. 12. 1994, S. 7. Richtlinie, zuletzt geändert durch die Richtlinie 2001/7/EG vom 29. 1. 2001 (ABl. L 30 vom 1. 2. 2001, S. 43).

15 ABl. L 235 vom 17. 9. 1996, S. 25. Richtlinie, zuletzt geändert durch die Richtlinie 2001/6/EG der Kommission vom 29. 1. 2001 (ABl. L 30 vom 1. 2. 2001, S. 42).

16 ABl. L 247 vom 5. 10. 1993, S. 19. Richtlinie, zuletzt geändert durch die Richtlinie 98/74/EG der Kommission vom 1. 10. 1998 (ABl. L 276 vom 13. 10. 1998, S. 7).

17 ABl. L 117 vom 8. 5. 1990, S. 1. Richtlinie, geändert durch die Richtlinie 98/81/EG vom 26. 10. 1998 (ABl. L 330 vom 5. 12. 1998, S. 13).

– Jegliche absichtliche Freisetzung genetisch veränderter Organismen gemäß Definition und innerhalb des Geltungsbereichs der Richtlinie 2001/18/EG des Europäischen Parlaments und des Rates vom 12. 3. 2001 über die absichtliche Freisetzung genetisch veränderter Organismen in die Umwelt und zur Aufhebung der Richtlinie 90/220/EWG des Rates[18].

---

18 ABl. L 106 vom 17. 4. 2001, S. 1.

Anhang II

Sanierung von Umweltschäden

1. **Einleitung**

   Dieser Anhang enthält die Vorschriften, die von der zuständigen Behörde eingehalten werden müssen, um die Sanierung von Umweltschäden sicherzustellen.

2. **Sanierungsziele**

2.1 Eine Sanierung von Umweltschäden wie Schäden in Bezug auf die biologische Vielfalt und Wasserverschmutzung wird dadurch erreicht, dass die Umwelt insgesamt in ihren Ausgangszustand zurückversetzt wird. Vorbehaltlich Punkt 3.2.3 unten wird dieses Ziel grundsätzlich dadurch erreicht, dass geschädigte Lebensräume, Arten und damit verbundene natürliche Ressourcen, betreffende Funktionen oder Gewässer in ihren Ausgangszustand zurückversetzt werden und zwischenzeitliche Verluste kompensiert werden. Die Wiederherstellung geschieht dadurch, dass die geschädigten natürlichen Ressourcen und/oder Funktionen in ihren früheren Stand versetzt oder ersetzt werden, oder dass gleichwertige natürliche Ressoucen und/oder Funktionen an der ursprünglichen Schadensstelle oder an einem anderen Ort geschaffen werden.

2.2 Eine Sanierung von Umweltschäden wie Wasserverschmutzung und Schäden in Bezug auf die biologische Vielfalt beinhaltet ferner, dass jede ernste Gefahr oder jede ernste potenzielle Gefahr für die menschliche Gesundheit beseitigt werden müssen, sofern eine solche Gefahr besteht.

2.3 Wenn die Verschmutzung des Bodens oder des Unterbodens eine ernste Gefahr für die menschliche Gesundheit mit sich bringen oder darstellen könnte, werden die erforderlichen Maßnahmen getroffen, um sicherzustellen, dass die einschlägigen Schadstoffe kontrolliert, eingeschlossen, vermindert oder beseitigt werden, so dass der verschmutzte Boden keine ernste Gefahr oder ernste potenzielle Gefahr für die menschliche Gesundheit darstellt, die mit der gegenwärtigen oder plausiblen künftigen Verwendung des betreffenden Bodens unvereinbar wäre. Die plausible künftige Verwendung ist aufgrund der geltenden Bodennutzungsvorschriften zum Zeitpunkt des Schadenseintritts festzulegen.

2.4 Damit das Ziel dieser Richtlinie erreicht wird, ist auch eine Wiederherstellung im Sinne einer Kompensierung zwischenzeitlicher Verluste vom Zeitpunkt des Schadenseintritts bis der Ausgangszustand wiederhergestellt ist, erforderlich.

3. Sanierung

3.1 *Festlegung angemessener Sanierungsoptionen*

Identifizierung primärer Sanierungsoptionen

3.1.1 Die zuständige Behörde prüft die Option einer natürlichen Wiederherstellung, d. h. einer Option, die kein menschliches Eingreifen beinhaltet, um die geschädigten natürlichen Ressourcen und/oder Funktionen direkt in ihren Ausgangszustand zurückzuversetzen oder in einen Zustand zu bringen, der dahin führt.

3.1.2 Die zuständige Behörde prüft ferner Optionen, die Maßnahmen umfassen, um die natürlichen Ressourcen und Funktionen direkt in einen Zustand zu versetzen, der sie beschleunigt zu ihrem Ausgangszustand zurückführt.

Festlegung von Ausgleichssanierungsmaßnahmen

3.1.3 Die zuständige Behörde prüft für jede Option Ausgleichssanierungsmaßnahmen zur Kompensierung des zwischenzeitlichen Verlusts an natürlichen Ressourcen und Funktionen bis zur Wiederherstellung.

3.1.4 Die zuständige Behörde stellt sicher, dass bei der Ausgleichssanierung der Zeitfaktor durch Diskontieren des den natürlichen Ressourcen und/oder Funktionen zuerkannten Wertes berücksichtigt wird.

3.1.5 Soweit praktisch durchführbar, prüft die zuständige Behörde bei der Bewertung von Ausgleichssanierungsmaßnahmen zunächst Maßnahmen, durch die natürliche Ressourcen und/oder Funktionen derselben Art und Qualität und von vergleichbarem Wert wie die geschädigten Ressourcen und/oder Funktionen verfügbar gemacht werden.

3.1.6 Bei der Festlegung des Umfangs der Sanierungsmaßnahmen, durch die natürliche Ressourcen und/oder Funktionen derselben Art und Qualität und von vergleichbarem Wert wie die verlorengegangenen Ressourcen und/oder Funktionen verfügbar gemacht werden, prüft die zuständige Behörde die Anwendung eines Scaling-Konzepts, das eine maßstäbliche Gegenüberstellung der Ressourcen oder Funktionen gestattet. Nach diesem Konzept stellt die zuständige Behörde den Maßstab von Sanierungsmaßnahmen fest, die natürliche Ressourcen und/oder Funktionen verfügbar machen, die dem entstandenen Verlust quantitativ entsprechen.

3.1.7 Erweist sich die Anwendung des oben genannten Konzepts der maßstäblichen Gegenüberstellung der Ressourcen oder Funktionen als unmöglich, können stattdessen Bewertungsmethoden zur Feststellung des Geldwertes des Schadens angewandt werden, um Ausgleichssanierungsmaßnahmen festzulegen.

3.1.8 Wenn nach Ansicht der zuständigen Behörde eine Bewertung des Verlustes an Ressourcen und/oder Funktionen möglich, jedoch eine Bewertung des Ersatzes der natürlichen Ressourcen und/oder Funktionen innerhalb eines angemessenen Zeitrahmens unmöglich oder mit unangemessenen Kosten verbunden ist, kann die zuständige Behörde den Geldwert des Verlustes an Ressourcen und/oder Funktionen schätzen und den Maßstab der Sanierungsmaßnahme festlegen, deren Kosten dem Wert des entstandenen Verlustes entspricht.

3.2 *Wahl der Sanierungsoptionen*

3.2.1 Liegt der zuständigen Behörde eine angemessene Auswahl von Sanierungsoptionen vor, bewertet sie die vorgeschlagenen Optionen zumindest an Hand folgender Kriterien:

1. Auswirkung jeder einzelnen Option auf die öffentliche Gesundheit und Sicherheit;

2. Kosten der Durchführung der Option;

3. Erfolgsaussichten jeder einzelnen Option;

4. Inwieweit wird durch jede einzelne Option künftiger Schaden verhütet und zusätzlicher Schaden infolge der Durchführung der Option vermieden und

5. Inwieweit stellt jede einzelne Option einen Nutzen für jede einzelne Komponente der natürlichen Ressource und/oder der Funktionen dar.

3.2.2 Wenn die mehrere Optionen vermutlich denselben Wert haben, ist die kostengünstigste Option zu wählen.

3.2.3 Bei der Beurteilung der verschiedenen festgelegten Sanierungsoptionen kann die zuständige Behörde primäre Sanierungsmaßnahmen auswählen, die die biologische Vielfalt, das Wasser oder den Boden, an denen ein Schaden entstanden ist, nicht vollständig in den Ausgangszustand zurückversetzen. Die zuständige Behörde kann eine solche Entscheidung nur treffen, wenn sie den Verlust an Funktionen und Ressourcen oder den Wertverlust des ursprünglichen Standortes infolge ihrer Entscheidung dadurch kompensiert, dass sie zusätzliche Ausgleichsmaßnahmen festlegt, um Funktionen, Ressourcen oder einen Wert verfügbar zu machen, die einen Zustand schaffen, der dem vor dem Schadenseintritt ähnlich ist. Diese zusätzlichen Ausgleichsmaßnahmen werden im Einklang mit den in Abschnitt 3.1 und in diesem Abschnitt dieses Anhangs beschriebenen Vorschriften festgelegt.

3.2.4 Die zuständige Behörde fordert den Betreiber auf, mit ihr bei der Durchführung der in diesem Anhang erläuterten Verfahren zusammenzuarbeiten, damit diese Verfahren ordnungsgemäß und effizient ablaufen können. Die Mitwirkung des Betreibers kann unter anderem darin bestehen, dass er geeignete Informationen und Daten liefert.

3.2.5 Die zuständige Behörde fordert ferner die Personen, auf deren Grund und Boden Sanierungsmaßnahmen durchgeführt werden sollen, auf, ihr ihre Bemerkungen mitzuteilen, damit sie diese berücksichtigen kann.

3.2.6 Gestützt auf die oben genannte Beurteilung entscheidet die zuständige Behörde, welche Sanierungsmaßnahmen durchgeführt werden.

Anhang III

Informationen und Daten gemäß
Artikel 20 Absatz 1

Die in Art. 20 Abs. 1 genannten Berichte der Mitgliedstaaten umfassen eine Liste von Umweltschäden und Haftungsfällen gemäß dieser Richtlinie mit folgenden Informationen und Daten für jeden Fall:

1. Zeitpunkt des Auftretens von Umweltschäden und Zeitpunkt, zu dem Verfahren gemäß dieser Richtlinie eingeleitet wurden.

2. Industrie-Klassifizierungskode der haftenden juristischen Person(en).

3. Art des Umweltschadens.

4. Kosten der Sanierungs- und Vorsorgemaßnahmen laut Begriffsbestimmungen in dieser Richtlinie:

   – durch die haftenden Parteien direkt gezahlt;

   – von den haftenden Parteien nachträglich eingetrieben;

   – nicht von den haftenden Parteien eingetrieben (zu begründen).

5. Höhe der zusätzlichen administrativen Kosten, die für die Verwaltungsbehörden jährlich durch die Schaffung und das Funktionieren der für die Durchführung dieser Richtlinie erforderlichen Verwaltungsstrukturen anfallen.

6. Wurden von den haftenden Parteien oder qualifizierten Stellen gerichtliche Prüfungsverfahren eingeleitet? (Die Identität des Klägers und das Ergebnis der Verfahren sind anzugeben).

7. Ergebnis des Sanierungsvorgangs.

8. Datum des Verfahrensabschlusses.

Die Mitgliedstaaten können in ihre Berichte alle Informationen und Daten aufnehmen, die sie in Bezug auf etwaige Fragen, ob beispielsweise in bestimmten Fällen die Einführung einer begrenzten Haftung wünschenswert wäre, für eine angemessene Bewertung der Durchführung dieser Richtlinie für nützlich erachten. Die Möglichkeit der Einführung einer finanziellen Obergrenze sollte innerhalb von drei Jahren nach Inkrafttreten dieser Richtlinie überprüft werden.

Autorenverzeichnis

Professor Dr. Jan Boć, Lehrstuhl für Verwaltungsrecht an der Fakultät für Rechts-, Verwaltungswissenschaften und Ökonomie der Universität Wrocław (Breslau)

Professor Dr. Matthias Dombert, Rechtsanwalt und Fachanwalt für Verwaltungsrecht, DOMBERTRechtsanwälte, Potsdam

Professor Dr. Marek Górski, Lehrstuhl für Umweltrecht an der Fakultät für Rechts- und Verwaltungswissenschaften der Universität Lódz

Professor Dr. Lothar Knopp, Lehrstuhl für Staatsrecht, Verwaltungsrecht und Umweltrecht an der Brandenburgischen Technischen Universität (BTU), Cottbus, Geschäftsführender Direktor des Zentrums für Rechts- und Verwaltungswissenschaften an der BTU

Dr. Friedrich Kretschmer, Leiter der Abteilung Recht, Wettbewerbspolitik und Versicherung, Bundesverband der Deutschen Industrie e. V. (BDI), Berlin

Professor Dr. Konrad Nowacki, Lehrstuhl für Verwaltungsrecht an der Fakultät für Rechts-, Verwaltungswissenschaften und Ökonomie der Universität Wrocław (Breslau) und Gastprofessor sowie Mitglied des Direktoriums des Zentrums für Rechts- und Verwaltungswissenschaften an der BTU

Professor Dr. Franz-Joseph Peine, Lehrstuhl für Öffentliches Recht, insbes. Verwaltungsrecht an der Europa-Universität Viadrina, Frankfurt/O.

Dr. Natascha Sasserath, Referentin für Umwelthaftpflicht, Gesamtverband der Deutschen Versicherungswirtschaft e. V. (GDV), Berlin

Dipl.-Ing. Joachim Vogel, Beratende Ingenieure Vogel, Brasch & Partner, Hannover